성공하는 사람은
화술이 다르다

초판 1쇄 발행 2012년 2월 13일
초판 2쇄 발행 2012년 10월 5일

지은이 김양호
펴낸이 이범상
펴낸곳 (주)비전비엔피 · 비전코리아

기획 편집 김시경 고은주 박월 노영지
디자인 최희민 김혜림
영업 한상철 한승훈
관리 박석형 이다정
마케팅 이재필 한호성 김희정

주소 121-894 서울특별시 마포구 잔다리로7길 12 (서교동)
전화 02)338-2411 | **팩스** 02)338-2413
이메일 visioncorea@naver.com
블로그 blog.naver.com/visioncorea

등록번호 제1-3018호

ISBN 978-89-6322-043-7 03320

· 값은 뒤표지에 있습니다.
· 잘못된 책은 구입하신 서점에서 바꿔드립니다.

김양호 박사의 성공 바이블 화술편
A succesful man have the another speaking

대인관계에서 호감을 얻고 싶지 않은가? 직장생활에서 좀 더 인정받고 싶지 않은가? 비즈니스에서 더욱더 성공하고 싶지 않은가? 대중연설을 훨씬 더 자신 있게 하고 싶지 않은가? 이런 소망을 가진 당신에게도 희망이 있다. 성공의 필수조건인 화술 학습의 중요성을 인식하고, 화술 학습의 필요성을 느꼈기 때문이다. 인간은 사회적 동물인 동시에 언어적 동물이다. 그래서 사람들은 모여 살기 마련이며 사람이 있는 곳에는 반드시 언어가 있다. 때문에 화술에 능통해야 성공과 가까워진다.

한국언어문화원장 **김양호** 지음

성공하는 사람은 {화술이 다르다}

비전코리아

시작하는 말

화술, 성공하려는 사람을 위한 날개

대인관계에서 호감을 얻고 싶지 않은가?
직장생활에서 좀 더 인정받고 싶지 않은가?
비즈니스에서 더욱더 성공하고 싶지 않은가?
대중연설을 훨씬 더 자신 있게 하고 싶지 않은가?
이런 소망을 가진 당신에게도 희망은 있다. 성공의 필수조건인 화술의 중요성을 인식하고, 화술 학습의 필요성을 느꼈기 때문이다.

인간은 사회적 동물인 동시에 언어적 동물이다. 그래서 사람들은 모여 살기 마련이며 사람이 있는 곳에는 반드시 언어가 있다. 언어를 사용하기 때문에 인간은 만물의 영장이 된 것이다.

언변言辯으로 자기의 뜻을 이루고, 문장文章으로 자기의 말을 나타낸다. 말을 하지 않으면 누가 그 사람의 뜻을 알 수 있으며 또 말을 한다고 해도 문장으로 기록하지 않으면 그 뜻이 얼마나 멀리 갈 수 있겠느냐.
志有之言以足志 文以足言 不言誰知基志 言之無文 行之不遠

말과 글, 언어학습이야말로 자기의 뜻을 실현하고 널리 펼칠 수 있는 성공의 필수조건임을 강조한 《공자가어孔子家語》에 나오는 말이다.

그런데도 '침묵은 금이고 웅변은 은'이라느니, 교언영색巧言令色, 감언이설甘言利說 등을 지나치게 강조해 화술 발전을 저해해 온 것이 지난날 우리 교육의 병폐였다.

인류의 역사가 시작된 이래 오늘날까지 유창한 화술은 대중의 마음을 움직이고 설득하는 중요한 역할을 담당해 왔다. 화술은 가장 강력하고도 유용한 성공의 도구이다.

'화술이 인간 성공에서 얼마나 중요한가?'는 권위 있는 많은 기관에 의해 연구돼 왔다.

하버드 대학과 스탠포드 연구소 그리고 카네기 재단의 연구 결과 "성공한 사람의 85퍼센트가 사람을 다루는 기술, 즉 인간관계를 잘했기 때문"이라고 밝혔다.

그렇다면 사람을 다루는 기술은 무엇일까? 한마디로 커뮤니케이션의 능력이며, 그 주역은 역시 화술이다.

미국의 정치가이자 저술가인 브루스 바턴은 성공한 사람들의 전기傳記 1천여 권을 분석한 결과, "말을 잘하는 사람들이 세계를 지배하고 이끌어 왔으며, 그들이 앞으로도 세계를 지배하고 이끌어 갈 것이다"라고 확언했다.

우리 주위의 성공한 사람들을 보자. 그들은 공통적으로 '전문

지식'과 '화술'이라는 두 날개를 지니고 있다. 전문지식만 가지고는 작은 성공밖에 하지 못한다. 하나의 날개로는 제자리에서 빙빙 돌기 때문이다. 그러나 전문지식에 화술을 더해 양 날개로 비약하면 크게 성공할 수 있다. 당신은 이제 큰 성공을 위해서 화술의 날개를 달아야 한다. 한계를 벗어나 양 날개로 높이 날아 성공의 기쁨을 만끽해 보자.

이 책은 성공한 사람들이 공통으로 갖춘 화술의 능력을 개발해서, 자신의 가치를 인정받고 주위 사람들의 협력을 얻어 성공하려는 사람들을 위해서 쓰였다. 그리고 화술의 원리는 간략하게 이야기하되 대신 사례를 풍부하게 실었다. 또 화술은 종합적인 실용 학문이기 때문에 화술의 위력과 자기 PR, 직장생활에서의 화법과 설득, 대중 화술에 이르기까지 스피치 커뮤니케이션의 다양한 장르를 알기 쉽게 집약시켰다.

모쪼록 이 책이 당신을 성공으로 이끌며, 사회적으로 호평을 받을 수 있는 화술의 지침서가 되기를 바란다.

Speech can change your life!

김양호

CONTENTS

시작하는 말
화술, 성공하려는 사람을 위한 날개

01 ★ 인간은 말로써 생활한다—13

02 ★ 화술의 위대한 힘—25

03 ★ 화술은 검술과 같다—35

04 ★ 훌륭한 화술가는 만들어진다—41

05 ★ 말을 잘하는 사람이 성공한다—47

06 ★ 대화에도 감각이 필요하다—53

07 ★ 화술은 능력평가의 척도—58

08 ★ 스피치 능력은 어느 정도인가?—64

09 ★ 인사말은 인간관계의 윤활유—71

10 ★ 사랑의 표현, 어떻게 하고 있는가?—75

11 ★ 화술은 곧 통솔력이다—82

12 ★ 리더는 설득력이 있어야 한다—90

13 ★ 최고지도자를 설득하라—96

A succesful man have the another speaking

14 ★ 경청술은 또 하나의 화술이다—104

15 ★ 스피치, 이렇게 하라—111

16 ★ 대중을 사로잡는 화술가의 비결—123

17 ★ 스피치를 체계화하라—133

18 ★ 감동적인 화술은 예화가 만든다—140

19 ★ 목소리와 말하는 자세가 주는 힘—146

20 ★ 겁낼 필요 없는 대중 공포증—152

21 ★ 화술에 활력을 불어 넣는 유머—159

22 ★ 말의 재치가 웃음을 만든다—166

23 ★ 대중을 사로잡은 설득의 S 효과—170

24 ★ 신화를 창조한 래리 윌슨—176

25 ★ 설득의 기술—181

26 ★ 당신의 대화는 어떠한가?—187

27 ★ 직장인의 예절과 자세—193

28 ★ 비즈니스를 좌우하는 화술—201

29 ★ 상하동료 간의 의사소통—208

30 ★ 명령과 보고, 충고의 화법—218

31 ★ 부탁과 힐책은 이렇게 하라—226

32 ★ 올바른 대화가 사고를 방지한다—231

33 ★ 교섭과 설득의 비결—237

34 ★ 협상의 법칙—245

35 ★ 나를 어떻게 알릴 것인가?—250

36 ★ 타인에게 호감을 사는 자기소개—259

37 ★ 부부의 대화법—265

38 ★ 자녀와의 대화, 어떻게 하는가—272

39 ★ 다섯 가지 은혜에 감사하자—276

A succesful man have the another speaking

40 ★ 위기를 수습하는 임기응변―283

41 ★ 언쟁에서 승리하는 화술―292

42 ★ 상대에 따라 달라지는 화제―298

43 ★ 당신의 몸은 어떻게 말하는가?―304

44 ★ 호감 받는 사람과 말―312

45 ★ 강한 이미지를 만드는 몸가짐―317

46 ★ 회의에 성공하는 방법―323

47 ★ 프레젠테이션은 필수조건―330

48 ★ 당신이 TV에 출연하게 된다면―340

49 ★ 프레젠테이션을 위한 전략―346

50 ★ 기업의 커뮤니케이션―352

글을 마치며
당신도 뛰어난 화술가가 될 수 있다

01

인간은 말로써 생활한다

말, 그것으로 말미암아 죽은 자를 무덤에서 불러낼 수도 있고, 산 자를 묻을 수도 있다.
― 하인리히 하이네

인간은 언어적 동물이다

이 지구상에는 약 200만 종류의 생물이 살고 있다고 한다. 수많은 동식물과 미생물이 땅과 바다, 하늘을 삶의 터전으로 삼아 생명의 합창을 노래하는데, 그중에서도 유독 인간을 가리켜 만물의 영장이라고 부른다.

그러나 개개인으로 볼 때 인간한테는 만물의 영장이 될 소지가 별로 없는 것 같다. 달리기만 하더라도 말이나 타조를 당할 수 없으며, 날기로 치더라도 제비나 독수리는 고사하고 닭만큼도 날지도 못한다. 그런데도 자동차를 타고서 쌩쌩 달리며, 비행기를 만들어 하늘을 종횡무진 누빈다.

이렇게 보면 인간은 스스로 갖지 못한 재주를 승화시켜 만물의 영장이 된 듯하다. 그래도 인간이 뭔가 다른 특징을 갖추었기에 만물의 영장으로 군림하는 것이 아닌가? 그래서 학자들은 인간을 사회적, 이성적, 정치적인 동물로 도구와 언어를 사용하는 특징을 갖고 있다고 들고 있다.

이외에도 인간의 특징을 꼽자면 이루 다 헤아릴 수 없겠지만, 그중에서도 가장 인간다운 요소는 '말을 할 줄 안다' 라는 것, 즉 언어를 사용하는 동물이라는 점이다.

인간은 말을 통해서 서로 의사를 전달하고, 인류의 지혜를 말에 담아 계승 발전시켜 찬란한 문화와 문명을 피우고 있다.

말이 없는 가정생활, 말이 없는 학교생활, 말이 없는 직장생활, 말이 없는 비즈니스는 애당초에 생각할 수도 없지 않은가?

범위를 좁혀서 회사업무만 훑어보더라도 명령, 보고, 회의, 상담 등 어느 것 하나 말과 관계되지 않는 것은 없다. 회사의 업무 활동은 모두가 언어 활동言語活動이라고 해도 과언이 아니다.

현대사회에서 말은 자기표현의 무기이고, 인간관계의 열쇠이며, 비즈니스에서는 돈과도 직결된다.

인간은 항상 말을 한다

우리는 스피치speech 중심의 사회 속에서 살고 있으며, 그 결과 원하든 원하지 않든 우리는 모두 화술가가 되어야 한다.

당신이 모임에 나가 한쪽 구석에 말없이 홀로 앉아 있다면 누군가가 당신에게 말을 걸 것이다.

"어디가 잘못되었습니까? 재미없습니까?"

우리는 더불어 사는 사회의 일원이며, 인간관계는 말로 시작해서 말로 끝난다고 해도 과언이 아니다.

Mr. 글럽은 금성金星에서 발행되는 《금성신문》의 기자이다. 글럽의 임무는 지구를 방문하여, 지구인들의 풍습에 관해 보도하는 것이다.
"지구에 도착하자마자 처음으로 느낀 것은 인간 음성에 의한 끝없는 소음이었다. 우리 금성의 법률이 요구하는 침묵과 명상의 기간은 여기에는 전혀 알려지지 않은 듯하다. 지구의 사람들은 항상 말을 한다.
어떤 때는 아무도 듣는 사람이 없는 것 같은데도, 공공장소에서 남자와 여자가 제각기 말을 하고 있는 모습도 눈에 띈다. 이 호기심 나는 상황을 알아본 결과, 그들은 자기 자신들이 말하는 것을 들으려고 말을 하고 있다는 것을 알게 되었다. 그들에게 '무엇을 말하고 있느냐?'라고 물으니 '아무것도 아니다'라고 대답했다.
여기에는 또 여러 곳에서 말해진 많은 것들을 모아 신문과 책으로 발간하는 이상한 장면이 눈에 띈다. 그런 식으로 널리 읽히지 않으면, 사람들은 이야기하느라고 바빠 독서를 많이 할 수 없기 때문이라 한다."

이 이야기는 《인간과 인간의 상징》이라는 브링글슨의 저서에 나오는 〈스피치 극장〉의 일부분이다. 이 책에서 Mr. 글럽은 '지구에 사는 인간은 말을 너무 많이 한다'라고 했다.

우리는 말을 너무 많이 하면 수다쟁이로, 말을 너무 적게 하면 벙어리인 양 생각하고 있다. 그러나 필요할 때, 필요한 만큼만 말을 한다면 찬사를 받을 것이다.

당신은 얼마만큼 말을 하며, 당신의 스피치 능력은 어느 정도나 될까?

스탠포드대학교의 연구 결과에 따르면, 한 사람의 인생에서 성공을 가늠할 수 있는 것은 다음과 같은 질문에 어떻게 답하느냐로 예상할 수 있다고 한다.

"당신은 지금 당장 자리에서 일어나 자신의 생각을 제대로 말할 수 있습니까?"

대부분의 사람은 "말도 안 돼. 난 못해"라고 대답할 것이다.

입만이 아닌 온몸으로 말하라

그렇다면 어떻게 말하는 것이 효과적일까? 그 기법에 들어가기 전에 커뮤니케이션의 효과에 대해서 알아보자.

미국의 커뮤니케이션 학자 앨버트 메라비안은 커뮤니케이션의 효과에 대한 조사에서, 단어 표현이 7퍼센트, 음성 표현이 38퍼센트, 신체 표현이 55퍼센트로 설명했다.

같은 내용의 말을 단어 표현만 달리했을 경우에는 불과 7퍼센트밖에 효과가 좌우되지 않는다는 것이다. 예를 들어 '식사하세요' '진지 잡수세요' 등의 말은 모두가 '밥 먹어라'라는 뜻이 아닌가?

다음은 음성 표현을 어떻게 했느냐에 따라서 38퍼센트의 효과가 달라진다는 것이다. 가령 '미안합니다'라는 말도 억양을 어디다 두느냐, 어미 처리를 어떻게 하느냐에 따라서 받아들이는 사람의 기분이 확 달라진다.

우리는 자기의 입술로 '자기라는 이력서'를 하루에도 수십 번씩 쓰고 있다. 아침부터 저녁까지 신경질적인 음성으로 말해 보라.

"저 친구, 못 먹을 걸 먹었나? 왜 저렇게 신경질이야."

사흘 동안만 계속하면 '신경질파'라는 낙인이 찍힐 것이다.

또 교만하거나 퉁명스러운 어조로 말해 보라.

"건방진 놈! 밥맛 없는 놈이야."

반대로 상냥하고 부드러운 음성으로 말해 보자.

"좋은 사람이야. 세련됐어."

틀림없이 호감 받는 사람이 될 것이다.

신체표현이 커뮤니케이션의 효과를 55퍼센트나 좌우한다는 것은 어떤 이유에서일까? 상대는 귀로 나의 말을 들으며, 눈으로는 나의 시선, 표정, 행동, 자세 등 일거일동을 관찰하면서 '성의가 있느냐, 없느냐?' '이 말이 진실인가, 거짓인가?' '세련되었느냐, 촌스러우냐?'를 판단하기 때문이다.

아무리 그럴듯한 말이라도 언행일치言行一致가 되지 않으면 결코 신뢰를 얻지 못하는 법이다. 따라서 단순한 말장난이나 입놀림만이 아닌, '온몸으로' 말을 해야 한다.

누구에게나 호감 받는 1·2·3 화법

현대는 대화의 시대, 설득의 시대이다. 우리 주위에는 일방적인 주장만을 일삼는 사람도 있고, 입만 열었다 하면 장광설長廣舌로 질리게 하는 사람, 할 말을 못 하고 벙어리 냉가슴을 앓는 사람 등 대화의 방법을 알지 못하는 사람이 많다.

대화對話란 글자 그대로 '나'와 '너'가 서로 주고받는 말이다. 혼자 이야기하는 것은 독백이거나 설교이고, 침묵은 대화의 단절을 의미한다. 서투른 대화 때문에 많은 사람이 인간관계, 특히 비즈니스에서 손해를 본다. 이런 문제를 해결할 수 있는 대화의 공식인 '1·2·3 화법'이 있다.

- 1분 이내로 끝낸다

현대인은 타인의 장광설을 싫어한다. 요즘 사람들은 배울 만큼 배웠기 때문에 두뇌회전이 빠르다. 그런데도 한 말을 되풀이해 길게 늘어놓으면 그것은 설교가 되어 버리고 만다. 따라서 자기의 말은 상대의 말을 이끌어 내기 위한 문제제기를 하는 정도로 짧게 하는 것이 좋다.

- 2분 이상 상대가 말하게 한다

사람은 누구나 자기의 말을 하려고 한다. 그러니까 상대가 말을 많이 하게끔 2분 이상 기회를 주어야 한다. 사람의 입이 하나이고 귀가 둘인 까닭은 적게 말하고 많이 들으라는 의미이다.

이제까지의 대화법은 상대와 12분쯤 대화를 할 경우, '내가 설명하는 처지이니까 10분 정도 말하고, 내 말에 대해서 어떻게 생각하는가를 상대에게 2분간만 말하게 하자' 이렇게 생각하지 않았을까? 혼자서 10분 동안을 말하려 하니까, 화제 선택이나 말솜씨가 문제 될 뿐만 아니라, 상대는 10분씩이나 일 방적으로 들어야 하기 때문에 하품이 나오게 마련이다.

- 세 번 이상 긍정의 맞장구를 친다

대화는 상대가 반응을 보일 때 활기를 띤다. 반응이 없으면 말할 기분이 나질 않는다. 따라서 "그렇군요" "그래서요?" "어머!" "어쩌면…" "저도요" 등의 말로 세 번 이상 맞장구를 치면 상대는 더욱 신이 나서 말하게 된다.

'1·2·3 화법'은 보통 '3분 대화법'이라고 한다. 1분 동안 말하고, 2분 동안 들으며, 세 번 이상 맞장구를 치는데 드는 시간은 모두 3분이다.

그렇다면 "중요한 이야기를 어떻게 1분 동안에 다 말할 수 있느냐?"라고 반문하는 사람도 있을 것이다. 그러나 걱정할 것 없다. 3분이란 최소한으로 대화를 나누는 기본 단위다. 12분 동안 대화할 시간이 있다면 4단계로, 15분 동안 대화할 시간이 있다면 5단계로, 30분 동안 대화할 시간이 있다면 10단계로 나누어 전개하면 된다. 아무리 긴 협상이나 상담도 '3분 대화'의 연속이다.

경청을 위한 맞장구의 세 가지 법칙

대화의 목적은 서로 말을 주고받으며 이해하고 공감하는 데 있다. 그러기 위해서는 무엇보다도 먼저 상대의 말을 잘 들어야 한다. 잘 듣는 것을 경청傾聽이라고 하는데, 경청법 가운데 하나가 맞장구이다. 효과적인 맞장구의 세 가지 방법을 소개한다.

• 상대가 한 말 중에서 가장 중요한 말을 되뇐다
"참 오래간만이군요."
"네, 오래간만이네요."
"요즘도 바쁘시죠?"
"아이고, 바빠 죽겠어요."
이것만 성실하게 해도 목석 같은 사람이라든지 꿔다 놓은 보릿자루 소리는 듣지 않는다.

• 대화 진행을 촉진한다
"나 오늘 박 양 봤어."
"어디서?"
"충무로에서."
"언제?"
"3시쯤일 거야."
"어때 예뻐졌든가?"
"얼굴이 확 피었어. 곧 시집간대."
축구선수가 골대를 향해 공을 몰고 가듯이, 대화의 목적달성을 위해 화제라는 공을 몰고 가는 것이다.

• 상대의 말에다 자기의 의견을 곁들인다
"우리 아들이 신문사에 시험을 친다고 그럽디다."
"그거 참 잘했군그래. 신문기자는 '무관無冠의 제왕'이라고 하지 않던가. 현대는 매스컴의 시대이니만큼 젊었을 때 해볼 만한 거라는."

이렇게 자기가 아는 것을 곁들여 주면, 상대는 더욱 신이 나서 말하게 된다.

이 세 가지 방법만 활용해도 대화가 훨씬 활발해진다. 그러나 대화의 상대 중에는 맞장구가 통하지 않는 사람도 있다. 말을 해야 맞장구를 칠 텐데 도무지 침묵으로만 일관해서 답답하다. 그럴 경우에는 질문을 해서 답을 유도하면 된다.

효과적인 대화를 위한 질문의 세 가지 법칙
'침묵하는 사람에게는 30초 간격으로 질문을 퍼부어라.'
미국의 세일즈 교본에 나오는 내용이다. 질문을 할 때도 요령이 필요하다. 가뜩이나 말하기 싫어하는 사람에게 "인생의 목적이 뭐요?"라거나 "직장인의 사명에 대해서 말해 보시오"라고 한다면 말하고 싶지도 않을뿐더러, 말을 한다고 해도 단답식으로 끝나고 만다. 다음 세 가지 법칙을 적용한 질문을 통해 답을 유도해보라.

- 쉽고 일반적인 것을 묻는다

어린아이가 예쁜 옷을 입고 나왔다.
"아가야. 너 참 예쁜 옷을 입었구나. 이 옷 누가 사줬니?"
"엄마가요."
얼마나 쉬운가. 그런데 이렇게 묻는 사람도 있다.
"예쁜 옷을 입었구나. 이 옷 얼마 줬니?"

"잉……."
그 옷은 아이가 직접 산 것이 아니잖은가.

• 상대의 자랑거리를 묻는다

어느 초등학교에서 환경미화를 위해 벽을 깨끗이 칠해 놓았다. 그런데 어느새 누군가가 낙서를 하고, 그림까지 그려 놓았다. 화가 난 담임선생님이 호통을 쳤다.
"여기다 낙서한 녀석이 누구야. 나와!"
그러나 아이들은 묵묵부답이다. 그래서 선생님이 꾀를 내었다.
"여기다가 낙서한 것은 실수다. 누가 그렸는지는 모르겠지만 가만히 보니 그림솜씨 하나만은 천재적이구나."
"선생님, 제가 그렸어요."
선생님에게 비록 혼나더라도 자기자랑이 아닌가. 사람은 누구나 자기자랑에는 열변을 토하게 마련이다.

• 손득損得에 관한 것을 묻는다

손득이란 답변을 안 하면 손해를 보고, 답변하는 것이 이득인 문제를 묻는 것이다. 이 방법은 수사관이나 기자들이 흔히 사용하는 것이다. 수사관이 혐의자에게 묻는다.
"당신 어젯밤에 어디 있었어?"
"집에 있었는데요."
"누구하고?"
"혼자 있었는데요."
"뭐하고?"
"잠잤는데요."
"증인 있어?"

"없는데요."
그러자 수사관이 갑자기 돌변하여 소리친다.
"거짓말하지 마라. 당신 어젯밤 사람 죽였지?"
"아녜요!"
"당신이 사는 동네에 살인사건이 났어. 그런데 본 목격자가 있어. 당신처럼 체격이 건장하고 뿔테안경을 썼대. 당신이 죽였지?"
"아녜요."
"그럼, 뭘 했어?"
수사관이 다그쳐 묻는 말에 혐의자는 맥없이 자백한다.
"사실은 도둑질했어요."
작은 죄를 은폐하려다가는 더 큰 살인죄를 뒤집어쓰게 생겼으니, 차라리 도둑질한 것을 불어 버리는 것이 더 낫지 않은가.

상대의 눈높이에 맞추어라

다섯 살 된 어린 아들의 손목을 잡고 엄마가 백화점에 구경을 갔다. 아름다운 상품에 현혹된 엄마의 기분과는 달리 어린애는 자꾸 칭얼거린다.
"왜 그러니? 저것 좀 봐. 얼마나 멋있니."
그래도 아이는 자꾸 칭얼대기만 한다.
'너 왜 그러니…' 하고 무심코 아들을 내려다보니 신발끈이 풀어져 있지 않은가?
"오라, 신발끈이 풀어져서 그랬구나."

신발끈을 매주기 위해 허리를 굽혀 앉은 엄마는 깜짝 놀랐다. 눈앞에는 시커먼 다리만 왔다 갔다 할 뿐 아름다운 상품이 하나도 보이질 않았다. 백화점의 상품 진열은 어른의 눈높이에 맞춰 놨기 때문이다.

"애야, 미안하다. 네 키를 미처 생각지 못했구나."

그러고는 아들을 번쩍 안아 올리자, 그 아들은 기쁜 듯이 소리쳤다.

"엄마, 저 공룡 좀 봐! 저거 사줘."

부모가 자녀의 처지에서, 자녀가 부모의 처지에서 또 경영자가 사원의 처지에서, 사원이 경영자의 처지에서, 서로 이해하고 대화를 할 수 있다면 짜증 나는 여건 속에서도 더욱 밝은 생활을 꾸려 갈 수 있지 않을까?

상대의 처지에서 생각하고, 상대의 처지에서 대화하도록 노력하자.

02

화술의 위대한 힘

> 언어는 원자탄보다 더 무서운 무기이다.
> — 콘스탄틴 비르질 게오르규

회사를 살리는 뛰어난 화술

너무나 많은 사람이 대중 앞에서 말하기를 두려워한다.

《북 오브 리스트》라는 책에 따르면, 미국인들이 공포를 느끼는 것 중 제일가는 것은 사람들 앞에서 연설하는 것이라고 했다.

미국 자동차업계의 전설적인 경영인 리 아이어코카는 자신이 성공할 수 있었던 것은 '스피치의 기술 덕분이었다'라고 말한다. 그가 1980년대 초반, 만성적자로 파산 직전에 이른 크라이슬러 자동차의 회장에 취임했을 때, 사람들은 '정신 나간 사람'이라고 비웃었다. 그러나 아이어코카는 여론에 조금도 흔들리지 않고, 단신으로 워싱턴으로 날아가서 17억 달러라는 거액의 융자를 승인하도록 의회를 설득하였다. 그리고 낙담한 직원들에게 열심히 일하도록 격려하고, 미국의 소비자들에게는 '크라이슬러가 회생했다'라는 확신까지 불어넣었다.

아이어코카는 텔레비전 광고 모델로 나가서 자신만만한 어조로 말했다.

"Made in U. S. A라는 말이 자랑스러웠던 시절도 있었습니다. 미국인들이 세계 최고의 상품을 만들었다는 것을 뜻했었지요. 그러나 불행하게도 현재는 많은 미국인이 그것을 더는 믿지 않고 있습니다. 아마 당연한 결과인지도 모릅니다."

아이어코카는 크라이슬러의 자동차가 과거와는 완전히 다른 최고의 차라고 추켜세우며, 다음과 같이 말했다.

"여러분, 크라이슬러보다 더 좋은 차를 찾을 수 있다면 그걸 사십시오."

그리고 만약 크라이슬러 자동차에서 타사의 차보다 성능이 뒤떨어지는 점을 찾아내는 고객에게는 50달러를 주겠다고 덧붙였다.

이 광고는 미국인들의 자긍심을 일깨웠고, 크라이슬러는 멋지게 재기했으며, 아이어코카의 인기가 치솟아 한때 차기 대통령 후보로 물망에 올랐었다.

오늘날 아이어코카는 미국에서 가장 손꼽히는 화술가가 되었다. 그러나 그도 처음부터 뛰어난 화술가는 아니었다. 사실 아이어코카는 스물다섯 살 이전까지는 형편없이 더듬거리는 말솜씨를 지녔지만 '스피치 트레이닝 코스'에 나가 기본 요령을 터득하고, 자신감이 붙을 때까지 부단한 연습을 한 결과 오늘날과 같은 자리에 서게 된 것이다.

아이어코카는 자신의 자서전에서 "뛰어난 재능을 가진 사원이나 경영자가 자기 머릿속에 든 것을 제대로 설명할 수 없다는 것은 치욕스러운 일이다. 나는 그런 사람들에게 스피치 교육을 받으라고 권한다. 한때는 나도 공개 석상에서 말하는 것을 두렵게 느낀 겁쟁이였다. 그러나 그것은 내가 스피치 교육을 받기 전의 일이었다. 나는 그곳에서 몇 가지 기본적인 화술을 익혔는데, 그때 배운 것을 지금까지 잘 활용하고 있다."

화술이 사람을 죽이고 살린다

《삼국지》에서 여포가 조조에게 붙잡히자, 목숨만 살려주면 조조에게 충성하겠다고 맹세를 한다. 이때 유비가 찾아와서 말한다.

"정건양이나 동탁의 일을 잊으셨습니까?"

이 한마디에 조조의 마음은 싸늘해졌다. '여포가 자기의 이익을 위해서는 배신을 밥 먹듯이 하며, 양아버지마저 매몰차게 죽여 버릴 만큼 포악하다' 라는 생각이 들었기 때문이다. 그래서 굳게 마음을 먹고, 무예가 출중한 대장군 여포를 죽인다.

유비는 자신의 손을 거치지 않고도 단 한마디 말로 훗날의 화근을 없앤 것이다.

《아라비안나이트》에 등장한 페르시아 왕 샤르아르의 왕비는 부도婦道를 닦지 않고 다른 남자와 정을 통하다가 왕에게 발견되는 바람에 죽임을 당한다. 그 후부터 왕은 천하의 모든 여자를 증오하게 되었고, 매일 나라 안의 여자와 하룻밤을 보내고는 이

튿날에 죽여 버렸다. 이 바람에 나라와 사람의 마음은 뒤숭숭해졌고, 젊은 여자들은 일찍 시집을 가거나 타향으로 도망갈 수밖에 없었다.

이때 재상의 딸 세헤라자데가 자진하여 왕에게 시집가겠다고 한다. 재상이 어찌 자기 딸을 죽게 할 수 있겠는가. 하지만, 총명한 딸은 '목숨을 잃지 않을 좋은 수가 있다'라면서 고집을 부리는 바람에 재상은 하는 수 없이 허락을 한다.

세헤라자데는 궁궐에 들어간 첫날밤부터 왕에게 재미있는 이야기를 들려주기 시작하였다. 이야기가 가장 재미있는 대목에 이르렀을 때 날이 새면, 채 맺지 못한 이야기는 밤에 들려주겠다고 하였다. 왕은 조정에 나가 조회를 보고, 이야기를 계속 듣기 위해 세헤라자데를 죽이지 않았다. 이렇게 되어 이야기는 계속되었고, 천 하룻밤 만에 다 끝날 수 있었다. 그동안 세헤라자데는 자식 셋을 낳았고, 왕은 그동안 자신이 가졌던 생각이 잘못된 것임을 깨닫는다.

훌륭한 화술이 자신의 목숨을 지키고, 많은 여자의 생명을 구했으며, 결국은 왕의 목숨까지도 지킨 것이다. 매일 밤 여자와 동침한 후, 다음날에 어김없이 죽여 버린 무지막지한 폭군이라면 얼마 못 가서 그 역시 죽음을 면치 못할 것임은 자명했기 때문이다.

화술은 사용 여하에 따라 사람의 목숨까지 좌지우지하기도 한다. 사람들은 언어를 이용해 의사소통을 하지만, 화술은 그 이상의 힘이 있다. 화술은 때로 사람을 죽이는 예리한 칼날과도 같지만, 사람의 목숨을 구하는 법보法寶일 수도 있다.

천하의 흥망성쇠를 좌우한 화술

'세 치 혀가 백만 대군보다 강하다'라는 말이 있다.

중국 역사상 손꼽히는 화술가는 소진蘇秦과 장의張儀이다. 그들은 일곱 나라가 서로 세력을 다투던 전국戰國 시대의 사람으로, 귀곡 선생鬼谷先生에게서 함께 가르침을 받고 세상에 나가 포부를 펼치고자 했다.

먼저 소진은 진나라를 두려워하는 여러 나라를 찾아다니며 유세하기를, 각국이 연합하여 진에 대항해야 한다는 합종책合從策을 주장하였다. 소진은 먼저 연나라 문왕을 찾아가서 말했다.

"강대한 진나라 앞에서 여러 소국은 마치 바람에 하늘거리는 촛불과 같은 존재이므로, 서로 단합하여 진나라를 공동의 적으로 만들어야만 생존을 도모할 수 있을 것입니다."

문왕이 자기의 건의를 받아들이자, 조나라를 찾아가 이렇게 말했다.

"여섯 나라의 병사를 합치면 진나라의 다섯 배나 되고, 여섯 나라의 땅을 합치면 진나라의 열 배나 됩니다. 만약 여섯 나라가 단합하여 한마음 한뜻이 된다면 반드시 진나라를 이길 수 있습니다."

조나라 왕은 희색이 만면하여 소진에게 큰 상을 내리고, 그를 다른 나라에 가서 유세하도록 보냈다.

소진은 중간 세력의 제나라에 가서 다음과 같이 지적하였다.

"제나라와 진나라는 같은 하늘 아래에서 공존할 수 없는 존재입니다. 만약 제나라가 진나라를 두려워하여 그 비위를 맞추고 다른 약소국들을 외면한다면, 결국 진나라에 엄청난 토지와 재물을 바쳐야 할 것입니다. 그러나 여섯 나라가 힘을 합한다면 제나라는 오히려 다섯 나라의 칭송을 받게 될 것이고, 동시에 많은 이익도 챙길 수 있습니다."

제나라 왕은 매우 일리가 있는 말이라고 생각하면서, 조趙·위魏·한韓·초楚·연燕나라와 연합하여 진나라에 대항하기로 하였다. 소진은 여섯 나라의 재상을 겸하며, 15년 동안 진나라의 세력에 대해 방비防備를 굳게 하였다. 그러나 15년 후, 동서 연횡책을 주장하며 득세한 장의에 의해 소진의 합종책은 깨지고 만다.

어느 날 장의가 초나라 정승과 술을 마셨다. 그때 마침 정승이 아끼던 옥구슬이 없어졌다. 정승집 사람들의 혐의를 받은 장의는 수백 대의 태형을 받고 집으로 돌아갔다.

장의의 몰골을 본 그의 아내가 말했다.

"당신이 유세를 하지 않았더라면 이러한 욕을 당하지는 않았을 것 아닙니까?"

그러자 장의는 아내에게 물었다.

"여보, 내 혀를 살펴보게. 아직 있는가? 없는가?"

아내가 있다고 말하자, 장의는 안도의 한숨을 내쉬었다.

"그렇다면 됐어! 내 혀가 있는 한, 나는 유세를 그만두지 않을 것이오."

초나라에서 추방당한 장의는 진나라에 가서 벼슬살이를 하게 되며, 나중에는 재상에까지 오른다. 그는 소진이 성사시켜 놓은 여섯 나라의 동맹을 깨뜨리기 위해, 위나라를 비롯한 여섯 나라를 순회하며 뛰어난 언변으로 모두 진나라에 복종하도록 만들었다.

소진과 장의, 이 두 사람은 창칼이 아닌 단지 세 치밖에 안 되는 혀를 가지고 일곱 나라의 흥망성쇠를 좌지우지했던 것이다. 화술 하나로 천하를 움직인 좋은 예가 아닌가.

스피치 파워는 성공의 기본 요소

미국의 인간관계연구소 소장 제임스 벤더 박사가 재계 인사 55명을 대상으로 설문조사를 했다. 조사 대상자들 가운데는 제너럴 모터스, 볼티모어 철도회사, 미국 전신전화국, 뉴저지 정유회사, 미국 담배회사, 체이스은행, 베들레헴 제철 등을 비롯한 굴지의 기업 회장과 이사진들이 포함되어 있었다.

그들에게 제임스 벤더 박사는 물었다.

"젊은 임원들에게 가장 요구되는 능력은 무엇입니까?"

그러자 54명이 '스피치'라고 대답했다. 한 사람만이 예외였는데, 그는 통신판매 회사의 경영인으로서 '훌륭한 작문실력'을 첫 번째 조건으로 꼽고, 두 번째 조건으로 '스피치'라고 대답하였다.

제임스 벤더 박사의 질문에 미국 방송공사 사장 데이비드 사노프는 진지하게 다음과 같이 말했다.

"제 경험으로 비추어 보아, 비즈니스 세계에서 성공하기 위한 가장 중요한 요소는 말을 정확하고 힘 있게 하는 것입니다. 우리가 제대로 사용할 수만 있다면 말은 우리의 사고와 사상을 상호 교환할 수 있는 최상의 수단입니다. 또한, 듣는 사람들에게 행동을 거듭 요구하고, 그들의 사고에 영향을 끼칠 수 있는 강력한 힘을 발휘합니다.

텔레비전에서 연설을 하든, 개인적인 대화를 하든, 회의석상이나 공적인 발표를 하는 자리든 모두 마찬가지입니다. 정확함, 간결함, 발음 그리고 태도 등 모두 말을 잘하기 위한 요소입니다. 이러한 요소들은 사고와 질서를 체계적으로 나타냅니다.

비즈니스 세계에서 성공을 바라는 사람이라면 반드시 스피치를 하나의 기술로 발전시켜야 합니다. 그것은 인간의 가치 탐구와 관련된 모든 분야에서 성공의 기본적인 요소입니다."

그렇다면 성공의 기본 요소인 스피치를 잘 구사하기 위해서는 어떻게 해야 할까?

제임스 벤더 박사는 다음과 같이 말한다.

"말을 잘하기 위해서 당신이 천재가 되어야 할 필요는 없습니다. 상식적인 사람이라면 누구나 스피치의 힘과 영향력을 키울 수가 있습니다. 심지어 말을 더듬거리는 사람이나, 천성적으로 약한 목소리가 있는 사람이라도 다 향상될 수 있습니다. 많은 사람이 스스로 결점을 완벽하게 고치고 훌륭한 화술가가 되었습니다."

스피치는 소질이 아니라 학습이다. 역사적으로 유명한 데모스테네스, 키케로, 웹스터, 링컨, 루스벨트, 처칠, 케네디가 그랬던 것처럼 우리도 스피치를 잘하겠다는 의욕을 가지고, 방법을 익혀 꾸준히 연습을 한다면 뛰어난 화술가가 될 수 있다.

스피치 능력은 소질이 아닌 학습이다

영국의 극작가이자 평론가로 유명한 조지 버나드 쇼George Bernard Shaw의 아버지는 곡물상을 경영하다가 실패하고 알코올 중독자가 되어 가족을 돌보지 않았다. 초등학교 정도의 교육만을 받은 버나드 쇼는 생계를 유지하기 위해 열다섯 살에 부동산 회사의 사환이 되었고, 스무 살 때 고향 더블린을 떠나 런던에서 일자리를 얻기까지 한동안 방황했다.

어느 날 저녁 일거리를 찾아 헤매다가 어떤 토론회장에 참석하게 되었다. 거기서 그는 큰 감동을 하였다. 자기의 주장을 명쾌한 논리로 피력하는가 하면, 상대의 주장을 재치 있게 되받아치는 반론 등 토론회에 나온 연사들의 뛰어난 화술에 반한 그는 자기도 토론회 연사로 참가해 보고 싶은 마음이 생겼다. 그래서 토론회에 참가해 보았지만 웃음거리가 되었고, 자신의 형편없는 말솜씨를 부끄럽게 여겨야만 했다. 이후에도 토론회가 열리는 곳이면 어디든지 부지런히 찾아다녔고, 계속해서 토론회에 참가해 번번이 실패의 쓴맛을 보기도 했다. 그러나 버나드 쇼는 낙심하지 않고, 토론의 비결을 터득하고자 노력을 게을리하지 않아 마침내 훌륭한 연사로 알려지게 되었다.

그렇게 끈질긴 노력으로 유명한 연사가 된 버나드 쇼는 12년 동안이나 강연회 초청을 받아 전국을 순회하였다.

그러던 어느 날 그의 명연설에 감동을 한 한 젊은이가 말을 잘하는 비결에 대해서 묻자, 그는 다음과 같이 대답했다.

"스피치는 스케이트와 같습니다. 우리가 스케이트를 배울 때는 빙상 위에서 펼치는 멋진 묘기를 상상하며 배우지만, 처음에는 묘기는커녕 넘어지기 일쑤입니다. 넘어지면 얼마나 창피합니까? 그래도 개의치 않고 열심히 타다 보면 이윽고 달리게 되고 멋진 묘기까지도 부릴 수 있게 됩니다.

　마찬가지로 스피치도 처음에는 떨리고 중간에 막혀서 창피를 당하기도 하지만, 열심히 계속하다가 보면 박수갈채를 받을 정도로 능숙해집니다. 스케이트가 훈련인 것처럼 스피치도 훈련입니다. '잘하겠다' 라는 마음가짐으로 '잘한다' 라는 소리를 들을 때까지 계속 연마하십시오. 당신도 나처럼 잘할 수가 있습니다."

　그렇다. 대부분의 기술이 그렇듯이 스피치도 소질이 아니라 학습이다. 누구든지 잘하겠다는 결심을 하고 부단히 연습을 한다면 성취할 수 있는 것이다.

03

화술은 검술과 같다

> 세 치의 혓바닥으로 다섯 자의 몸을 살리기도 하고, 죽이기도 한다.
> — 동양명언

한마디 말 때문에 생긴 사건

언젠가 나는 무심코 던진 한마디 때문에 언쟁을 하고, 오래 사귄 친구 하나를 잃어버릴 뻔했다.

이 친구를 만난 것은 30년여 전. 명동 뒷골목 영어원서를 파는 헌책방에서였다. 지금은 세계 어느 나라의 책이든 마음대로 구할 수 있지만, 당시 국내에는 내가 원하는 화술에 관한 책은 전혀 없는 상태였다.

책방 주인과 함께 있던 그는 허탈하게 돌아서는 내게 다가와 연락처를 달라며, 자기가 한번 구해보겠노라고 했다. 그의 성은 전 씨이고, 서적 중개인이었다.

그 후 10여 년 동안 그로부터 상당히 많은 책을 구할 수 있었다. 이런 연유로 자주 만나게 되었다. 어느 날인가 그도 알고 나도 아는 몇몇 지인이 모여 술잔을 나누며, 이런저런 이야기가 오갔다. 그러다가 한 친구가 전 씨를 가리키며 "이 친구는 제갈공명이야." 하며, 똑똑함을 칭찬했다.

"그럼, 제갈공명이고말고!" 하고 맞장구를 쳤으면 좋으련만, 나는 전 씨의 외모가 제갈공명과는 너무 멀다는 생각을 하고, 무심코 한마디를 던졌다.

"제갈공명은 안 어울려. 방통쯤은 될 거야."

그러자 전 씨는 "뭐가 어째?" 하며 불같이 화를 내었다. 십여 년 동안 사귀었지만 그렇게 화를 내는 모습은 처음이었.

《삼국지》에 나오는 인물 가운데, 제갈공명에 버금가는 재사가 '봉추 방통'이다. 방통에 비유된 것도 굉장한데, 왜 그렇게 화를 냈는지 지금도 이해가 안 간다. 어쩌면 그 친구는 '방통'을 '밥통'으로 잘못 들은 것인지도 모른다.

커뮤니케이션은 생각보다는 쉽지가 않다. 자칫 무심한 말 한마디가 대인관계에서 예기치 못했던 불협화음을 일으킬 수 있다. 유창한 말솜씨도 중요하지만, 상대의 처지를 고려하는 적절한 언어선택이 더욱 중요하다 하겠다.

문제가 된 아내의 네 가지 유형

대중을 상대로 말을 하거나 글을 쓰는 사람들이 가끔 걸려드는 함정이 있다. 이른바 설화舌禍 사건과 필화筆禍 사건이다. 나도 이것들 때문에 곤혹스러운 적이 있다.

라디오 프로그램의 초대 손님으로 2년 동안 출연한 적이 있었다. 내가 다루는 내용은 주로 직장이나 가정에서의 인간관계에 대한 것이었다. 사회자가 질문을 하고, 내가 답변을 하는 형식이었다.

어느 날인가 방송에서 나는 '아내의 유형'에 대해서 이야기를 했는데, 이것이 말썽을 일으켰다.

"아내의 유형에는 네 가지가 있습니다.

첫 번째는 '당나귀 형'으로 일밖에 모르는 아내입니다. 남편이 분위기라도 잡으려고 하면, 그럴 시간이 어디 있느냐는 투로 뿌리치고 일감에 손을 대는 살림꾼이죠.

두 번째는 '강아지 형'으로 애교가 풍부한 아내입니다. 남편이 퇴근하여 돌아오면 반갑게 맞이하며, 열렬한 포옹과 키스를 퍼붓는 애굣덩어리라고 할 수 있죠.

세 번째는 '돼지 형'으로 수다스러운 아내입니다. 처녀 때의 날씬한 몸매는 푹 퍼졌으며, 웬만한 소리에는 노여움도 타지 않고, 이집저집 다니며 마구 떠드는 수다쟁이죠.

네 번째는 '고양이 형'으로 곧잘 할퀴는 아내입니다. 항상 단정한 옷차림에 곱게 화장을 하고, 자기관리에 철저합니다. 그러나 자기의 자존심을 조금만 건드리면 남편이나 자식을 가리지 않고, 고양이처럼 할퀴어서 상처를 줍니다. 특히 계모나 이혼녀 중에 많습니다."

이 방송이 끝나자마자 방송국의 전화통은 불이 났고, 내 사무실에도 항의 전화가 빗발쳤다. 계모와 이혼녀들이 들고 일어났던 것이다.

나와 통화를 했던 한 여성은 계모였다.

"저는 선생님의 열렬한 팬입니다. 그래서 한 번도 빠짐없이 선생님의 말씀을 경청했습니다. 그런데 오늘은 너무했습니다. 제가 바로 계모입니다. 저는 계모소리를 듣기 싫어서, 아이도 낳지 않고 전실 자식을 친자식 이상으로 보살피고 있습니다. 그런데 우리 집 남편이 이 방송을 들었다면 어떻게 생각하겠습니까?"

울면서 하소연하는 여성의 말에 나는 죄책감을 느꼈다. 재미있게 표현하고자 한 것이 상처 입은 여성들의 상처를 더 아프게 했으니, 실수도 이런 실수가 어디 있겠는가?

말의 실수는 자책만으로 끝나지 않는다. 다음날 방송에서 사회자가 사과를 했고, 닷새 후인가 모 일간지 '독자투고란'에 내 이야기가 글로 옮겨졌다. 그리고 '세상에 어디다 비유할 데가 없어서 사람을 동물에다 비유하느냐?'라는 항변이었다.

그러나 동물에 비유한 것이 문제가 아니라 '계모나 이혼녀 중에 많다'라는 특정인에게 상처를 주었다는 것이 문제였다.

그 후 나는 강의를 하거나 글을 쓸 때 무척 조심을 하고 있다. 특정인 그중에서도 상처받기 쉬운 사람들에 대한 평을 삼가자는 것이다.

정부 기관과 언론사의 횡포

그런데 뜻하지 않은 필화 사건이 또 터졌다. 어느 날인가 호텔에서 강의를 마치고 나오는데, 한 주간지 기자가 인터뷰를 요청했다. 사진기자와 함께 나타난 기자는 기세등등하게 내게 물었다.

"오늘 아침 ○○신문에 난 기사에 대해서 어떻게 생각하십니까?"

"○○신문에 뭐가 났습니까? 난 그 신문을 보지 못했는데요."

사연인즉, 내무부(현 행정자치부) 지도과에서 공무원들에게 주민들과 대화를 잘하라는 지시를 내리자 일선─線 공무원들이 지침서를 요구했단다. 그래서 내가 쓴《대화의 심리작전》에서 150가지 법칙 중 내용은 생략한 채 제목만 정리해서 배포했다고 한다. 그중 〈거절의 기법〉이 문제가 되었던 것이다.

저자의 허락도 없이 대한민국 정부 기관에서 책 내용을 무단으로 배포하는 것도 위법이지만, 베껴도 요령껏 할 것이지 〈주민들과의 대화지침서〉에 '거짓말을 하려거든 큰 거짓말을 하라'라는 히틀러의 작전과 '싫증이 난 여자는 생리적 결함을 지적하라'라는 것 등을 그대로 옮겼으니 말썽이 날 수밖에 없었다. 언론에 기사가 실리자 당황한 담당공무원이 베꼈다는 소리를 하지 않고, 내무부 행정연수원에 강의를 나오는 김양호 원장의 글이라고 말했던 모양이다.

그러자 신문사는 내게 확인도 하지 않고, 사설까지 합쳐 세 번이나 기사화해 나를 매도하였다. 다른 신문들과 TV 뉴스까지 그 기사를 재인용하여 뒤질세라 보도를 하였다.

나는 졸지에 억울한 누명을 썼으나 거대한 언론사들을 상대로 싸울 수도 없었다. 생각 같아서는 내무부 장관을 상대로 저

작권침해에 대한 소송을 제기하고도 싶었지만, 장관이 또 무슨 죄가 있는가?

결국, 이 문제는 내무부 장관이 국회에 출석하여 "일반 상업용 도서를 잘못 옮겨서 물의를 일으킨 것에 사과를 드립니다"로 끝났지만 내 명예는 땅에 떨어질 대로 떨어진 뒤였다. 다행히 나를 취재한 주간지 기자가 전후사정을 알고 올바르게 정정 보도를 해 주었다.

설화 사건으로 본의 아니게 남에게 상처도 주었고, 필화 사건으로 크나큰 상처를 입기도 한 셈이다.

화술은 검술劍術과 같다. 검술을 익혀 사람을 살리는 데 쓰면 '생명의 기술'이 되고, 사람을 죽이는 데 쓰면 '살인의 기술'이 되듯이, 화술을 익혀 선용하면 자신과 타인이 함께 승리하는 성공의 힘이 되지만, 악용하면 남에게 피해를 주고 끝내 자신도 패하는 결과를 가져온다.

04
훌륭한 화술가는 만들어진다

말은 웅변의 재능과 함께 신으로부터의 직접적인 선물이다.
— 노아 웹스터

말더듬이도 위대한 웅변가가 될 수 있다

고대 그리스의 웅변가 데모스테네스는 선천적으로 스피치에 소질이 있었던 것은 아니다.

데모스테네스는 심각하리만큼 말을 더듬었다. 그뿐 아니라 정확하게 발음할 수 없는 단어도 있었고, 폐가 약해 긴 음절이나 문장을 한꺼번에 말할 수가 없어 말하는 중간마다 숨을 쉬지 않으면 안 될 정도였다고 한다.

데모스테네스는 수공업을 경영하는 부유한 집안에서 태어났으나 일곱 살 때 부모를 잃고, 부모의 유산마저 후견인이 가로채는 비운을 겪었다.

성인이 된 데모스테네스는 부모의 유산을 가로챈 후견인을 상대로 재판을 하기 위해서 당대에 유명한 웅변가 이사이오스에게 수사법修辭法을 배웠다. 이후 데모스테네스는 재판에 승소하게 되는데, 그것이 계기가 되어 변론술의 교수로 입신양명하고 아테네를 좌지우지하는 정치가로 발돋움한다.

데모스테네스가 말더듬이에서 벗어나 뛰어난 화술로 재판에 이기고 위대한 웅변가가 되기까지는 끊임없는 노력이 있었기에 가능했다.

그는 발음을 정확하게 하기 위해 입속에 작은 돌멩이를 넣고 발음 연습을 하였으며, 호흡을 키우기 위해 가파른 언덕을 뛰어올랐고, 대중을 설득하기 위한 몸짓을 익히기 위해 거울 앞에서 연구하고, 어깨를 추켜올리는 버릇을 고치기 위해 예리한 칼날 밑에서 연습을 하였다. 또한, 이론적으로 다양한 지식을 쌓기 위해 지하실에 서재를 만들고, 한 달 남짓 두문불출하며 독서와 연구에 몰두하기도 하였다. 그때 밖으로 나가고 싶은 유혹을 물리치려고 머리와 수염을 반쪽씩 깎았다 한다. 어디 그뿐인가? 대중에게 이야기할 문장을 멋지게 만들기 위해서, 세지데이즈라는 역사가의 저서를 여덟 번이나 베껴 쓰는 노력도 했다.

세상에 노력해서 안 되는 일은 없다. 어린 시절 말더듬이였던 데모스테네스가 이와 같이 끈질긴 노력으로 웅변가가 되었다면, 우리도 뛰어난 화술가가 될 수 있다.

풍부한 유머와 패기에 찬 웅변가 처칠

"나는 피와 땀과 눈물밖에 바칠 것이 없습니다. 지금 우리 앞에는 가장 고통스러운 시련이 가로막고 있습니다. … 여러분은 '우리의 정책이 무엇이냐?'라고 물을 것입니다. … 인류 범죄사에 일찍이 없었던 가공할 폭력에 맞서 싸우는 것입니다. … 여러분은 '우리의 목적이 무엇이냐?'라고 물을 것입니다. 그것은 승리입니다. … 자, 우리 모두 힘을 합쳐서 전진합시다!"

1940년 5월 13일, 수상으로 취임한 처칠이 하원에서 영국인들의 행동을 거듭 요구한 이 연설은 너무나도 유명하다.

풍부한 유머와 패기에 찬 웅변가로 널리 알려진 윈스턴 처칠의 뛰어난 화술 역시 쉽게 이루어진 것은 아니었다. 그는 일생 발음이 정확하지 않은 소리를 냈다. 새로 채용된 비서는 그가 말하는 단어를 얼른 알아들을 수 없을 정도였다고 한다. 그러나 그는 자기의 결점을 깨닫고, 고통과 땀과 눈물로 얼룩진 노력으로 자신만의 독특한 스피치 스타일을 만들었다.

처칠의 모든 연설은 철저한 준비를 토대로 행해졌다.

국회에서 40분간의 스피치 시간이 주어졌을 때, 그는 보통 6~8시간을 준비했다. 대단히 중요한 스피치라면 그와 그의 비서들은 밤을 새워 가며 원고를 고치고 받아써야만 했다.

또한, 그는 다른 사람과는 달리 유행어와 전문용어는 되도록 쓰지 않았다. 예컨대 다른 정치가가 '양자 협정이 체결되었다'라고 말한다면, 처칠은 '양측이 손을 잡았다'라고 말했고, '저소득층'은 '가난한 사람들'이라고 표현했다.

때때로 처칠은 앞의 연사가 한 말을 즉석에서 언급하기도 했지만, 대부분은 신중하게 계획된 것들이었다. 예를 들면 '쉬어라 ➜ 적당한 단어를 찾는다'와 '더듬거려라 ➜ 자신을 조정한다' 와 같은 표시까지도 원고 속에 포함했다. 한편, 처칠은 청중들에게 직접적으로 말하는 모습을 보여주려는 듯이 코끝에 안경을 걸쳤다. 그러나 사실은 원고를 읽고 있었던 것이다. 대부분의 청중은 그가 준비해 간 원고를 본다는 사실을 전혀 눈치채지 못할 만큼 효과적이었다고 한다.

그의 철저한 사전준비와 치밀한 계획이 조화되어 자신의 이야기를 즉석에서 말하는 것처럼 자연스러워 보였다.

모든 훌륭한 연설가들처럼 처칠도 배우 기질이 탁월했다. 뛰어난 배우들처럼 그는 연설의 포인트를 강조하기 위해서 온몸을 사용하였다. 때로는 코미디언 못지않게 익살스러운 몸짓으로 의사당을 웃음판으로 몰아넣기도 하였다.

언젠가 처칠이 머리를 가로 저으며 익살스러운 행동으로 의원들을 웃기자, 다른 당 연사가 못마땅하다는 표정으로 비난했다.

"나는 훌륭한 신사가 영예롭지 못하게 머리를 가로 젓는 상스러운 모습을 보았습니다. 나는 그가 내 의견을 기억해 주기를 바랍니다."

이처럼 상대가 진중하게 나오자 처칠은 유머러스하게 맞받았다.

"그리고 나는 내 머리를 가로 저었을 뿐입니다."

장내는 또 한 번 폭소가 터져 나왔다.

당신이 보다 훌륭한 화술가가 되고 싶다면 훌륭한 화술가의 스피치를 연구해야 한다. 그들의 연설문을 분석하고, 그들의 발성법을 주의 깊게 들으며 또 그들의 동작을 연구한다면 당신도 분명 뛰어난 화술가가 될 수 있다.

훌륭한 화술가가 되겠다는 꿈을 꾼 사나이

성공하려는 사람에게 자신감과 용기를 북돋아 주고 있는 미국에서 유명한 성공학 강사이며,《정상에서 만납시다》의 저자인 지그 지글러Zig Ziglar는 세계 인명록은 물론 미국 스피치 커뮤니케이션 교과서에도 사진과 함께 이름이 올라 있는 훌륭한 화술가이다.

청중의 심금을 울리는 열정적인 스피치를 들어본 사람은 누구나 '지그 지글러는 타고난 화술가이다!' 라고 감탄할 것이고, 그의 명성만 들은 사람은 '하룻밤 사이에 연설가로 유명해진 사람이 아닌가?' 하고 생각할지도 모른다. 그러나 그는 타고난 화술가도 아니고, 하룻밤 사이에 유명해진 것은 더욱 아니다.

"저에게는 40년을 넘게 가지고 있는 꿈이 있습니다. 그것은 훌륭한 화술가가 되는 꿈입니다. 저는 13년 동안 클럽과 학교, 교회와 교도소, 마약중독자 치료센터 등 저가 있어야 하는 모든 사람들 앞에서 강연을 했습니다. 어떤 때는 사비私費를 들여가며 수백 마일이나 떨어진 곳까지 쫓아가서 소규모의 청중 앞에서 강연하기도 했습니다.

강연료요? 물론 한 푼도 없었지요. 사람들 앞에서 강연을 함으로써, 저의 스피치 능력이 개발된다는 것이 돈으로 살 수 없는 값진 보상이었습니다.

그러다가 1965년부터 가끔 보수를 받는 강사가 되었고, 1968년에는 한 중소기업에서 한 달에 일주일씩 사원교육을 부탁받았습니다. 괜찮은 보수를 받는 전문 강사로 정착하였지만, 이 시기는 겨우 3년에 지나지 않았습니다. 그 회사가 파산하는 바람에 홀로서기를 하지 않으면 안 되었고, 최선의 노력을 다했음에도, 어떤 강연 계약도 맺지 못하는 암울한 시절이 계속되었습니다.

그러나 저는 한 번도 '훌륭한 화술가가 되겠다'라는 생각을 버리지 않았고, 끊임없이 노력하여 마침내 그 꿈을 이루었습니다. 그리고 지금은 전세계를 순방하면서 성공의 메시지를 전파하고 있습니다."

인간은 '꿈을 먹고 사는 동물'이며, 한 가지 꿈을 지속적으로 꾸면 그 꿈은 반드시 이루어지는 속성이 있다. 진취적인 꿈을 꾸고, 그 꿈의 실현을 위해 노력하는 사람만이 반드시 성공한다.

05

말을 잘하는 사람이 성공한다

말, 그것으로 말미암아 소인을 거인으로 만들고, 거인을 철저하게 두드려 없앨 수도 있다.
— 하인리히 하이네

위대한 지도자들의 무기는 연설

인류가 집단생활을 시작한 때부터 지금까지 말은 사람들을 믿게 하거나 행동하도록 만드는 힘으로 작용해 왔다. 그래서인지 역사상 이름을 남긴 위대한 인물들은 한결같이 말의 힘으로 대중을 움직였다.

미국이 영국의 식민 지배를 받던 시절, 영국으로부터 독립전쟁을 선포하게 된 데에는 패트릭 헨리의 용기 있는 말이 결정적으로 영향을 미쳤다.

패트릭 헨리는 1775년 3월 23일, 하원에서 우유부단한 의원들을 향해 열띤 연설로 다음과 같이 끝맺었다.

"…여러분이 진정으로 바라는 것은 무엇입니까? 쇠사슬과 노예의 대가로 얻어지는 고귀한 생명입니까, 달콤한 평화입니까? 단연코 그런 일이 없기를 바랍니다. 나는 다른 사람들이 어떤 길을 택하려는지 알지 못합니다. 다만 나에게 자유를 달라, 그렇지 않으면 죽음을!"

우리에게는 마지막의 '나에게 자유를 달라, 그렇지 않으면 죽음을!' 이라는 말은 불후의 명구로 기억되고 있다.

가장 위대한 연설가의 한 사람인 영국의 윈스턴 처칠은 제2차 세계대전 와중에 수상으로 임명되어 1940년 5월 13일에 영국 의회에서 다음과 같이 연설하였다.

"…나는 피와 노력과 눈물과 땀밖에 바칠 것이 없습니다. 여러분은 '우리의 정책이 무엇이냐?' 라고 물을 것입니다. 우리는 해변에서 싸울 것이며, 땅 위에서 싸울 것입니다. 우리는 들판과 거리에서도 싸울 것입니다. 또한, 언덕 위에서도 싸울 것입니다. 우리는 결코 굴복하지 않을 것입니다."

굳은 각오로 전쟁에 임하겠다는 연설은 영국 국민을 단결시켜 승리로 이끌었으며, 특히 '피와 땀과 눈물'은 그의 대표적인 명연설로 꼽히고 있다.

다음은 1971년 11월 11일, 고려대학교 군인난입사건으로 27일간의 강제 휴교를 끝내고, 복교한 첫날 울분을 삭이지 못한 대학생들을 향해 김상협 총장이 눈물을 흘리며 토로한 감동적인 명연설의 일부이다.

"여러분에게 저는 면목 없음을 실토하지 않을 수 없습니다. 우리 고려대학교에 올해의 가을은 보람된 추수의 계절이 아니라, 도리어 황량한 낙엽의 계절이었습니다. 또 이번에 닥쳐올 우리의 겨울은 즐거운 저장의 계절이 아니라, 무서운 소진消盡의 계절이 되고 말 것이 분명합니다. 우리 고려대학교라는 거목의 잎은 모조리 떨어지고, 가지는 거의 부러지고, 뿌리도 크게 상하였습니다.

봄은 언제 찾아올는지 짐작조차 할 수 없습니다. 우리의 앞길은 참으로 암담합니다. 그러나 불사조와 같은 고대 가족 여러분! 우리에게도 봄은 반드시 오고야 말 것입니다."

의기소침해 있던 학생들은 이 연설을 듣고 용기를 얻었고, 그날 참석했던 모든 학생이 감동의 눈물을 흘렸다고 한다.

사람의 운명을 바꿔 놓은 대화

인간의 마음을 움직이는 것은 대중을 상대로 한 사자후獅子吼만이 아니다. 일대일의 대화 역시 위력을 발휘한다.

백성욱 박사가 동국대학교 총장이던 시절, 혈기방장한 한 학생이 학내 부조리를 지적하며, 학생들과 함께 학내 투쟁을 전개했다. 최초 학내투쟁을 일으킨 학생을 조사해 보니, 뜻밖에도 특별 장학생으로 법학과에 들어온 신상두라는 1학년생이었다.

그래서 백성욱 총장은 신상두를 총장실로 불렀다. 씩씩거리며 들어온 학생에게 물었다.

"자네가 신상두 군인가?"

"네, 그렇습니다."

"특별 장학생으로 선발되어 온 걸 보니, 수재로구먼."

벼락이라도 떨어질 것을 각오하고 단단히 무장을 한 학생은 자기를 수재로 인정해 주는 총장의 말에 다소 누그러진 표정이 되었다.

총장은 자애로운 표정을 머금고 다음과 같이 말했다.

"신 군! 저 창 밖에 보이는 플라타너스가 싱싱하고 아름답지 않은가?"

"네, 아름답습니다."

"그럼, 저 소나무의 싱싱함은 어떤가?"

"소나무도 아름답습니다."

그러자 잠시 뜸을 들인 뒤 총장은 다시 질문을 하였다.

"플라타너스나 소나무는 여름철에는 다 싱싱하고 푸르다네. 그러나 겨울이 되면 플라타너스는 앙상한 가지만 남는데, 왜 그런지를 아는가?"

"소나무는 소나무의 기질이 있고, 플라타너스는 플라타너스의 기질이 있기 때문이지요."

꽤 영리하게 대답했다는 학생의 표정에 의미 있는 웃음을 머금고 총장은 다음과 같이 말하는 것이었다.

"자네 말에도 일리가 있군. 그러나 좀 더 철학적으로 생각해 보게. 세상의 모든 생물에는 남다른 재능과 열정이 있지만 한계가 있다네. 열정을 어떻게 관리하느냐가 중요하지.

소나무는 자기의 열정을 낭비하지 않고 사계절을 적절히 안배하기 때문에 사시사철 푸를 수 있으며, 플라타너스는 여름철에 지나치게 열정을 소비했기 때문에 겨울이 되면 푸름이 사라지고 앙상한 가지만 남게 되는 거라네.

신상두 군! 자네의 열정을 사소한 일에 낭비하지 말고, 좀 더 큰 일을 위해서 적절히 안배하게. 나는 자네의 재능과 열정에 큰 기대를 걸고 있네."

화술은 소질이 아니라 학습이다

이렇듯 말은 일대일 대화이든 다수의 사람을 상대로 하는 연설이든, 사람을 움직이는 힘이 있다. 그래서 우리는 말을 잘하는 사람을 부러워한다.

그렇다면 말을 잘하는 사람은 어떤 사람이며, 인생의 성공에 얼마만큼의 영향을 미칠까?

흔히 '말은 소질'이라고 생각하기 쉽다. 소질이기 때문에 배울 생각조차 하지 않는다.

그러나 세상에 나올 때부터 말 잘하는 사람은 없지 않은가? 인간의 모든 재능이 학습으로 갖추어지듯이 말의 재능 역시 학습을 통해 이루어진다. 즉 골프나 스케이트, 붓글씨나 자동차 운전을 배우는 것처럼 멋진 화술도 방법을 배우고 연습을 해야만 한다.

그렇다면 화술을 배워야 할 이유는 어디에 있을까?

산업평론가이자 세계적인 석학 피터 드러커 박사는 "현대인에게 가장 필요한 능력은 자기 표현력이며, 경영이나 관리는 커뮤니케이션에 의해서 좌우된다"라고 했다. 미국의 인간관계연구소 소장 제임스 벤더 박사가 최고경영자 55명을 대상으로 조사한 결과에도 '리더의 조건이 되는 제1순위가 화술^{speech}'이라고 나왔다.

격변과 각축의 세계화 시대에 무한 경쟁으로 돌입한 오늘날, 화법話法과 화술話術이 서툴면 국제적으로는 물론 우리나라에서도 살아가기가 어렵다.

경영자나 관리자의 부주의한 말 한마디가 종업원의 의욕을 잃게 하며, 커뮤니케이션이 서툴기 때문에 나가지 않아도 될 돈이 지출되고, 큰 비즈니스를 성사시키지 못해서 손해를 보는 경우가 얼마나 많은가?

회사뿐만 아니라 가정에서도 말 한마디를 잘못해서 좋지 않은 일들이 일어나는 경우가 비일비재하다. 이제 화술의 연마는 단순히 여러 사람 앞에서 창피를 당하지 않기 위한 것만이 아닌, 이 시대를 살아가는 생존방법이며 삶의 질을 높이기 위한 기본능력이다.

06 대화에도 감각이 필요하다

바쁜 사람과 말할 때는 짧게 하고, 그 언어는 간단명료하게 하라.
― 조지 워싱턴

사람의 마음을 움직인 대화

이른 아침 청소부들이 대학 화장실을 청소하고 있었다.

요즈음은 다 수세식이지만, 예전에는 거의 재래식 화장실이었다. 변기 난간에는 대변이 말라붙어서 잘 떨어지지 않는다. 그래서 청소부들은 투덜거리며 욕설을 퍼붓는다.

"빌어먹을 놈들! 다 큰 놈들이 똥도 하나 제대로 못 싸서 난간에다 싸? 이래 가지고서야 대학생은 무슨 놈의 대학생⋯⋯."

총장이 아침 순시를 돌다가 이들의 불평불만을 들었다.

"이 사람들아! 초등학생인 어린애들도 제대로 눌 줄 아는데, 대학생이 설마 대변도 볼 줄을 모르겠나? 큰 학생들이라 큰 뜻이 있어서 그런 거라네. 변소가 너무 깨끗해서 청소할 게 없어

보라고. 자네들은 실직자가 되고 말아. 그래서 자네들을 생각해 일부러 그런 거라고. 고맙게 생각하게나."

다음날부터 청소부들의 불평불만이 싹 가셨다는 이야기이다.

일본 굴지의 출판사에 입사한 신입사원 두세 명이 첫 월급을 탔다. 화장실 옆에서 월급봉투 속의 알맹이를 들춰 보고 있는데, 그때 마침 창업자인 이시야마 회장이 지나가다 빙그레 웃으며 말을 건다.

"자네들, 첫 월급을 탔구먼. 그 월급은 누가 주지?"

회장의 질문에 한 사원이 잽싸게 아첨 어린 대답을 했다.

"그야 회장님께서 주시는 거죠."

"어리석은 생각! 난 가난해서 자네들에게 줄 돈이 없어. 이 돈은 우리 회사의 고객인 독자들이 주는 걸세. 그러니 독자들 쪽으로 발을 뻗고 자면 벌 받네."

낭랑한 목소리로 웃음을 띠며 하는 회장의 말에 한 사원이 장난기 있는 질문을 던졌다.

"하지만, 회장님! 독자는 사방팔방에 있지 않습니까. 그렇다면 어디로 발을 뻗고 자란 말씀입니까?"

그러자 회장은 "그래서 자네 같은 신입사원은 서서 자라는 걸세."

이 얼마나 멋진 교육인가? 강당에 모아 놓고 특별 훈시를 하는 것도 좋지만 일상생활 속에서 아무렇지 않은 듯이, 농담 섞인 대화를 통해서 '독자의 존재와 중요성'을 일깨워 주는 것이 바로 참다운 교육이며 리더십이 아닐까?

리더십이란 무엇일까? 상대에게 영향력을 미치는 것이다. 이 영향력이란 잘났다고 으스대거나 지위가 높다고 생겨나는 것이 아니라 일상생활의 접촉, 특히 말을 통해서 생기는 것이다. 한 마디로 리더십이란 말하는 능력이다. 말 한마디가 인간의 마음을 움직이는 것이다.

말을 하면 무엇인가 생긴다

우리 주위에는 성격이 내성적이라든가, 화술이 서툴러서 사람들과 교제하는 것이 싫다고 하는 사람이 많다.

그러나 사람 만나는 것을 피하고 자기 속에 틀어박혀 있으면 우물 안 개구리 인생이 되고 만다. 자기 껍질을 깨고 넓은 세계로 나가보라. 그리고 사람을 만나 무슨 말이든지 해보면 무엇인가 소득이 생긴다. 대화의 감각은 말을 하는 데서부터 생긴다.

요즈음 택시 운전기사의 불친절이 날로 심해지는 것 같다. 여러 명이 타거나 혼잡한 곳은 아예 꺼리기 일쑤이며, 택시를 타고 행선지를 말해도 기분 나쁘게 대답도 하지 않는 '벙어리 기사'도 너무 많다. 물론 개중에는 친절한 기사도 더러 있다.

며칠 전인가 택시를 탔는데 사탕을 권하며 상냥하게 말하는 개인택시 기사를 만났다. 너무 뜻밖이어서 당신 같은 기사만 있다면 이 사회가 한결 밝아질 것이라며, 택시기사의 횡포에 대한 이야기를 꺼냈다.

그러자 기사는 다음과 같이 말하는 것이었다.

"손님의 행선지가 어디냐는 마치 운과 같은 거지요. 가끔 가까운 거리를, 그것도 차가 밀리는 곳의 손님을 태울 땐 짜증도

납니다. 왜냐하면 그날 벌이와 직결되기 때문이지요. 그래서 잘 빠지는 먼 곳의 손님을 태우고 싶은 건 운전기사의 바람입니다. 그러나 아무리 가까운 곳이나 복잡한 곳이라도 일단 손님을 태운 이상은 기분 좋게 모시려고 노력합니다.

얼마 전에 퇴계로에서 가까운 롯데호텔까지 가는 손님을 태운 적이 있습니다. '호텔에서 무슨 모임이 있으신가 보죠?' 하고 말을 걸었더니, 학회의 발표회가 있어서 급히 가는 중이라더군요. 차가 밀려서 이야기하고 있는 동안 하루 수입이 얼마냐고 묻더니만, '내일 외국인을 모시고 관광을 해야 하는데 당신이 수고 좀 해주면 고맙겠소' 하면서 하루 수입의 50퍼센트를 더 주겠다는 겁니다. 그래서 말은 하고 볼 일입니다."

공통된 화제가 호감을 부른다

한 신문사 경제부에서 일하는 김 기자는 어느 날 언론사에 혐오를 가진 재계인사 한 분을 만나 취재해 오라는 지시를 받았다. 그러나 여태껏 인터뷰에 응한 적이 없는 인물로 그 같은 이유 하나만으로도 취재에 성공하면 특종감이었다.

김 기자는 곰곰이 생각하다가 문득 '취미에 관한 이야기를 해라!'라는 선배의 조언을 떠올렸다. 그래서 그 사장의 취미가 무엇인가를 먼저 조사하기로 했다. 사장은 대단한 낚시광이었다. 게다가 지금까지 언론과는 무관한 사람으로 알려져 왔지만, 낚시에 관한 인터뷰만큼은 실로 기분 좋게 응하고 있다는 사실을 알아냈다.

김 기자는 낚시 잡지의 편집자를 방문하여, 그 사장이 일주일 전의 낚시에서 아주 큰 붕어를 낚아 올렸다는 사실을 알아냈다. 그러고는 그 사장에게 전화를 걸었다.

"안녕하세요? 여기는 신문사인데, 일전에 사장님께서 낚아 올린 대어大魚에 대하여 여쭤 보고 싶습니다."

그랬더니 흔쾌히 승낙을 해주었다.

김 기자는 벼락치기로나마 붕어낚시에 관한 지식을 습득해 둔 터라 열심히 사장의 말에 맞장구를 쳤다. 그러다 기회를 엿보아 본래 목적인 경제 문제를 슬그머니 끄집어냈다.

순간 사장은 '이것 봐라?' 하는 긴장된 표정을 지었으나 이내 표정을 풀고 말했다.

"할 수 없군. 자네의 열의에 반해서 내가 생각하는 경제정책에 대해 이야기를 해주지."

그러고는 자신의 소신을 피력하기 시작했다. 다음날 김 기자의 특종기사가 지면을 장식했음은 말할 것도 없다.

사람과 사람, 특히 처음 만나는 사람들과 대화를 나눌 경우에 불안이나 경계심을 풀고 친근감을 증가시키는데 윤활유 역할을 하는 것이 바로 공통된 화제話題이다. 서로 일치할 수 있는 화제는 호감을 불러오고, 더욱 깊은 인간관계를 맺어 주게 한다.

호감 받는 대화자對話者, 감각 있는 대화자는 화제 선택을 잘하는 사람이다.

07

화술은 능력평가의 척도

자신의 생각을 표현할 수 있는 능력이 성공의 중요한 열쇠가 된다.
— 피터 드러커

스피치를 반드시 해야만 하는 시대

오늘날처럼 스피치를 요청하는 시대도 일찍이 없었던 것 같다. 옛날에는 높은 사회적 지위를 가진 사람이나 유명 인사들을 제외하고는 보통 사람들은 감히 엄두도 못 낼 특별한 재능이었다.

그러나 지금은 시대가 달라졌다. 앨빈 토플러가 말한 '권력의 이동'은 스피치도 예외는 아니다.

최근에는 특별한 사람은 물론 보통 사람에 이르기까지 연령이나 지위, 성별에 관계없이 누구나 하는, 그야말로 '스피치 대중화 시대'가 되었다.

이런 현상은 문민 정부가 들어선 이후 더욱 가속화되고 있다.

하기야 민주주의란 주권이 국민에게 있고, 국민 한 사람 한 사람의 의견이 모여 여론이 되며, 여론을 바탕으로 한 정치를 말함이 아니던가?

이런 점에서 볼 때 자신의 사상이나 주장을 자유자재로 구사하는 스피치의 능력이야말로 민주 시민으로서 갖춰야 할 기본 능력이며, 특히 비즈니스맨에게는 사업에 성공하기 위한 필수 무기이다.

그렇다면 당신의 스피치 능력은 어느 정도나 될까?

누군가 '스피치는 모임의 입장권이다' 라고 했듯이, 요즈음은 어느 모임에 참석하든 으레 "한 말씀 해주십시오!"라는 부탁을 받곤 한다.

이때 스피치에 자신 있는 사람은 가슴을 펴고 당당히 일어나 자기가 하고 싶은 말을 조리 있게 하고, 주위 사람들로부터 인정을 받으며 여유 있게 어울릴 수 있지만, 자신이 없는 사람은 마치 초대받지 않은 손님처럼 불안해서 안절부절못할 수밖에 없다.

'혹시나 나에게 말을 시키는 건 아닐까?'

이런 걱정 때문에 눈앞에 있는 맛있는 요리에 손을 댈 수 없다든가, 지명을 당하면 횡설수설 형편없는 말을 하고 창피를 당하는 사람도 있다.

최근에는 스피치의 영역도 넓어졌다. 신년회나 송년회에서, 신입사원 환영회나 노사간담회에서, 거래처 개업식이나 친구의 생일파티 등 실로 다양한 장소에서 절실히 요구된다. 특히 아침 회의에서 한 사람씩 교대로 3분 동안 스피치를 하는 회사가 많아지고 있다.
 이러한 시대의 변천은 당신이 원하든 원하지 않든 '스피치는 반드시 해야만 한다'라는 명제를 낳게 했다. 화술이야말로 자신의 능력을 평가받는 척도일 뿐만 아니라, 모임의 성패를 좌우하는 열쇠이기 때문이다.

테이블 스피치의 어려움

 "나더러 한 말씀 하라고? 농담 말게. 난 말하는 것은 질색이야."
 갑자기 스피치를 부탁받으면 심한 사람은 사형선고라도 받은 것처럼 사색이 되기도 한다. 실제로 머리가 아파지며 위가 뒤틀리고 심지어는 변이 마렵다고 하소연하는 사람도 있다.
 영국의 풍자 작가 체스터턴이 참석한 어떤 모임에서 사회자가 한 말씀 해달라고 부탁을 했다. 그러자 체스터턴은 자리에서 일어나 다음과 같이 말했다.

 로마의 황제 네로가 기독교인을 참살하는 방법으로 굶주린 사자와 경기장에서 맨손으로 싸우게 했습니다. 사자 우리의 문이 열리자 날쌘 사자가 기세 좋게 사나이에게 돌진했습니다. 경기장 주변에 있는 기독교 신자들은 자신들의 동료가 물어 뜯겨 죽는 모습을 차마 볼 수가 없어서 숫제 눈을 감았습니다.
 그런데 기적이 일어났습니다. 사나운 이빨로 사자가 사나이의 목을 물어뜯으려고 하는 순간, 사나이가 사자에게 무어라고 속삭이자 사자는 고개를 설레설레 흔들면서 뒤로 물러나 다시는 덤벼들지 않았습니다.
궁금히 여긴 네로 황제가 사나이에게 물었습니다.
"바른 대로 말하면 살려주겠다. 도대체 사자한테 뭐라고 했기에 너를 잡아먹지 않은 거냐?"
사나이가 대답했습니다.
"뭐, 특별한 얘기는 아닙니다. 나를 잡아먹으면 황제 앞에서 테이블 스피치를 해야 해. 자신 있니? 하고 물었을 뿐입니다."

이만큼 즉석 스피치를 한다는 것은 어렵다. 그렇다면 스피치가 왜 어렵다고 느껴지는 것일까? 그것은 대부분의 사람이 스피치는 소질이라고 생각하며, 사전준비를 하지 않고 요령을 모르기 때문이다.

스피치에 대처하는 기본요령

그러나 당신도 스피치를 잘할 수 있다. 스피치는 소질이 아닌 학습이기 때문이다. 스피치야말로 당신의 능력을 제대로 평가받는 무기이다.

- 마음에 와 닿는 이야기가 최고이다

스피치의 내용은 우선 모임이나 주최자 또는 주인공과 관계 있는 것이어야 한다. 그러나 일단 목적에 맞는 내용이었다고 해도 듣는 이의 마음에 와 닿지 않는 이야기는 아무리 그럴듯하게 미사여구를 늘어놓아도 공염불로 들린다.

따라서 공감이 가는 테이블 스피치를 하기 위해서 평소에 예술적인 감각을 기르고, 배려를 가져야 하며, 인간성이 풍부한 내용을 축적해 두어야 한다.

• 감정을 곁들여 노래하듯이 말한다

'노래는 말하듯이, 말은 노래하듯이 하라!' 라는 교훈이 있다. 노래에는 멜로디와 리듬이라는 규칙이 있다. 그러나 리듬과 멜로디만을 정확하게 맞춘다고 하면 그 노래는 결코 감칠맛이 나지 않는다. 그래서 일류 가수들은 악보에 표현되어 있지 않은, 작곡가나 작사가의 마음을 간파하여 청중에게 이야기하듯이 감정을 곁들여 노래를 부른다.

그러나 말에는 리듬이나 멜로디라는 규칙이 없다. 그렇다고 해서 내용만을 담담하게 말하면 말의 맛이 없어져 버린다. 그래서 나름대로 리듬과 멜로디를 곁들여서 말로 나타내야 실감나는 스피치가 되는 것이다.

• 말투와 동작은 자연스럽게 한다

말투는 웅변이나 강연식이 아닌 회화조(會話調)로 온화한 분위기에 맞게 고조 강약 완급을 붙여서 이야기하는 것이 효과적이다. 태도 역시 허세를 부리거나 요란한 동작을 쓰지 말고, 어깨에 힘을 뺀 상태에서 부드러운 표정으로 자연스럽게 움직이는 것이 좋다.

• 유머가 있는 즐거운 이야기가 좋다

특별한 모임을 제외하고는 사람들은 즐거운 이야기를 환영한다. 너무 어둡거나 무거운 이야기는 모임의 분위기를 깨뜨리기 쉽다. 따라서 밝은 이야기로 자연스러운 웃음이 나오도록 하면 좋다.

- 독창적인 이야기가 신선미를 준다

상투적인 미사여구나 틀에 박힌 스피치는 이야기 자체를 퇴색하게 한다. 틀에 박은 듯한 스피치는 이를테면 기성복과 같다. 누구에게나 대강 맞게 한 기성복보다야 세세한 것까지 사람의 체형에 딱 맞게 한 맞춤복이 더 좋은 것이다. 이와 마찬가지로 스피치도 독창적인 것이 환영받는다. 따라서 자기만이 알고 있는 사실이나 사건 또는 독특한 발상과 어법 등을 포착捕捉한 이야기가 바람직하다.

- 장소에 어울리는 이야기를 한다

스피치의 3요소로 TPO를 꼽는다. 시간^{time}, 장소^{place}, 상황^{occasion}에 맞는 스피치를 해야 한다는 것이다.

노래를 한 곡 부를 때도 장소나 구성원에게 적합한 것을 골라야 하듯이, 스피치에 있어서도 모인 사람의 수준이나 장소 그리고 타이밍에 맞는 이야기를 해야만 한다.

08

스피치 능력은 어느 정도인가?

침묵을 지키고 있는 지혜, 발언할 힘이 없는 지혜는 무익하다.
— 키케로

스피치 능력을 나타내는 SQ

당신의 SQ$^{Speech\ Quotient}$는 어느 정도나 될까? 지능발달의 정도를 나타낼 때 IQ$^{Intelligence\ Quotient}$, 감성발달의 정도는 EQ$^{Emotion\ Quotient}$, 도덕성의 정도는 MQ$^{Morality\ Quotient}$라고 하듯이, 언어표현의 정도를 나타내는 것을 SQ라고 한다.

SQ란 한 사람이 원활하게 언어를 사용하여 얼마나 적당하면서 효과적으로 자신의 관점을 표현하는가 하는 종합적인 척도를 말한다. 그 핵심은 사람들과 교제할 때 훌륭하게 자신의 말을 통제하고, 적절한 방식으로 표현하는가에 있다.

한 사람의 SQ수준은 말의 유창성, 정확성, 성실성 그리고 적당한 유머에 의하여 결정된다.

훌륭한 SQ는 당신에게 자신감을 더해 주고, 사람들에게 좋은 인상을 주며, 당신이 다른 사람들에게 적극적인 영향을 미치는 데 도움이 된다. 그뿐만 아니라 당신의 비즈니스도 성공하도록 돕는다.

그래서 선진국의 관리자 양성 프로그램에는 SQ를 높이기 위한 스피치 훈련을 중요한 테마로 삼고 있다. 왜냐하면 경영 관리에서 성공하려면 여러 가지로 다른 배경과 조건을 갖고 있는 직원들과 자연스럽게 어울리고, 그들을 관리하며 격려해야 하는데, 이런 것 모두가 말로써 이루어지기 때문이다.

개성이 각자 다른 사람이 모여서 조직의 공동 목표를 달성하려는 직장생활에서 오해와 충돌이 생기는 것은 어쩔 수 없는 현상이다. 이때 커뮤니케이션은 무엇보다 중요하다. 따라서 SQ, 즉 스피치 능력이 뛰어난 사람은 오늘날 날로 치열해지는 무한경쟁의 세계에서 우세를 점하게 될 것은 당연하다.

이와 같이 SQ는 비즈니스에서 성공할 수 있는 중요한 무기이다. 유능한 교섭자라면 비즈니스 상대에게 자연스럽고 평등하며 합리적이고 원칙을 지키는 사람으로 느끼게 할 것이다. 교섭에서 표현이 똑똑하지 못하고 동문서답이나 하며 상황을 통제하지 못한다면, 그 교섭은 원치 않는 방향으로 갈 수밖에 없다.

당신의 SQ를 테스트해 보자

다음은 당신의 스피치 지수^{SQ}를 알아보기 위한 설문이다. 스스로 각 문제에 답하여 자신의 SQ가 어느 정도인가를 알아보자.

당신의 스피치 지수 Speech Quotient는?

- A: 줄곧 그렇다
- B: 때로 그렇다
- C: 그런 적이 없다

1. 당신은 뜻밖의 일을 당했을 때 적당한 어휘를 사용할 수 있는가? (   )

2. 당신은 부끄러움을 타거나 말수가 적은 사람에게 말문을 열어 당신과 대화할 수 있게 할 수 있는가? (   )

3. 당신은 다른 사람의 말을 잠자코 듣고, 자신의 견해를 발표하고, 남의 말을 끊고, 더욱 좋은 기회를 잡아 말해야 하는 때를 알고 있는가? (   )

4. 당신은 냉정함을 잃지 않고 온당하고도 확실하며 또 여유롭게 곤경에 대처할 수 있는가? (   )

5. 당신은 대화에서 다른 사람에게 무시를 당할 경우에 요령 있게 자신의 성공을 드러낼 수 있는가? (   )

6. 당신은 다른 사람을 얕보는 태도로 상대와 대화하지 않도록 자기를 잘 통제할 수 있는가? (   )

7. 당신은 허위적이기만 한 공식적인 대화를 피할 수 있는가? (   )

8. 당신은 문제의 해결 방식에만 치중하고, 문제 자체나 잘못에는 집착하지 않는가? (   )

답안 가운데 A, B, C에 속하는 점수를 합하면 최종 결과가 된다. 대부분이 A라면 당신은 비교적 높은 SQ를 갖고 있다. B와 C가 대부분이라면 당신의 SQ는 중간 정도로 화술을 학습할 필요가 있다. 그런데 C가 대부분이라면 당신의 SQ는 거의 없는 것으로 보아 반드시 화술을 학습해야만 된다.

한 걸음 더 나아가 당신이 우수한 스피치 지수SQ를 갖고 있는가를 알아보기 위해서 다음 문제에 답해 보도록 하자. 당신은 충분한 시간을 갖고 답안을 생각함으로써 정확하고도 냉철하게 자신을 평가해야 한다.

가장 효과적인 방법의 하나는 몇 장의 목록 카드를 준비하고, 각 장의 카드에 한 문제씩을 쓴 후, 답안을 해당 문제의 카드에 써 놓는 방법이다.

1. 다른 사람과 대화를 할 때, 당신의 몸가짐이 남에게 주는 총체적인 효과가 어떻다고 생각하는가?
2. 당신은 어떤 상황에서 상급자나 하급자 또는 동료와의 대화가 가장 어렵다고 생각하는가? 그리고 그 이유는?
3. 어떤 상황에서 당신의 언어 교제 능력이 최고로 발휘되는가? 어떤 상황에서 일이 순조롭게 진행된다고 보는가?
4. 언제 일을 그르쳤는가? 일을 그르친 가장 중요한 원인은 무엇이었는가?
5. 다른 사람이 당신의 말을 무시할 때 당신은 어떻게 하겠는가?

SQ를 높이는 다섯 가지 요령

스피치 지수의 높고 낮음은 태어날 때부터 정해진 것이 결코 아니다. 당신이 성장하면서 익힌 것이기 때문에 변화한다. 당신의 SQ 테스트 결과가 만족스럽지 못하다면 전문 교육 기관을 찾아 스피치 학습을 받거나, 독학이라도 좋으니 실제 생활에서 관심을 두고 노력하라. 노력한 만큼 반드시 성과가 있을 것이다. 다음 몇 가지는 당신의 비즈니스에서 SQ를 높이는데 도움이 될 것이다.

• 면밀한 검토와 충분한 준비가 있어야 한다

비즈니스 교섭에서 일어날 수 있는 여러 가지 정황을 미리 예견하여, 그에 대응할 방법을 당신은 생각해 두어야 한다. 그리고 당신이 말할 화제를 써 놓은 다음에 큰 소리로 말하고, 당신의 말에 대한 상대의 반응을 상상해 본 후, 그 반응에 어떻게 대처할 것인가를 생각해 둔다. 당신의 대답은 반드시 듣기에 알맞고 자연스러워야 하지 연습한 듯이 어색해서는 안 된다.

국제적으로 유명한 한 경영 컨설턴트의 충고를 들어보자.

"당신이 곧 일어날 일에 태연하게 직면하려면 반드시 충분한 준비를 해야 한다. 이 준비 작업은 각각의 상황에 따르는 결과까지 유념하지 않으면 안 된다. 교섭이 시작되고 3분이면 이미 당신의 성패는 결정되기 때문이다."

• 필요한 때, 필요한 만큼 말을 해야 한다

비즈니스 협상에서는 말을 아껴야 한다. 많은 교섭자는 내놓지 말아야 할 정보까지 쉽게 털어놓아서 손해를 본다. '적절하지 않은 말은 반 마디도 많다' 라는 중국 속담은 비즈니스 교섭자들에게 자못 시사하는 바가 크다.

또한, 법정의 증언이나 심문에서도 마찬가지다. 쓸데없는 말은 시간 낭비일뿐만 아니라, 자칫 잘못하면 말이 화근이 되어 불리한 판결을 받을 수도 있다. 그래서 '묻는 물음에만 답하라' 라는 교훈이 있다.

- 부하 직원이 잘못했을 때는 그 잘못을 일깨워 책임지도록 말해야 한다

어떤 중대한 일을 해 나가는 과정에서 부하가 큰 실수를 했을 때, 상사가 자신의 권위를 지키기 위해 신경질적으로 변하거나 화를 내는 경우도 있으나, 이런 행위는 문제 해결에 아무 도움이 안 된다.

상사로서 올바른 태도는 실수한 부하가 적극적으로 문제를 해결해 나가게끔 기회를 만들어 주는 것이다. 부하가 문제를 해결할 수 없다고 생각하더라도 화를 내지 말고, "내가 보기에는 이렇게 하는 것이 좋을 것 같다"고 대안을 제시하여 적극적으로 권유하는 것이 바람직하다.

- 문제 자체보다는 문제 해결 방법에 주의해야 한다

부하를 비판하는 것은 어쩔 수 없는 일이지만, 이때 언어 표현의 방법에 주의해야 한다. 특히 상대에게 문제 해결 방법을 찾을 뿐, 벌을 주거나 보복할 의도가 아니라는 것을 느끼게 해야 한다.

사람마다 좋고 나쁨에 대한 기준이 똑같을 수 없다. 따라서

부하의 방안이 불만족스럽더라도 우선 여러 가지 가능한 결과를 보여주고, 그 반응을 들어본 후에 건설적인 비판을 해야 바람직하다.

• 평소에 남들이 말하는 모습을 관찰하고, 꾸준히 훈련해야 한다

모든 능력이 그렇듯이 스피치 능력 또한 하루아침에 배양되는 것이 아니다. SQ를 높이기 위해서는 평소에 다른 사람들, 특히 화술에 능한 사람들은 어떻게 하는가를 자세히 관찰하고, 그들이 말하는 방법을 자신에게도 적응시켜 보는 훈련이 필요하다. 연습과 훈련 없이 스피치 능력은 결코 신장하지 않는다.

09

인사말은 인간관계의 윤활유

언제, 어느 때라도 인사는 부족한 것보다 지나친 편이 낫다.
— 톨스토이

아내와 인사를 나누는가?

어느 젊은 부인이 상담을 하러 왔다. 사연인즉 결혼한 지 석 달째인데, 남편이 도무지 말이 없다는 것이다.

"요즈음 저는 견딜 수 없이 소외감을 느껴서 못살겠어요. 아무리 중매결혼이라지만 너무해요. 아침밥도 자기 혼자서 먹고, 아무 관계도 없는 사람처럼 말없이 대문을 나갑니다.

처음에는 남편이 독신 생활을 너무 오래 해서 그렇거니 했는데, 신혼 3개월이 지났는데도 목석이에요.

저녁 식사를 할 때도 신문을 펴들고 삐딱하게 구부리고 앉아서, 시선은 활자에 가 있고 고개를 숙인 채 입만 움직이는 거예요.

아내인 내가 자기를 위해서 그렇게도 정성을 들여 만든 요리인데, 먹으면서 이렇다저렇다 말 한마디 없고, 신문으로 몸을 가린 채 식사를 마치고 나서는 겨우 '물!' 하고 건네는 건 고작 빈 사발뿐이에요. 세상에 이렇게 살 바엔 왜 결혼을 했을까요?"

아내 된 처지에서는 이처럼 고통을 느끼는 일도 없으며, 어떤 때는 이혼하고 싶은 생각마저 난다고 한다.

만약 당신이 위 이야기에 해당하는 남편이라면 당신의 아내는 얼마나 깊은 시름에 젖어 있을 것이 뻔하다. 물론 남편뿐 아니라 인사성 없는 아내도 있다. 남편이 밖에 나갔다 와도 눈만 멀거니 뜨고 있거나 말없이 가방만 받아드는 아내 또한 문제가 있다.

아무리 가까운 부부 사이라도 가벼운 인사 정도는 있어야 한다. 그것이 부부관계의 규칙 제1조이다.

외출할 때는 물론이고, 아침에 일어나서도 서로 인사하는 것이 좋다.

"여보! 잘 잤소? 기분은 어떻소?"

남편이 아내에게, 아내가 남편에게 밝고 상냥한 어조로 하루를 시작한다면 얼마나 명랑한 가정이 될까?

또 잠자리에 들 때도 "잘 자요. 좋은 꿈 꿔요" 하는 말 한마디쯤은 할 수 있지 않은가?

"아니? 매일 얼굴을 맞대고 사는데, 인사는 무슨 인사냐?"라고 푸념하는 사람도 더러 있다. 그러나 부모자식 간에 또 내외 간에도 기본적인 예의는 있어야 한다. 그것이 인간적인 삶이자 성공을 향한 첫걸음이다.

인사는 내가 먼저, 밝고 큰 소리로

그렇다면 인사란 도대체 무엇이며, 왜 해야만 하는 걸까? 인사를 받았다고 배부른 것도 아니고 돈이 생기는 것도 아닌데, 인사를 못 받으면 몹시 섭섭하고 화가 난다. 왜 그럴까?

인사란 '상대의 존재가치'를 인정하는 것이다.

"안녕하세요, 어르신?" 하는 인사는 집안 어른의 존재가치를 인정하는 것이고, "아버님, 다녀오셨습니까?" 하는 인사 역시 아버지의 존재가치를 인정하는 것이다. 따라서 인사를 못 받으면 자신의 존재가치를 무시당했다고 생각하게 마련이다.

어른뿐 아니라 아이들도 마찬가지이다.

"철수니? 어서 와라."

학교 갔다 돌아온 아이에게도 엄마가 먼저 인사를 하면 아이는 기분이 좋아진다.

그런데 우리는 언제부터인가 인사는 아랫사람이 윗사람에게 하는 것으로 잘못 인식해 왔다. 그래서 그런지 인사를 하기보다는 받으려고만 한다.

"자기가 먼저 인사를 안 하는데, 내가 왜 먼저 해."

마치 인사를 먼저 하면 자존심이라도 상하는 것처럼 도사린다.

그렇다면 인사는 어떻게 하는 것이 좋을까?

"안녕하세요? 좋은 아침이군요."

밝고 큰 목소리로 '내가 먼저' 인사를 해보자. 그러면 상대방도 내게 밝은 인사를 보낸다. 인사는 내가 먼저, 이것이 인간관계의 윤활유이다.

또한, 인사는 상대의 존재가치를 인정하는 것은 물론이고, 호의와 존경의 표시이며, 상대에 대한 배려이기도 하다.

그래서 인사말에도 여러 가지가 있다.

"안녕하셨습니까?"로 시작해서 "먼저 실례합니다" 하는 겸손도 인사에 속한다.

이웃집에서 음식을 나누어주었다면 "참 맛이 좋더군요. 어쩜 그렇게 요리 솜씨가 일품이세요? 잘 먹었습니다" 하고 다정하게 고마움을 표시하는 것도 인사이다.

만원 버스에서도 어떤 사람은 아무 말도 없이 짐짝 나간다는 식으로 밀고 나간다. 그러니까 '넌 뭐야?' 하는 식으로 모르는 척 앞을 가로막는 사람이 있어서 내려야 할 곳에서 내리지 못하는 경우도 가끔 일어난다.

"내려요! 급해서 그러니 비켜 주세요. 실례합니다, 실례해요."

이렇게 말한다면 홍해 바다가 갈라지듯 길이 확 트이련만, 인사를 안 하니까 협조도 못 얻고 손해까지 본다. '말 한마디에 천냥 빚도 갚는다' 라고, 인사를 잘해서 손해 보는 사람은 없다. 인사만 잘해도 사람 좋다는 소리를 듣는 것이 인지상정이다.

인사는 내가 먼저, 반드시 밝고 큰 목소리로 인사말을 하도록 하자. 지금부터 만나는 사람마다 내가 먼저 인사를 하자!

10

사랑의 표현, 어떻게 하고 있는가?

다른 사람으로부터 사랑받지 못하는 사람은 다른 사람을 사랑할 줄도 모른다.
— 라파데르

사랑한다면 사랑한다고 말하라

톨스토이는 '사랑이란 자기희생이다'라고 했으며, 테일러는 '사랑은 명성보다 더 낫다'라고 하였고, 메난드로스는 '정년에 이를 때까지 사랑을 미루어 온 사람은 비싼 이자를 지출해야 한다'라고 했다.

성공하기 위해 열심히 일만 하는 어느 대기업 중역은 회사에만 매달리고 가정을 등한시하였다. 하숙생처럼 밤늦게 돌아와 아침 일찍 출근하는 그에게 아내가 함께 외식이라도 했으면 좋겠다고 하자, 그는 한마디로 잘라 말했다.

"지금은 바빠."

몇 번인가 아내가 졸랐지만, 그의 대답은 언제나 같았다.

"나도 그러고 싶지만 지금은 무척 바빠."

중요한 회의가 있는 어느 날 아침, 그의 아내가 다시 부탁했다.

"오늘 점심이나 같이 하면 어떨까요?"

그는 "미안하지만…"하고 또다시 거절했다.

그런데 회의 도중에 아내가 자동차 사고로 죽었다는 소식이 전해졌다. 그는 뒤늦게 후회하며 울먹일 수밖에 없었다.

"의사가 한 시간만이라도 아내를 살려준다면 어떤 대가라도 치르겠어요. 앞으로 한 시간만 더… 함께 식사를 하면서 사랑한다고 말해 주고 싶었는데……."

가수이자 배우인 메어리 마틴이 오스카 해머스타인 2세의 작품인 《남태평양South Pacific》이라는 뮤지컬 무대에 섰을 때의 일이다. 암으로 이미 죽음을 선고받은 해머스타인이 마틴에게 보낸 다음과 같은 편지가 전해졌다.

> 당신이 누르지 않으면, 벨은 이미 벨이 아니다.
> 당신이 노래하지 않으면 노래는 이미 노래가 아니다.
> 사랑은 당신의 가슴속에 간직해 두는 것이 아니다.
> 당신이 주지 않는다면, 사랑은 이미 사랑이 아니다.

사랑의 정의도 많지만, 사랑하는 방법에도 여러 가지가 있다. 그러나 가장 중요한 것은 누군가를 사랑한다면 그 사람에게 '사랑한다'라고 말하는 것이다. 지금 당장 실행해 보라. 당신은 사랑의 표현을 어떻게 하고 있는가?

고기는 씹어야 하고 말은 해야 맛이 난다

결혼한 지 20년이 지난 부부가 있었다. 그런데 아내는 날이 갈수록 자신이 시시하게 느껴지고 불행하다는 생각에 젖어들었다. 그런 자신의 감정을 남편에게 전달하기 위해 아내는 숱한 노력을 해봤지만, 쇠귀에 경 읽기가 되어 자기의 노력만으로는 안 된다는 것을 깨달았다.

그래서 아내는 남편을 설득하여 성당의 신부님에게 조언을 받기로 했다. 신부는 먼저 남편에게 '둘 사이에 무슨 문제가 있느냐?'라고 물었다.

남편은 '요즈음에 와서 아내가 괜히 우울해하고, 불평불만을 터트린다'라고 했다.

그러자 신부는 아내에게 무엇이 불만인지를 물었다.

"남편은 저에게 사랑한다는 말을 절대로 안 해요. 사랑 없는 가정은 무덤이나 마찬가지가 아닌가요?"

아내의 말을 들은 신부는 남편에게 추궁을 했다.

"당신의 아내가 지금 한 말에 대해서, 어떻게 생각하십니까? 당신은 여자들이 '사랑받고 있다'라는 말을 가끔 듣고 싶어한다는 것을 알고 있습니까?"

신부의 말에 남편은 오히려 화가 난다는 듯이 말했다.

"내가 사랑하지 않는다고요? 난 우리가 결혼하는 날 아내에게 사랑한다고 분명히 말했어요. 만약 내 마음이 변했다면 아내에게 '사랑하지 않는다'라고 말했을 겁니다."

목석 같은 남편의 말에 아내도 신부도 할 말을 잃었다고 한다.

이 일화를 어찌 남의 이야기로만 돌리겠는가? 우리 주변에도 아내나 자녀에게 '사랑한다' 라는 애정과 '잘했다' 라는 칭찬과, '고맙다' 라는 감사함에 대해 표현을 하지 않는 가정이 얼마나 많은가?

공무원 교육원에 강의를 나갔다가 결혼한 지 25년이 되었다는 어느 공무원에게 물어보았다.

"당신은 아내에게 '사랑한다' 라는 말을 자주 하십니까?"

"아니오. 한 번도 한 적이 없습니다."

"그럼, 아내를 사랑하기는 합니까?"

"사랑하니까 살지요."

"그럼 '사랑한다' 라는 말을 왜 하지 않습니까?"

"쑥스러워서요."

예부터 고기는 씹어야 맛이 나고, 말은 해야 맛이 난다고 하지 않는가? 필요한 때, 필요한 말을, 필요한 만큼 하도록 노력하자.

인간관계의 본질은 사랑이다

'완'은 병원에서 사육하고 있는 수캐이다. 사람은 물론 같은 개에게도 아무 반응을 나타내지 않으며, 다가가기만 하면 맹렬히 짖으면서 위협한다. 하루종일 우리 안에 틀어박혀서 밖으로 나오지도 않는다. 너무나 완고해서 이름을 '완'이라고 붙였다.

일찍 어미에게서 떨어져 고독하게 자라서 그런지, 스무 마리나 되는 어떤 개와도 교제가 없다. 그래서 병원의 외과부장이 개를 무척이나 좋아하는 아동 심리학자에게 완의 치료를 부탁하였다.

"네, 한 번 해보지요. 철이 났을 때부터 제 생활은 개와 함께였으니까."

흔쾌히 대답을 한 아동심리학자가 우리 앞으로 다가가자, 완은 몸을 웅크리면서 적의에 찬 시선을 보냈다.

"완! 너는 참 영리하게 생겼구나."

부드러운 어조로 말을 걸면서 아동심리학자는 매일같이 시간을 내어 완을 만났다. 처음에는 반응이 없었던 완도 차츰 눈을 마주치게 되었다.

그렇지만 우리 안으로 손을 넣는 것은 결코 허락지 않았다. 그러기를 2개월이 지난 어느 날인가부터 "완!"하고 부르면 우리를 나오더니 꼬리까지 흔들었다.

"오, 완에게도 꼬리가 있었구나."

아동심리학자의 따뜻한 애정에 완은 긴장을 풀기 시작했다. 8개월이 지나자 완은 난생처음 다른 개들과 함께 어울리기 시작했다.

언젠가 신문에서 재미있게 읽은 칼럼의 한 내용이다.

인간은 사회적 동물로 아무리 똑똑하고 힘이 세며 잘생겼더라도 결코 혼자 살 수 없고, 남들과 더불어 생활해야만 한다. 특히 직장이란 남남이 모여 협력하며 공동의 목표를 실현하면서 자기 발전을 꾀하는 장이기 때문에, 직장생활에 성공하려면 무엇보다도 인간관계가 좋아야만 한다.

그렇다면 인간관계의 본질은 무엇일까?

한 인간의 조건 없는 사랑이 심하게 병든 개에게도 새로운 삶을 살게 한 것처럼 인간관계에서 사랑보다 더 소중한 것은 없을 것이다. 즉 사랑이야말로 인간관계의 본질이다.

사랑이 깃든 말이 대통령을 만들었다

미국 제34대 대통령 아이젠하워가 어렸을 때의 일이다.

어느 날인가 심부름을 갔다가 돌아오면서 놀다 보니 귀가 시간이 늦어졌다. 몹시 걱정하던 어머니가 회초리를 들고 때리려고 하자, 겁이 난 아이젠하워는 꾀를 피웠다.

"엄마, 배가 아픈데 화장실에 먼저 갔다가 올게요."

한참 후에도 아이젠하워가 돌아오지 않자 어머니가 화장실 문을 열어 보니 텅 비어 있었다. 아이에게 속은 어머니는 괘씸한 생각이 들어 더 큰 회초리를 들고 기다리고 있었으나 아들은 끝내 돌아오지를 않았다. 어머니는 슬슬 걱정되기 시작했다.

사흘이 지나자 편지 한 장이 대문 앞에 떨어져 있었다.

"저는 회초리가 무서워서 거짓말을 하고 달아났어요. 엄마가 회초리를 버리기 전에는 집에 들어가지 않을 거예요."

어머니는 후회를 하면서 답장을 보내려고 했지만 발신인 주소가 없었다. 있을 만한 곳을 다 찾아다녀 보았으나, 어떻게 알아챘는지 귀신같이 숨어 버리는 것이었다. 여러 날이 지난 후에야 가까스로 아들을 찾은 어머니는 울면서 말했다.

"아들아, 내가 잘못했다. 얼마든지 말로 해도 될 일을 회초리로 때리려고만 했으니…. 잠시나마 너를 사람이 아닌 짐승으로 대했다면 엄마도 짐승이 아니고 무엇이냐? 그러니 모질고 모진이 엄마가 맞아야겠다."

그러고는 자신의 손바닥을 회초리로 마구 때리는 것이 아닌가. 이내 어머니의 손바닥에 피가 맺히기 시작했다. 그런데도 어머니는 멈추지 않고 계속해서 손바닥을 때려 나중에는 핏방울이 뚝뚝 떨어지기까지 하는 것이었다.

이 광경을 지켜보던 아이젠하워는 그만 울음보를 터트리며 말했다.

"엄마, 제가 잘못했어요. 앞으로는 말을 잘 들을게요. 차라리 절 때려 주세요."

그러고는 자기의 손을 어머니 앞에 내밀었다. 어머니는 회초리를 내던지면서 아들을 붙들고 울기 시작했다. 한동안 모자가 부둥켜안고 울다가 어머니는 아들의 손에 키스를 하면서 말했다.

"사랑하는 아들아, 이 손으로 큰일을 하여라."

그다음부터 아이젠하워는 잘못을 저지를 때면 어머니의 말을 떠올리면서 "이 손으로 꼭 큰일을 하겠어요" 하고 약속하였고, 마침내 대통령이 되었던 것이다.

사랑의 힘은 이처럼 위대하다. 인간의 재능은 사랑이라는 영양소를 먹고 자란다. 회초리로 때리기보다는 사랑이 깃든 말로 아이들을 타이르는 것이 훨씬 효과적이다.

11

화술은 곧 통솔력이다

전투를 지배하는 힘이 총검에 있듯이, 웅변은 인간을 지배하는 힘이 있다.
— 데메트리우스

말에는 반드시 목적이 있어야 한다

몇 해 전, 어느 유명인사의 출판기념회에서 있었던 일이다. 얼마나 많은 사람에게 초청장을 돌렸는지, 몇백 명이 넘는 하객들이 연회장을 꽉 메웠다.

식순에 따라 축사 순서가 되었는데, 첫 연사로는 불교계를 대표해서 총무원장 스님이 연단에 올라섰다. 무언가 심오한 법문이나 축하의 말이 나올까 싶어서 귀를 기울였더니, 때아닌 남북통일 운운하면서 횡설수설하는 것이었다.

다음에는 정계를 대표해서 국회의장이 등장했는데, 무슨 말인지 알아듣지도 못할 맥 빠진 목소리로 시국 강연을 잔뜩 늘어놓았다. 끝으로 기독교를 대표해서 유명한 목사가 등장했다. 이 사람 역시 비교종교론을 펴면서 자기의 해박한 지식을 자랑하는 게 아닌가?

더욱 가관인 것은 세 사람의 연사에 이어 올라온 저자의 태도였다. 바쁜 사람들을 초청해 놓고, 그것도 회비까지 받았으니, 어떤 감사의 말이 나올까 귀를 기울였다. 그런데 앞에 축사를 한 명사들보다 자기가 더 말을 잘한다는 태도로 자기 PR에 열을 올리는 것이 아닌가?

목표 없는 사격, 귀항지 없는 항해가 있을 수 없듯이 말에도 반드시 목적이 있다. 목적 없는 말은 아무리 박학다식하고 유창하더라도 상대의 시간을 빼앗고 상대에게 폐를 끼치는 죄악이다.

그런데도 얼마나 많은 지도자가 말의 목적을 생각하지 않고 제멋대로 떠들고 있는가?

앞에 소개한 출판기념회만 하더라도 그렇다.

축사하는 사람은 자기가 어떤 직업, 어떤 위치에 있더라도 "책을 집필하느라고 얼마나 노고가 많았습니까? 읽어보니 참으로 좋은 책입니다. 축하합니다" 하는 말을 진심으로 전하면 될 것이다.

저자 역시 "여러 가지로 바쁘실 텐데 이렇게 많이 와 주셔서 감사합니다. 변변치 않은 책이지만 쓰느라고 열심히 노력했습니다. 한 번씩 읽어보시고 충고해 주시면 고맙겠습니다. 앞으로 더욱 노력하겠습니다"라는 말을 겸손하게 했더라면 출판기념회에 걸맞은 말이 아니었을까?

화술은 입에 발린 단순한 기술이 아니다. 말뿐인 기술은 사기술에 가깝다. 말하는 사람의 진심이 깃들인 성실한 말이 화술의 기본이다.

'총검술이 살인의 기술인가, 생명의 기술인가?' 하는 문제를 생각해 본 적이 있는가? 그 기술을 사람을 살리는데 쓴다면 생명의 기술이 되지만, 사람을 죽이는데 쓴다면 살인의 기술이다.

이처럼 화술도 그 목적을 어디에다 두느냐에 따라서 그 평가가 달라지는 것이다.

당신이 진정으로 존경받는 리더가 되기를 원한다면 말의 목적을 분명히 정하고 성실한 자세로 설득할 일이다.

대화와 연설의 차이점을 알라

우리가 평소에 하고 있는 일상 회화를 대화라고 한다면, 여러 사람 앞에서 하는 말을 연설이라고 한다. 이 두 가지는 말을 한다는 점에서는 같지만 다르게 쓰고 있다.

대화는 한 사람 많아야 서너 명 사이에서 이루어지고, 말하는 사람과 듣는 사람이 의견을 서로 교환할 수 있다. 또한, 형식에 구애를 받지 않고 특별한 목적 없이 말을 주고받는 것이기 때문에 결론이 없을 수도 있다. 더불어 시간제한도 없다

연설은 많은 사람을 대상으로 삼아 일방적으로 말하는 것이다. 연설은 반드시 어떤 목적을 위해서 말하는 것이기 때문에 빈틈없이 논리적으로 정리되는 정한 형식이 있다. 그리고 반드시 정해진 시간 내에 마무리 지어야 한다.

이상의 차이점으로도 알 수 있듯이 대화와 연설은 아주 다르다. 그래서 '대화는 잘해도 연설은 못한다' 라는 말이 나오는 것

이다. 따라서 리더는 많은 부하 앞에서 연설할 경우 사전준비를 철저히 해야만 한다.

그런데도 많은 리더는 대화가 능숙하다는 이유로 연설도 당연히 잘할 것이라고 지레짐작한다. 그 결과는 쓸데없이 군더더기가 많거나 정리되지 않은 논리로 횡설수설하기 일쑤이다.

한국의 리더들은 보편적으로 연설이 서툴다.

그러나 미국을 비롯한 선진국의 리더들은 다르다. 그 이유는 화술에 관한 기본 교육을 받았을 뿐만 아니라, 사전에 만전을 기하기 때문이다. 먼저 연설의 목적이 무엇인가를 분명하게 정한 다음, 어떤 대상을 상대로, 어떤 말을 어떻게 해야 효과적일까를 궁리한다. 그리고 원고를 신중하게 작성하여 반복해서 연습을 한 후에 비로소 청중들 앞에 서는 것이다. 그렇기 때문에 연설에 진지함이 느껴지고 설득력이 있다.

일찍이 아이젠하워 대통령도 국민 앞에서 연설할 때는 자기의 연설을 스피치 컨설턴트에게 듣게 하고 조언을 받았으며, 심지어는 배우 로버트 몽고메리에게 표정이나 동작까지 연출하게 했고, 발성법도 연습했다는 일화는 유명하다.

마음가짐에 따라 말의 효과도 달라진다

대화이건 연설이건 말을 한다는 행위에는 그 사람의 마음, 지식, 교양, 성격 등 모든 것이 나타나게 마련이다. 그중에서도 가장 드러나는 것이 마음인데, 이 마음가짐이 어떠냐에 따라서 말의 효과도 달라지는 것이다.

마음가짐이란 곧 사고방식을 의미한다. 사물에 대한 인간의 사고방식은 '밝은가 어두운가? 플러스인가 마이너스인가? 적극적인가 소극적인가? 양성인가 음성인가?'로 크게 나누어지는데 리더는 플러스 사고, 즉 적극적인 사고를 해야 한다.

플러스 사고(적극적인 사고)란 감사, 기쁨, 낙관, 정직, 봉사, 배려, 위로이다. 그리고 이 사고의 결과는 성공, 행복, 부유, 번영, 건강, 평안이다.

이에 반해서 마이너스 사고(소극적인 사고)란 불평불만, 분노, 슬픔, 공포, 험담, 질투, 초조, 기우이다. 이 사고의 결과는 실패, 불행, 빈곤, 쇠퇴, 병, 불운이다.

당신은 어느 쪽의 사고방식을 갖고 있는가?

인간은 자기가 옳다고 생각하는 일이나 좋아서 하는 일에는 몸이 피로를 느끼지 않지만, 싫은 일을 남이 시켜서 억지로 하게 되면 스트레스가 쌓여서 실제 이상으로 피로감을 느끼게 되며, 이 상태가 오래가면 병에 걸리는 특성이 있다.

이런 사실을 알고 있다면 당신은 항상 플러스 사고로 말해야 한다. 왜냐하면 당신의 말 한마디에 따라서 직원들은 즐겁게 일할 수도 있고, 마지못해 억지로 일할 수도 있기 때문이다.

일찍이 히포크라테스는 "의사에게는 세 가지 무기가 있다. 그 첫째는 말이고, 둘째는 메스mes이고, 셋째는 약과 침이다"라고 했다.

왜 히포크라테스는 말을 첫째로 꼽았을까? 그것은 의사의 말 한마디에 환자가 살기도 하고 죽기도 하기 때문이다.

말로 상대의 욕망을 자극한다

말의 기능 중에서 가장 중요한 것은 설득이다. 설득은 상대에게 자신의 생각을 말로써 들려주고, 상대로 하여금 이해를 통해 공감하게 하여 이쪽이 원하는 대로 움직이게 하는 것이다.

생각해 보면 인생은 설득의 연속이다. 매일같이 우리는 온갖 장면에서 상대를 설득하는 행위를 반복하고 있다.

그런데 설득만큼 어려운 일이 없다. 원인은 여러 가지가 있지만, 가장 큰 것은 대부분의 사람이 자기중심적인 처지에서 상대를 설득하려고 하기 때문이다.

결론부터 말하면 설득에 성공하는 방법은 상대의 욕망을 간파하고, 그 욕망에 맞추어 급소를 찔러서 말하는 것이다.

인간은 누구나 자신의 욕망을 충족하기 위해서 움직인다.

회사에 나가는 사람은 비가 오나 눈이 오나, 태풍이 불어도 만원 버스나 지하철에 시달리면서 출근한다. 왜? 금전적인 대가를 원하기 때문이다.

골프 치는 사람은 평소에는 잠꾸러기이더라도, 골프 치는 날만큼은 새벽에 일어난다. 게다가 5~6킬로미터를 걷기까지 한다. 왜 그럴까? 놀고 싶기 때문이다.

고스톱을 치는 사람은 일이 끝나기가 무섭게 고스톱 판으로 달려가 밤새워 친다. 돈을 따고 싶기 때문이다.

이처럼 모두가 금전적인 대가를 받고 싶다, 놀고 싶다, 돈을 따고 싶다는 등 '하고 싶다'라는 자신의 욕망을 만족시키기 위해서 자발적으로 열심히 움직인다.

따라서 설득은 상대의 협력을 구하는 일이므로 자신이 아닌 상대의 처지에서 생각해야 하고, 상대의 욕망을 자극하는 말로 시작하지 않으면 안 된다.

욕망을 점화하는 두 가지 버튼

설득이란 자신의 주장을 상대의 욕망에 얽어서 말하는 것이라고 했다. 인간의 욕망 중에서 가장 민감한 반응을 보이는 것이 있다. 하나는 이득을 보려는 욕망이고 또 하나는 손해를 보지 않겠다는 욕망이다.

시장에 가보면 단 몇 푼이라도 서로 이득을 보려고 흥정에 신경전을 벌이며, 백화점의 에누리판매나 아파트 당첨에는 사람들이 구름처럼 몰려든다. 왜? 이득을 보려는 욕망 때문이다. 사람은 누구나 이득을 보려는 욕망이 강하다.

또 이에 못지않게 강한 욕망은 손해를 보지 않겠다는 것이다.

손님이 꽉 들어찬 식당에서 종업원이 "좀 비켜 주세요" 하고 말해도 손님들은 들은 척도 않는다. 그러자 종업원은 다음과 같이 말했다.

"뜨거운 국물이 나갑니다. 데지 않게 조심하세요."

그러자 순식간에 길이 트인다. 이것은 뜨거운 것에 데고 싶지 않다는, 즉 손해 보고 싶지 않다는 욕망을 자극했기 때문이다.

그래서 설득의 포인트 중 가장 효과적인 것은 '이득과 손해'를 자극하는 것이다. 이것을 학자들은 '홍당무 전법'과 '몽둥이 전법'이라고도 한다.

당나귀는 홍당무를 무척 좋아한다. 그래서 주인이 홍당무를 매달아서 당나귀를 목적지까지 가게 한 다음, 그 대가로 홍당무를 주는 것이다.

  리더의 말은 희망을 주어야 한다. 그것도 직원의 욕망을 만족시킬 수 있는 희망이 효과적이다.

  그다음으로 때로는 몽둥이 전법도 필요하다. 그렇다고 야만스럽게 진짜 몽둥이로 폭력을 휘두르라는 것은 아니다. 일이 잘못되었을 때, 상대에게 닥칠 나쁜 상태를 말로써 자극하라는 것이다.

  당신이 진정으로 존경받는 유능한 리더가 되고 싶다면, 상대의 처지에서 생각하고, 당신의 진심을 성의 있게 말로 표현하도록 노력해야 한다.

  리더의 화술은 곧 통솔력統率力이다.

12

리더는 설득력이 있어야 한다

상냥한 말로 상대를 정복할 수 없는 사람은 가혹한 말로도 정복할 수 없다.
— A. P. 체호프

인격을 갖춘 리더가 존경을 받는다

강감찬 장군이 귀주에서 거란군을 대파하고 돌아오자, 고려의 왕 현종은 친히 마중을 나가 장군을 치하하였다. 그리고 왕궁으로 초대하여 중신들과 더불어 주연상을 성대하게 베풀었다.

한창 주흥이 무르익을 무렵, 장군은 소변을 보고 오겠다며 현종의 허락을 얻어 자리를 떴다. 나가면서 장군은 살며시 환관을 보고 눈짓을 했다. 그러자 시중을 들던 환관이 장군의 뒤를 따라나섰다. 장군은 환관을 자기 곁으로 불러 나지막한 목소리로 말을 했다.

"여보게, 내가 조금 전에 밥을 먹으려고 뚜껑을 열었더니, 밥은 담겨 있지 않고 빈 그릇뿐이더군. 도대체 어찌된 일인가? 내가 짐작하건대 경황 중에 실수를 한 모양 같은데……."

순간 환관은 얼굴이 새파랗게 질려 버렸다. 실수를 해도 이만저만한 실수가 아니었기 때문이다. 오늘의 주빈이 강감찬 장군이고 보면 그 죄를 도저히 면할 길이 없었다. 환관은 땅바닥에 꿇어 엎드려 부들부들 떨기만 하였다.

이때 장군은 다음과 같이 말했다.

"성미가 급하신 폐하께서 이 일을 아시게 되면, 모두 무사하지 못할 테니 이렇게 하는 것이 어떤가? 내가 소변보는 구실을 붙여 일부러 자리를 뜬 것이니, 내가 자리에 앉거든 네가 내 곁으로 와서 '진지가 식은 듯하오니, 다른 것으로 바꾸어 드리겠습니다' 라고 하면서 다른 것으로 바꿔다 놓는 것이 어떨까?"

환관은 너무도 고맙고 감격스러워 어찌할 바를 몰라 했다.

그와 같은 일이 있은 후, 장군은 이 일에 대하여 끝까지 함구했다. 그러나 은혜를 입은 환관은 그와 같은 사실을 동료에게 실토했으며, 이 이야기가 다시 현종의 귀에까지 들어갔다. 훗날 현종은 장군의 사람됨을 크게 치하하여 모든 사람의 귀감으로 삼았다는 고사가 전해지고 있다.

아무리 지위가 높고 능력이 뛰어나고 돈이 많다고 하더라도, 인격이 갖춰지지 않은 사람은 존경을 받지 못한다. 인간의 가치는 소유물에 있는 것이 아니라 그의 인격에 있기 때문이다.

진지한 대화가 감복을 시킨다

주한駐韓 미국대사관의 그레그 대사가 광주를 방문했을 때의 일이다.

1980년 광주민주화운동으로 한 맺힌 광주, 그 유족들과 학생들의 반대로 신변이 위험할 것이라는 뜬소문이 퍼졌지만 개의치 않고 그레그 대사는 광주를 방문했다. 당연히 광주의 도로변에는 안전을 위해 바리케이드가 설치되어 시민들은 말할 것도 없고, 대사의 경호원들조차 경호하는데 많이 불편하였다. 그때 그레그 대사는 진심으로 미안해하면서 방문지마다 차에서 내려 말단 경호원에게까지 악수를 하면서 사의를 표했다.

"죄송합니다. 저 때문에 고생이 많지요? 죄송합니다."

한편, 그레그 대사와의 면담을 거부했던 청년유족동지회 회원 몇몇이 갑자기 '만나고 싶다'라는 의사를 전화로 통보한 후, 그레그 대사가 묵고 있는 미국 문화원 원장 사택으로 찾아왔다. 양쪽이 모두 긴장된 순간이었다. 방에 들어선 유족들은 '이 일로 인해서 정부의 보복을 받지는 않을까?' 하는 불안감으로 꽉 차 있었다.

그러자 그레그 대사는 경찰 관계자에게 정중히 부탁을 했다.

"이분들의 신분 보장을 내가 설 테니, 이분들이 나를 찾아왔다는 이유로 절대 괴롭히지 말아 주시오."

그러고는 청년 유족들의 이야기를 경청했다. 지극히 겸손한 자세와 마음으로 그들의 아픔을 같이 느낀다는 인상을 주면서 대화를 이어나갔다. 한참 대화가 진행되는데 그를 따른 수행원이 출발 시각임을 알린다.

"대사님, 이젠 그만 하시죠. 비행기 시간이 다 되어서 빨리 출발하셔야겠습니다."

그러자 유족들은 크게 실망을 했다. 소속 단체의 비판과 정부의 방해를 무릅쓰고 겨우 기회를 가졌는데, 자신들이 하고 싶은 말을 다 털어놓지 못하고 헤어져야 하니 기가 막힐 따름이었다.

"출발 시각을 늦추시오. 마지막 비행기로 가겠소."

상대방의 심중을 헤아린 대사는 수행원에게 지시하고는 끝까지 그들의 이야기를 경청했다. 그리고 그들이 돌아갈 때에도 배려를 해주었다.

"제가 동행하면 마음이 놓이겠습니까?"

당황해 하는 그들과 함께 그레그 대사는 경호원들을 헤치고 골목을 나와 큰길까지 배웅을 했다.

유족들은 떠나면서 이렇게 말했다.

"대사님은 참으로 대인이십니다. 내용상으로는 반대되는 견해도 많았지만, 인간적으로는 존경합니다."

광주민주화운동의 유족들은 피명으로 한 맺힌 사람들이다. 또 그 책임이 미국에 있다고 믿는 사람도 많았다. 형제자매를 잃어버린 유족들의 적대적인 감정은 그레그 대사의 진지한 대화 덕분에 한층 수그러들었던 것이다.

공사公私를 막론하고 지위가 높을수록, 많은 사람에게 주목받는 자리에 있을수록, 더욱 겸손하고 진지한 태도로 대화를 나눌 때 존경받는 리더가 될 것이다.

타인에 대한 배려가 최상급이다

영국의 빅토리아 여왕 시절에 쌍벽을 이루던 대정치가가 둘 있다. 한 사람은 해박한 지식과 뛰어난 웅변으로 대중을 매료시키며 수상이 되었던 자유당의 당수 글래드 스톤이고, 다른 한 사람은 문학도 출신으로 의회정치 실현에 크게 이바지해서 수상이 되었던 보수당의 디즈레일리이다.

그런데 이 두 정치인의 만찬에 모두 초대받는 영광을 누린 매력적인 한 여성이 있었다.

훗날 어떤 사람이 이 여성에게 물었다.

"글래드 스톤과 디즈레일리, 두 사람을 다 만나 보셨군요. 가까이에서 만나 본 두 정치가의 인상은 어떻던가요?"

그녀는 회심의 웃음을 띠며 말했다.

"두 사람은 다 뛰어난 화술가였어요. 차이점이 있다면, 글래드 스톤과 자리를 함께한 후 나는 그가 영국에서 가장 박식하고 훌륭한 인물임을 알았어요. 그러나 디즈레일리와 자리를 함께한 후에는 영국에서 내가 가장 매력 있고 훌륭한 여인이라는 자신감을 갖게 되었지요."

이 얼마나 교훈적인 일화인가? 한 사람은 자기 PR의 명수였고 또 한 사람은 상대를 칭찬하는데 명수였던 것이다.

말에 앞서 마음이 있고, 말에 이어 행동이 있다

영국의 웰링턴 장군이 워털루 전쟁에서 나폴레옹의 군대를 물리치고 승리를 거두자, 영국 여왕은 승전축하연을 베풀었다. 고관대작과 신사숙녀들이 모인 만찬회였는데, 식사가 끝날 무렵 손을 씻을 물이 담긴 그릇finger bowl이 나왔다.

시골 출신의 한 젊은 병사가 그만 그 물을 마셔 버렸다. 순간 신사들은 놀라서 '어~ 어!' 하며 입을 벌렸고, 숙녀들은 깔깔대며 웃었다. 젊은 병사는 그제야 자신의 실수를 깨닫고 얼굴이 홍당무가 되었다. 함께 식사를 하던 장병도 동료가 망신을 당하는 모습이 몹시 안타까웠다.

그 장면을 목격한 웰링턴 장군은 벌떡 일어나 다음과 같이 말했다.

"친애하는 신사숙녀 여러분! 워털루 전쟁에서 용맹스럽게 싸워 승리를 거둔 저 젊은 병사를 본받아 우리 모두 이 그릇에 담긴 물로 축배를 듭시다!"

그러고는 그 물을 쭉 들이켰다. 그날의 주인공이 마시니 그 자리에 모인 고관대작과 신사숙녀 모두 그릇에 담긴 물을 마셨음은 물론이고 이윽고 장내에는 우레와 같은 박수가 터졌다.

이 얼마나 멋진 임기응변이며, 상대에 대한 배려인가?

상경하애上敬下愛란 저절로 이루어지는 것이 아니다. 가진 자가 못 가진 자에게 먼저 베풀어야 하듯이, 상사가 부하를 먼저 사랑해야 부하도 상사를 존경하게 된다.

말에 앞서 마음이 있고, 말에 이어 행동이 있다.

13

최고지도자를 설득하라

제왕과 제후는 도움을 원하지만, 자신을 능가하는 자를 원치는 않는다.
— 그라시안 이 모랄레스

먼저 상대의 마음을 간파하라

설득의 상대 가운데 가장 어려운 사람은 역시 최고지도자이다. 그가 지닌 막강한 힘 때문에 설득에 성공하면 큰 이득이 있을 수 있지만, 설득에 실패하면 자칫 지위나 생명까지도 위험해질 수 있기 때문이다.

동양 역사상 최고지도자 설득이 가장 성행했던 시절은 중국 춘추전국시대이다.

그 시대에는 많은 세객說客들이 출세를 하기 위해 절대 권력자인 군주를 설득하고 다녔다. 그 성패 여부에 따라 본인의 입신출세와 부귀영화는 물론 한 나라의 흥망성쇠마저 좌우되곤 했다.

오늘날 전제군주는 없어졌지만, 대통령을 비롯하여 정당의 총재 그리고 각 기업의 총수 등 실질적으로 군주 이상의 막강한 파워를 가진 최고지도자는 더 많이 존재한다고 볼 수 있다.

그렇다면 이들 최고지도자들을 설득하는데 필요한 조건은 무엇인가를 먼저 알아보자.

전국시대의 사상가 한비자韓非子는 당대에 손꼽는 정치가이며 법률가로, 그의 부국강병책은 너무도 유명하다. 비록 말재주에는 약했으나 뛰어난 문장력을 갖고 있는 한비자는 자신이 쓴 문장 55편을 모아 《한비자》를 편찬한다. 이 책에서 한비자는 말의 중요성을 인식하고 〈설난편說難篇〉을 실었는데 '군주를 설득하는 데 어려움'을 다음과 같이 이야기하고 있다.

> 군주를 설득하는 데 있어 큰 어려움은 군주에게 충분히 설명할 만한 지혜를 습득하는 어려움이 아니고, 자신의 의견을 명확하게 표현할 정도의 변설도 아니며, 자유자재로 대담하게 말할 정도의 담력을 기르기가 어렵다는 것도 아니다. 그것은 군주의 마음을 헤아려 그가 '과연' 하고 수긍하도록 설명을 적합하게 해야 한다는 점이다.

사람을 설득하기 위해서는 지력智力, 변설辯舌, 담력膽力의 세 가지 조건이 필요하다. 그러나 무엇보다 더 중요한 것은 상대의 마음을 헤아려 원하는 것을 알아내는 간파력看破力이라는 것이다.

상대가 원하는 방법으로 대하라

한비자는 최고지도자인 군주를 설득할 때의 주의사항을 다음과 같이 가르치고 있다.

> 도덕적으로 강한 허영심의 소유자인 군주는 고결한 명성을 얻고자 하는데, 그에게 행복과 이익만을 설명하는 사람은 군주로부터 이상이 낮아 품위가 없어 보이기 때문에 '남의 마음마저 비천하다고 해석하고 있는 사람'이라고 생각되어 반드시 버림을 받게 될 것이다. 반대로 군주가 행복과 이익을 얻었으면 하고 바라는데 그것을 무시한 채 실리를 떠나 고상한 일만 설명하는 사람은 군주로부터 '이놈은 세상의 일에 무관심하고 실정에 어두운 사람'이라고 생각되어 결코 중용되지 못할 것이다.
> 또한, 내심 행복과 이익을 얻었으면 하고 바라면서도 겉으로는 고상한 명예와 절조節操를 존중하고 있거나 그 반대가 되는 경우에 어느 한편만을 가지고 군주를 설득하려 한다면, 표면적으로는 중용할 것처럼 하면서 실제로는 그 사람을 멀리할 것이다. 따라서 설득을 하려는 사람은 군주의 마음을 주도면밀하게 파악해 두지 않으면 안 된다.

상대가 명성을 얻고자 하는데 돈벌이에 관한 이야기를 해봐야 소용이 없으며, 상대가 돈을 벌려고 하는데 아무리 아름다운 이상론을 피력해 봐야 역시 소용이 없다. 상대가 무엇을 원하는

가에 초점을 맞춰서 설득하지 않으면 안 된다는 것이다. 한비자가 지적한 이 교훈은 오늘날에도 그대로 적용된다.

인간관계의 새로운 법칙은 백금률

예로부터 전해 오는 인간관계의 황금률黃金律이 있다.

'남에게 대접받기 원하는 대로 너희도 남을 대접하라.'

신약성서 마태복음 7장 12절에 나오는 구절이다. 그런데 이 황금률에 문제점이 발견되었다.

농촌에 사는 노부부가 서울 아들 집에 잠시 다니러 왔다. 아들은 출근하면서 아내에게 당부를 한다.

"여보! 부모님이 자주 오시는 것도 아니니까, 돈 아끼지 말고 잘 대접해 드려."

며느리는 '어떻게 하는 것이 잘 대접하는 걸까?' 하고 곰곰이 생각하다가 인간관계 황금률이 생각났다.

며느리는 시부모님을 특급 호텔로 모시고 가서 스테이크를 시켰고, 오랜만에 분위기 좋은 곳에서 맛있는 식사를 했다. 그런데 시부모님은 그 맛있는 스테이크를 먹는 둥 마는 둥 하는 게 아닌가? 돈을 계산하고 나오는데 남편의 얼굴이 떠올랐다.

'여보! 돈 아끼지 말고, 잘 대접해 드려.'

식사를 잘하셨으면 한번으로 끝나련만 그렇지 않았으니, 다시 모시고 갈 수밖에 없었다. 그래서 다시 시부모님을 피자가게로 모시고 갔다. 며느리가 스테이크 다음으로 피자를 좋아하기 때문이다. 피자 역시 노인들의 구미에 맞을 리가 없었다. 결국, 며느리는 돈만 많이 쓰고 시부모님 대접에 만족을 드리지 못했다.

왜 이런 상황이 벌어지게 된 것일까? 며느리는 자신이 대접받기 원하는 방식으로 시부모님을 모셨기 때문이다. 만약 며느리가 시부모님의 처지를 배려했다면 스테이크보다는 불고기를, 피자보다는 빈대떡을 사 드렸을 것이다. 그랬다면 돈도 절약할 수 있었고, 시부모님도 만족시켜 드렸을 텐데 자기가 원하는 방식으로만 대접하다 보니, 이런 웃지 못할 결과를 가져온 것이다.

행동 심리학자이자 컨설팅 트레이너인 미국의 토니 알레산드라와 마이클 오코너가 30년 동안 공동으로 연구하여 발표한 〈피플 스마트〉는 인간관계 황금률의 사상이 현대에는 맞지 않는다고 지적하고, 인간관계의 백금률白金律을 새롭게 제시하여 세인의 시선을 끌었다.

백금률이란 '상대가 원하는 방법으로 상대를 대접하라!' 이다. 황금률이 자기 본위인데 반해, 백금률은 상대 본위이다. 즉 자기 처지가 아닌 상대의 처지에서 사물을 보고 설득하라는 것이다. 2천 3백여 년 전 한비자가 설파한 바와 같이, 설득하려는 사람은 자신이 바라는 대로 말하지 말고, 상대가 무엇을 원하는가에 초점을 맞춰 말해야 성공할 수 있다는 것과 같다.

온고지신溫故知新, 새로운 것만 좋다고 생각지 말고 옛것을 익히고 그것을 바탕으로 새로운 것을 깨닫는 일이 중요하다.

최고지도자와의 관계에서 조심해야 할 일곱 가지

한비자는 군주를 대할 때 언어와 행동을 조심해야 하며, 말을 잘못할 경우 목숨까지 위태롭다고 경고한다. 그리고 다음의 일곱 가지를 특히 조심해야 한다고 했다.

- 군주는 자신의 비밀이 누설되는 것을 매우 두려워한다. 의도하지 않았지만 우연히 이야기하는 중에 군주가 숨기고 있는 것을 언급하면 이미 목숨은 위태롭게 된다.
- 군주가 표면적으로는 명령을 내려 어떤 일을 진행하고 있으면서도 실제로는 다른 일을 하려고 생각하는데, 신하가 군주의 의중을 알아채고 누설하면 그 또한 목숨이 위태롭다.
- 설득자가 중대한 일을 계획하여 군주의 마음에 들었을 경우에도 누군가가 낌새를 알아채고는 외부에 누설되었다면, 설득하려는 자신이 누설한 것이 되어 목숨이 위태롭다.
- 군주의 신용이 두텁지 않아 아직 총애를 그다지 받지 못하는데, 자기의 모든 지혜를 속속들이 드러내어 이야기했다면 설령 그 주장이 채택되어 공이 있다 해도 그 은상銀賞은 잊히고 만다. 더구나 그 주장이 채택되지 못하고 실패로 끝나면 '이 사람은 엉터리를 말한다'라고 군주에게 의심을 받을 것이다. 이 경우도 목숨이 위태롭다.
- 군주가 무언가 잘못을 저질렀을 때, 설득자가 그 잘못을 들춰내어 역설을 하면 역시 목숨이 위태롭다.
- 군주가 타인이 생각해 준 훌륭한 계획을 자기의 공명功

높인 것처럼 하고자 하는데, 설득자가 그 경위를 알고 있다는 투로 말하더라도 목숨이 위태롭다.
- 군주의 능력으로는 아무리 해도 불가능한 일을 설득자가 하라고 권유하거나, 이미 벌어져 그만둘 수 없는 일을 자꾸 그만두라고 하면 그 역시 목숨이 위태롭다.

이상의 일곱 가지는 상사와 부하의 관계에서 어떻게 해야 좋을 것인가에 대한 조언으로, 오늘날 비즈니스맨들도 귀를 기울이지 않으면 안 될 중요한 처세의 포인트이기도 하다.

상사를 자기 뜻대로 움직이는 테크닉

남을 설득하여 자기가 의도한 대로 움직이게 하는 것은 확실히 어려운 일이다. 특히 부하의 처지에서 상사를 설득한다는 것은 더욱 어렵다고 하는데, 한비자는 상사의 마음을 움직일 수 있는 테크닉을 다음과 같이 가르치고 있다.

- 설득의 요령은 상대가 스스로 가장 자신 있다고 생각하고 있는 점을 화려하게 잘 꾸며 주고, 수치스럽게 여기고 있는 점을 감추어 주는 방법을 잘 터득해 두는 것에 있다. 예컨대 상사가 '남몰래 서둘러서 했으면' 하는 일이 있을 경우에는 그것이 대의명분에 합당함을 시사하고, 상사가 그 일을 강력히 단행할 수 있도록 작용을 해야 한다.

- 상사가 추진하려는 일이 이상理想만 고상했지 현실적으로는 도저히 실행될 것 같지 않을 경우에는, 그 이상은 좋지만 그 일이 잘못되었을 때의 폐해를 차분히 설명한 후, 실행하지 않는 편이 낫다고 강하게 주장하는 것이 좋다.
- 상사가 자기의 지혜를 자랑하고 싶어하는 경우에는 상사가 당면해 있는 문제와는 다르지만 같은 종류의 사례와 여러 가지 참고 자료를 제공하며 슬그머니 상사의 지혜를 돕는 것이 좋다.

이상의 세 가지가 상사의 마음을 움직이고 조종할 수 있는 테크닉인데, 여기에 곁들여 한비자는 다음과 같이 충고한다.

> 요컨대 강설講說하는 점의 취지가 상대의 마음에 거슬리지 않고, 말투 역시 상대의 마음에 거슬리지 않게 될 정도로까지 친밀해진 다음에야 비로소 자기의 지력智力이나 변설을 총동원하여 설득하는 것이 좋다.

몇 천 년이 지나도 인간 심리의 본질은 변하지 않는다. 한비자가 분석하고 처방한 설득방법은 오늘날에도 분명히 유효하다.

14

경청술은 또 하나의 화술이다

귀 두 개와 혀 하나를 가진 것은 적게 말하고, 남의 말을 좀 더 잘 들으라는 것이다.
— 제논

대통령을 설득한 비결

　미국의 루스벨트 대통령은 역대 대통령 가운데 가장 친근감 있는 화술가로 손꼽히는 인물이다. 그는 면담할 상대의 관심사를 미리 조사해서 화젯거리를 준비한 다음에 대화를 나누었다고 한다.
　이런 루스벨트 대통령에게 어느 날, 해군 문제에 대해서 건의하고 싶다는 사람이 찾아왔다. 대통령이 되기 전에 해군 차관을 지냈던 루스벨트는 면담자가 들어오자마자 먼저 해군에 관한 이야기를 꺼내더니 해박한 지식으로 한 시간가량 이야기했다.
　건의를 하러 온 사람은 미소를 머금고 가끔 "그렇군요" "그렇지요" "그래서요?" 등등으로 맞장구를 치며 경청하였다. 대통령의 말이 다 끝나자 면담자는 다음과 같이 작별 인사를 했다.

"감사합니다. 대통령께서 해군에 대해서 관심을 두고 계실 줄은 알았습니다만, 이번 문제를 이렇게 잘 해결해 주실 줄은 미처 몰랐습니다. 전 해군을 대표해서 감사드립니다."

면담자가 만족을 표시하며 돌아가자, 대통령은 비서관에게 말했다.

"지금 그 사람, 대단한 화술가로구먼."

그러자 비서관은 어이가 없다는 투로 대꾸를 했다.

"그 사람은 별로 말을 안 하는 것 같던데요."

대통령의 말 상대는 대단히 훌륭한 경청자였던 것이다.

이 이야기는 참으로 시사적이다. 대화를 나눌 때 상대방을 최대한 배려하는 자세는 바로 경청하는 자세이다. 열심히 귀를 기울여주는 상대에게 호감을 느끼게 되는 것은 인간의 당연한 본능이다. 나아가 남의 말을 경청할 줄 아는 사람은 남보다 뛰어난 능력을 발휘할 수 있다.

잘 듣는 사람이 실적도 좋다

미국의 유명한 강연가인 로버트 콘클린이 한 회사에 초청강연을 하러 갔을 때의 일화이다. 강연장에는 150명의 세일즈맨들이 있었는데, 강연을 끝낸 콘클린은 그 회사 사장에게 다음과 같은 제안을 하였다.

"오늘 강연을 들은 사람들 중에서 우수한 세일즈맨을 알아맞혀 볼까요?"

사장은 갑작스런 콘클린의 제안에 반신반의하면서 그렇게 하도록 부탁했다. 콘클린은 즉시 150명의 세일즈맨 중에서 세 명을 지목하였다.

"놀랐습니다. 어떻게 아셨습니까? 그 사람들 모두가 다섯 손가락 안에 드는 베테랑들입니다."

사장을 비롯한 간부진들의 놀라움은 실로 컸다. 어떻게 해서 단 한 번의 강연으로 정확하게 사람을 선별해 낼 수 있을까에 신비스러움마저 느꼈던 것이다.

그러나 콘클린의 비결은 간단했다. 그날 강연 중에 자신의 말을 가장 열심히 귀 기울여 듣던 사람들을 골랐기 때문이다.

"능력 있는 사람은 자기가 말하는 것이 소중한 만큼 남의 말도 소중히 듣고자 합니다."

콘클린의 이 말처럼 경청은 상대방에게 성의 있는 마음씨를 보이는 것이며, 자신에게는 정보를 습득하려는 마음가짐을 다지는 것이다.

말 잘하는 기술을 화술話術이라고 하며, 잘 듣는 기술을 경청술傾聽術이라고 한다. 말을 잘하는 데는 고도의 기술이 필요하지만, 남의 말을 듣는 데는 귀담아듣기만 하면 된다. 그러나 경청술도 화술만큼이나 중요한 것이다.

당신은 남들의 말을 얼마나 잘 귀담아듣고 있는가? 또 당신은 그들의 말을 얼마나 받아들이고 있을까?

당신이 받는 보수의 반은 타인의 말을 들어주는 값(?)이라고 해도 과언이 아니다.

그렇다면 어떻게 하는 것이 상대방의 말을 잘 듣는 것일까?

적극적인 경청술에는 맞장구가 있다. 맞장구는 상대가 한 말 중에서 중요한 말을 되뇌거나, 대화의 진행을 촉진하는 것이며, 상대의 말에 자기의 의견을 곁들이는 것이다.

적극적인 경청술을 활용해서 뛰어난 화술가가 되기 위해서는 철학자 제논의 말처럼 '인간의 귀는 둘, 입은 하나'임을 잊어서는 안 된다.

능숙하게 들어주는 열 가지 방법

말을 잘하는 사람은 듣는데도 능숙하다고 하는데, 상대의 처지에 서서 말하기 때문이다. 반대로 상대의 처지에 서서 들으면 능숙하게 듣는 이가 된다.

"우리 총무과에서는……."

"우리 부장은……."

"나의 젊은 시절에는……."

이런 서두로 자기가 알고 있는 것을, 게다가 자기중심의 화제로 혼자서 이야기를 독점하는 사람이 많다. 타인에게 말할 기회를 주지 않거나 말허리를 가로채는 사람은 능숙하게 말하는 사람이 아니다. 오히려 수다에 능숙한 사람으로 남의 이야기를 들으려고 하지 않는다.

말하는 쪽과 듣는 쪽이 다 상대의 처지에 선다는 기본은 같지만, 능숙하게 듣는 사람이 되기 위해서는 다음의 열 가지 포인트를 알아두었으면 한다.

- **남의 이야기에 몰두하여 듣는다**

애를 써 가며 상대가 이야기하고 있는데, 건성으로 들어서는 상대의 이야기를 이해하기가 어려울 뿐만 아니라 그 진의도 파악할 수 없다.

- **이야기를 듣는 도중에 말을 하고 싶어도 참는다**

이야기를 듣는 동안 자신에게도 비슷한 내용이 있어 맞장구를 치고 싶은데다 자기 이야기를 하고 싶어질 때가 있다. 그러나 말허리를 자르지 않도록 한다. 질문은 상대의 이야기가 끝난 뒤에 한다. 남이 말하는 도중에 자신의 말을 하는 사람은 듣는 것이 가장 서툰 사람이다. 상대는 말허리를 잘려 흥이 깨져서 더는 이야기를 하지 않기 때문이다.

- **공감 가는 내용에는 맞장구를 친다**

이야기의 내용이 자신에게도 받아들여질 때 또는 받아들이지 않더라도 상대의 처지에서 이해할 수 있을 때는 맞장구를 친다. 상대의 이야기에 열중하고 있다는 것을 나타내는 것이다.

- **추임새를 끼워 넣는다**

이야기 내용에 따라서 "그렇군요" "아아, 놀랐는데요" "좋았겠군요" "근사해요" 등의 감동의 말이나 "허어" "와아" 등의 감탄사를 끼워 넣는다. 말하는 이는 상대에게 감동을 주고 있음을 느껴 점점 이야기에 몰입하여 능숙하게 이야기를 하려고 노력한다.

- **불쾌한 말이라도 표정으로 나타내지 않는다**

이야기의 내용이 듣는 이의 처지에서 불쾌한 것이거나 뜻에 반하는 것일지라도, 얼굴색이 변하거나 불쾌한 얼굴을 하지 않아야 한다. 무표정한 것도 좋지 않지만 찌푸린 얼굴은 상대가 이야기를 중단하는 원인이 된다.

- 태도나 자세에 유의한다

악의가 없는데도 눈을 감고 이야기를 듣는 사람이 많다. 외면하거나 힐끔거리는 것도 좋지 않다. 회의에서 조는 것도 당치 않은 일이다. 말하는 사람의 태도가 보이지 않을 뿐 아니라, 말하는 이를 업신여기는 듯한 인상을 주기 십상이다. 말을 하는 사람을 보면서 자세를 바로 하고 듣는 태도가 필요하다.

- 이야기가 끊어지려 할 때, 말하기 쉽도록 유도한다

말하는 이가 어떤 순간에 말이 막히거나 할 말을 잊어버려서 말이 도중에 끊어지려고 할 때는 "그렇습니까? 어렵군요"라든가 "항상 그렇습니까?"라든가, 친절하게 말을 연결해 주도록 한다.

- 말하는 이의 목적이 이루어지도록 유도한다

말하는 이가 말하고자 하는 내용이 어느새 바뀌어 샛길로 빠졌음을 깨달으면 이야기가 도중에서 끊어질 찰나에 "그럼 이런 것이 좋겠군요?"라든가, "제가 잘못 듣지 않았다면 이런 말씀이죠?"라고 확인하듯이 하여 이야기의 내용을 원래의 방향으로 유도한다.

- 질문은 적절한 때에 한다

큰 질문은 이야기가 끝난 다음이 좋지만, 이야기의 리듬을 타는 작은 질문은 때를 맞춰 하면 효과적이다.

- 처음부터 끝까지 정성 들여 듣는다

말하는 이와 듣는 이의 커뮤니케이션은 마음과 마음의 교류이다. 처음부터 끝까지 정성 들여 들어야 비로소 효과적인 경청이 된다. 상대의 이야기를 자기의 문제로서 이해하고 듣는 마음가짐이 중요하다.

15 스피치, 이렇게 하라

모국어를 정확하게 사용할 줄 모르는 사람은 교육받은 사람이라고 할 수가 없다.
— 아이젠하워

3분 스피치가 환영을 받는다

현대인은 교육 수준이 높아져 웬만한 것은 익히 다 알고 있으며 또한 생활이 복잡다단해져 참으로 바쁘다. 따라서 옛날처럼 하나에서부터 열까지 시시콜콜 길게 말하는 것을 좋아하지 않으며, 한가하게 듣고 있을 시간적 여유도 없다.

이런 연유로 등장한 것이 '3분 스피치'다. 장황하게 이야기하던 것이 박수갈채를 받던 시대는 지나갔다. 회사에 따라서는 사원들이 교대로 돌아가며 3분 스피치를 하기도 하고, 각종 모임에서도 3분 스피치의 청탁이 많다.

"저, 3분 정도로 한 말씀 해주십시오."

그렇다면 현대인은 왜 3분 스피치를 선호하는 것일까? 일단

3분 정도면 필요한 말을 어느 정도는 할 수 있기 때문이다. 또 하나의 이유는 비록 재미없고 딱딱한 말이라도, 3분 정도면 듣는 사람이 참는데 그리 힘들지 않기 때문이다.

우리는 지금 '3분 스피치의 시대'에 살고 있다. 3분 안에 자기가 하고 싶은 말을 논리 정연하게 할 수 있고, 듣는 사람을 이해시킬 수 있다면 당신은 유능한 사람이며, 성공한 사람이 될 수 있다.

회사의 중요한 행사에서, 특히 내외 귀빈과 상사가 참석한 자리에서 횡설수설하며 시간을 끈다면 어떻게 될까?

'지금 무슨 소릴 하고 있는 거야? 형편없는 친구로군.'

이런 나쁜 인상을 줄 뿐만 아니라, 자기 자신도 부끄러운 수모를 면치 못할 것이다.

스피치가 잘 안 되는 이유 세 가지

여러 사람 앞에서 스피치가 잘 안 되는 이유는 많지만, 근본적인 문제를 꼽자면 세 가지로 압축할 수 있다.

- **'여러 사람 앞에만 서면 긴장되고 떨린다' 라는 것이다**

이것은 경험이 부족하거나 사전준비와 연습 없이 연단에 섰기 때문이다. 긴장이란 무엇이며 어떻게 해야 연단 공포증을 없앨 수 있는가는 나중에 자세히 다루기로 하자.

- **별로 '말할 거리가 없다' 라는 것이다**

할 말이 없다는 것은 화젯거리가 없다는 것인데, 그동안 정보

수집에 게을렀다는 증거이다. 여러 사람 앞에 서면 새로운 정보나 멋진 말을 선사해야 하는데 말할 재료가 없으니 갈팡질팡할 수밖에 없다.

- **'할 말은 많은데 조리가 서지 않는다' 라는 것이다**

이 경우는 이제 곧 고민거리가 해결된다. 화젯거리는 많은데 잘 안 되는 경우는 찬거리는 많은데 요리 솜씨가 서투른 것과 마찬가지이다.

간단하고 효과적인 3단계 구성법

여기서 문제가 되는 것은 요리를 만드는 조리법이다. 찬거리를 잘 활용하여 요리를 만드는 방법만 익힌다면 단번에 진수성찬까지는 아니더라도 어느 정도 맛있는 요리를 만들 수 있는 것처럼, 화젯거리가 풍부하다면 내용 구성법만 익히면 된다.

- **제1단계: 주제를 선언한다**

연사가 사람들 앞에 나가면 먼저 주제를 선언해야 한다.
그럼 주제란 무엇인가? 인간의 몸이 뼈대와 살로 이루어져 있듯이, 말이나 글도 뼈대에 해당하는 주제와 살에 해당하는 화제로 구성되어 있다. 그러니까 주제란 자기가 말하고자 하는 중심 사상을 한마디로 집약한 것이다.
예를 들어, "저는 지금부터 '나의 첫사랑'에 대해서 말씀을 드리겠습니다"처럼 '나는 지금부터 ~에 대해서 말하겠다' 라는 것을 먼저 선언하라는 것이다.

여기서 중요한 것은 주제를 잘 정해야 한다는 것이다. 주제는 요리 메뉴와 같아서 청중의 구미에 맞게끔 정해야 흥미를 돋울 수 있다. 주제는 내용의 폭을 좁게 하며 흥미를 유발할 수 있도록 해서 정해야 한다. 아마추어 연사들이 스피치에 실패하는 이유 중 하나는 짧은 시간에 너무 거창한 주제를 잡고 그 주제에 맞추어 이것저것 다 늘어놓다 보니, 잔가지만 많고 줄기가 약해지기 때문이다. 또 하나는 딱딱하고 재미없는 주제를 잡기 때문에 청중이 처음부터 외면하게 되기도 한다.

- **제2단계: 화제를 전개한다**

주제를 선언한 다음에는 구체적인 예를 들어주어야 비로소 청중이 그 내용을 알게 된다. 그중에서도 실례나 예화를 드는 것이 좋다.

'백문이 불여일견'이란 말이 있듯이, 추상적인 이론보다는 적절한 예화가 설득력이 있다. 유명한 연설가들은 그림을 그리듯이 말하는 사람들이다. 말 속에도 그림이 있다. 예화란 바로 말로 그리는 그림이다. 듣는 사람은 구체적인 이야기를 들으면서 머릿속에다 상상의 그림을 그린다. 그래서 예화를 든 스피치가 알기 쉽고 재미가 있으며 감동을 주는 것이다.

화제 전개에는 세 가지의 요령이 있다.

첫째, 구체적인 예화를 든다. 추상적인 주제를 알기 쉽게 뒷받침하기 위해 예를 드는 것이다. 자세하게 구체적으로 예를 들어야 한다. 시간이 짧다는 이유만으로 많은 연사가 길고 복잡한 이야기를 구체화하지 못하고 간단하게만 말하기 때문에 실패한다. 둘째, 자신과 관련된 예화가 좋다. 세상에 떠도는 이야기나 유명인의 예도 좋지만, 그것은 이미 기성품이다. 자신의 경험담이나 가족 또는 친구가 겪은 이야기를 하면 독창성이 살아난다. 셋째, 입체적인 예화가 좋다. 장님 코끼리 만지듯이 단면만 이야기하면 청중은 전체 내용을 파악할 수 없다. 따라서 입체적으로 예화를 들어야 한다.

• 제3단계: 촌평 및 주제 반복을 한다

주제를 선언하고 화제를 전개했으면, 자기의 느낌을 말해야 한다. 화제 전개, 즉 예화란 주제와 관련된 하나의 사건이다. 사건에 대한 자기의 느낌을 간단하게 말하는 것이 촌평寸評이다. 그럼 지금까지 설명한 것을 간단하게 정리해 보자.

"저는 지금부터 ~에 대해서 말씀을 드리겠습니다."	주제 선언
"그 좋은 예로 ~한 사건이 있었습니다."	화제 전개
"그것을 보고 저는 ~하게 느꼈는데, 여러분은 어떻게 생각하십니까?"	촌 평

여기까지 말했다면 할 말은 다 한 셈이다. 그러나 끝맺음을 할 줄 몰라서 중언부언하는 사람들이 있다. 그래서 하나를 더 붙이는 것이 주제 반복이다.

"저는 지금까지 ~에 대해서 말씀을 드렸습니다."	주제 반복

얼마나 일목요연한 스피치인가? 두서없이 하는 말보다는 머리

(주제)와 몸통(화제)과 꼬리(촌평)가 있는 스피치가 효과적이다.

스피치는 짧아야 효과가 있다

모금 운동을 벌이는 목사가 웅장한 목소리로, 아프리카에서 펼친 선교 활동을 장엄하게 말하고 있었다. 청중 가운데 한 사람인 마크 트웨인은 너무나 감동을 하여서 모금함에 50센트만 넣으려고 했던 마음을 바꾸어 1달러를 넣으려고 했다.

목사의 선교 활동 이야기는 계속되었고, 마크 트웨인은 계속하여 감동을 하고 있었다. 3달러는 4달러가 되고 또 5달러, 마침내 모금함이 앞에 왔을 때는 10달러까지 넣으려고 생각했다.

목사의 선교 활동 이야기는 더욱더 진지하게 진행되었고, 마크 트웨인은 너무 감동한 나머지 눈물까지 흘릴 정도였다. 그는 자신이 충분한 현금을 가지고 있지 않다고 생각하여 주머니에서 수표책을 꺼냈다.

하지만, 그 설교는 끝날 줄을 몰랐다. 5분이 더 지나자, 마크 트웨인은 조금씩 지루해지기 시작했다. 그는 슬그머니 수표책을 주머니에 집어넣었고 또 5분이 지나자 10달러도 너무 과분하다는 생각이 들었다.

10분이 또 지났을 때 마크 트웨인은 1달러면 충분하겠다고 마음먹었다. 그런데도 목사는 10분을 더 떠들어댔다. 마침내 설교가 끝나자 마크 트웨인은 10센트를 모금함에 던지고 문을 향해 나섰다.

서양의 격언에 '여자의 치맛자락과 스피치의 길이는 짧을수록 좋다'라고 했다. 그런데도 길게 말해야만 직성이 풀리는 사람이 있다. 그것도 말을 잘하는 사람이 아닌 서툰 사람이 길게 하면 얼마나 지루하고 따분하겠는가?

미국 제28대 대통령 윌슨은 대학총장 출신의 뛰어난 연설가로 널리 알려진 인물이다.

그가 한 말 가운데 연설을 하기에 앞서 준비 과정에 관한 유명한 말이 있다.

"한 시간의 스피치에는 아무런 준비도 필요 없다. 20분 정도의 스피치에는 두 시간 정도의 준비가 필요하다. 그러나 5분간의 스피치에는 하룻밤의 준비가 필요하다."

이 말은 짧은 스피치일수록 어렵고 준비도 그만큼 신중히 해야 한다는 것이다.

스피치를 해본 사람이라면 누구나 공감할 수 있겠지만, 긴 스피치는 줄거리만 있다면 살을 붙여서 어떻게든 자기 의사를 전달할 수 있다. 그러나 짧은 스피치에서는 처음부터 끝까지 음미에 음미를 거듭한 백미白眉가 아니면 청중에게 감명을 줄 수가 없다.

짧은 스피치일수록 청중이 금방 알아들을 수 있게끔 일목요연한 내용 구성과 적절한 화제 선택이 필요하기 때문이다.

한국인들은 보편적으로 스피치가 서툴다. 그것은 스피치에 관한 교육 부재와 준비 부족이 가장 큰 원인이다. 평소에 많은 사람 앞에서 말할 기회가 적었기 때문에 스피치 교육의 필요성을 느끼지 않고 살았다. 그러다가 어떤 기회에 스피치를 해야 할 상황에 부딪히면 정작 중요한 내용을 파악하지도 못하고 요령도 몰라 횡설수설할 수밖에 없다.

　게다가 서툰 화술이니 짧게나 하면 좋으련만, 이야기가 서투니 길게나 해야겠다는 생각에서인지 장황하게 늘어놓는다. 그 결과 연사의 처지에서는 비지땀이 나고, 청중의 처지에서는 고역이 아닐 수가 없다.

　스피치의 길이가 길면 길수록 그 효과는 감소한다는 사실을 명심해야 한다.

연사들이 저지르기 쉬운 실수들

　효과적인 스피치를 구사하는 연사가 되기 위해서는 상당한 시간과 반복 연습을 거쳐야만 한다. 그리고 몇 가지 실수를 줄인다면 더욱더 멋있는 연사가 될 수 있다.

　미국을 대표하는 34명의 전문 강사가 '연사들이 저지르기 쉬운 실수들'을 열거했는데, 그중에 가장 큰 실수 다섯 가지는 다음과 같다.

- 청중에 대해 잘 알지 못한다

그러나 뛰어난 연사는 스피치를 하기 전이나 하고 난 후에도 청중들에 대해 인터뷰를 한다. 그들이 진정으로 바라고 있는 것이 무엇인지를 확인하기 위해서이다.

- 준비를 철저히 하지 않는다

그러나 뛰어난 연사는 스피치를 하기 전에 항상 다양한 자료를 찾고 연습을 하는 등 준비를 철저하게 한다.

- 자기가 알고 있는 모든 것을 말하려고 한다

그러나 뛰어난 연사는 청중이 이해하기 쉽도록 두세 가지 정도의 핵심만을 구체적으로 말한다.

- 눈을 맞추는 것에 실패한다

그러나 뛰어난 연사는 친구나 이웃과 대화하듯이 자연스럽게 청중과 시선을 교류한다.

- 빈약한 내용과 서투른 말로 지루하게 한다.

그러나 뛰어난 연사는 흥미로운 자료를 준비하며, 논리적으로 열성껏 말한다.

청중이 자리에 앉아서 계속 경청해 주기를 진정으로 바란다면 먼저 청중을 연구하고, 철저하게 사전준비를 하며, 세 가지 정도의 핵심을 집어 조리 있게 말해야 한다. 그리고 청중과 시선을 교류하며, 활기차고 흥미 있게 말하도록 노력하라.

어설픈 연사와 능숙한 연사의 갈림길은 준비와 노력, 열성에 있다. 신화적인 인물 리 아이어코카가 그랬던 것처럼, 위대한 연설가도 한때는 풋내기였던 것이다.

끝으로 3단계로 구성한 스피치의 예문을 들어보자. 아래 소개된 글은 한국언어문화원에서 개최한 '스피치 경연대회'에서 입상한 원고이다. 앞서 설명한 3단계 구성법의 공식을 생각하면서 음미해보기를 바란다.

모델 스피치
스피치 교육의 효과

저는 '스피치 교육의 효과'에 대해서 말씀을 드리겠습니다.

대학병원으로 직장을 옮기고 나서 스피치의 필요성을 절감하였습니다. 그러던 중 우연히 신문지상을 통해서 한국언어문화원에서 개최하는 '스피치 세미나'가 있다는 것을 알게 되었고, 이틀간의 주말 강좌를 이수하였습니다.

그리고 매주 목요일 저녁에 스피치 연구 동호인들이 모여 연구발표를 하는 '스피치 아카데미' 회원으로 가입하여 어느덧 1년 반이 되었습니다. 그동안 저는 엄청나게 변하고 발전을 하였습니다. 그럼 어떻게 변하고 발전하였는가에 대해서 말씀드리겠습니다.

첫째, 스피치가 좋아졌습니다. 지난달 말, 방사선과 의사들을 대상으로 하는 연수교육이 있어서, 저를 포함한 열다섯 명의 강사가 강의를 하게 되었습니다. 강의가 다 끝나자, 다른 강사들이 이구동성으로 제가 가장 훌륭했다고 칭찬하는 것이었습니다. 제가 생각하기에도 다른 강사들보다 전달 능력이 좋았으며, 내용 구성도 좋았던 듯합니다.

둘째, 사람을 만나는 것을 좋아하고, 대화를 즐기게 되었습니다. 지난달 초, 흉부방사선학회의 미팅이 미국령 푸에르토리코에서 있었습니다. 한국에서는 흉부방사선학을 전공하는 방사선과 의사 20명이 함께 참석을 하였습니다. 기간은 1주일간이었는데,

3일쯤 지났을 때 저녁 만찬을 하는 자리에서 제가 대화의 중심이 되어 재미있는 이야기로 좌중을 완전히 사로잡았습니다.

그전에는 주로 듣기만 하는 처지에 있던 제가 전체를 대상으로 이야기를 하는 처지로 바뀐 것입니다.

회식이 끝나자, 동료 선배들이 저에게 많은 칭찬을 했습니다. 저를 오랫동안 잘 알고 계셨던 은사님은 "한 선생, 그렇게 레퍼토리가 많은 줄 미처 몰랐어" 하시는 것이었고, 어떤 여선생은 "이야기하려고 미리 준비해 왔지요?" 했습니다.

또 어떤 선배는 "무슨 책에 그런 재미있는 이야기들이 나오는가?" 하는 것이었습니다. 오랫동안 같이 지냈고, 저를 잘 알고 있던 사람들이 갑자기 변한 제 모습에 모두 놀랐지만, 그 이유는 몰랐습니다.

셋째, 좋은 책을 많이 보게 되었고, 책을 읽는 습관이 생겼습니다. '스피치 아카데미'에서 1주일에 한 번씩 주어지는 주제에 맞는 예화를 찾다 보니, 효율적인 독서법을 스스로 터득하게 되었고, 좋은 책을 많이 보게 되었습니다. 프랑스의 비평가 에밀 포아게는 '인생에서 남녀가 만나듯이 책과 만난다'라고 했습니다. 저는 좋은 책과 만나게 되었고, 그 책들이 저에게 큰 감명을 주었으며, 인생의 지혜를 터득하게 해주었습니다.

넷째, 업무 능률이 향상되었습니다. 전에는 항상 시간에 쫓겨 쩔쩔매면서 살았습니다. 그러나 이제는 독서를 통해 얻은 시간 관리법을 통해 스스로 시간을 조절할 줄 알게 되었습니다. 지금도 우선순위로 일을 처리하며, 가장 중요한 일을 한 가지씩 정해서 1주일 단위로 계획을 세우는 주간 계획으로 능률적인 시간 관리를 하고 있습니다.

다섯째, 가정에도 변화가 왔고, 재미있는 아빠가 되었습니다. 저는 자녀들에게 애정 표현을 잘하지 못해서 무뚝뚝하며 이해성이 부족한 아빠였습니다. 그러나 이제는 의논의 상대가 되어 문제를 해결해 주는 다정다감한 아빠가 되었습니다.

또 1주일에 한 번씩 가족회의를 하면서 '1주일 동안에 좋았던 일을 이야기해 보라'라고 아이들에게 시키다 보니, 아이들의 생각이 긍정적으로 바뀌었습니다.

여섯째, 저 자신의 인생관에도 큰 변화가 왔습니다. 그 외에 부수적인 효과도 많습니다. 사람을 보는 안목이 생겼고, 인간관계의 본질을 조금씩 파악할 줄도 알게 되었으며, 어떤 어려움이라도 극복할 수 있다는 자신감도 생겼습니다.

여러분! 저에게 이렇게도 큰 긍정적인 변화와 발전이 온 것은, 얼마 전 직장을 옮겼을 때 생소한 환경 탓에 스트레스를 받게 되었고, 그 스트레스를 극복하는 과정에서 '스피치 교육'을 받은 덕분이라고 생각합니다.

이곳에서 동문수학하는 여러분도 저처럼 많은 발전과 성취가 있기를 바라며, 더욱 열심히 노력하시기를 바랍니다. 꾸준히 계속 노력하다 보면 분명히 발전합니다. 의사들에게 레지던트 교육 과정이 4년인 것처럼, 저는 이곳에 최소한 4년은 열심히 다니려고 생각하고 있습니다.

지금까지 저 자신이 직접 체험한 '스피치 교육의 효과'에 대해서 말씀드렸습니다.

— 한헌 (의학박사)

16 대중을 사로잡는 화술가의 비결

> 모든 선전은 대중적이어야 하며, 지적 수준이 낮은 사람도 다 알 수 있도록 해야 한다.
> — 히틀러

도올 김용옥의 강의는 왜 인기가 있을까?

스피치 능력을 가장 필요로 하는 사람은 교수나 목사이다. 똑같은 텍스트를 가지고서도, 어떤 사람은 청중을 졸게 하고, 어떤 사람은 알기 쉽고 재미있게 말한다. 어디에 차이가 있으며 인기 있는 비결은 무엇일까?

2000년대에 들어서면서 대중에게 가장 인기 있는 연사 가운데 하나는 도올 김용옥이다. 인기가 치솟자 시샘이라도 하듯이 몇몇 사람들이 혹평을 가하지만 도올의 대중적인 인기에는 변함이 없다. 도올의 텔레비전 강의는 어째서 인기가 있는 것일까?

시비가 되고 있는 내용 해석의 진위는 제쳐놓고, 프레젠테이션 측면에서 분석해 보면 다섯 가지 이유를 꼽을 수 있다.

- **강의의 테마와 박식함이다**

노자와 공자는 우리 민족에게 친숙한 인물이며, 그들의 사상은 우리의 정신문화에 지대한 영향을 미쳤다. 누구나 다 아는 것 같으면서도 잘 모르는 내용을 동서양을 넘나들며 새롭게 해석하는 그 박식함에 청중은 우선 감탄을 금치 못한다.

- **혼신의 힘을 다하는 열정이다**

강의에 도취하여 땀을 철철 흘리며 침이 튀든 말든, 괴성에 가까운 원시적인 목소리로 열강을 한다. 고고한 척 딱딱하고 냉랭한 강의에 싫증 난 청중들이 도올의 열정에 빨려드는 것은 당연하다.

- **알기 쉬운 용어의 선택이다**

학자들은 자기 수준에 맞는 고상하고 어려운 전문 용어를 남발하는데 반해, 전문 용어를 사용하되 그 용어를 누구나 알 수 있는 쉬운 말로 풀이를 하고, 때로는 저속한 용어도 실감 나게 구사한다. 이 점에 대해서 학자의 품위를 떨어뜨린다고 눈살을 찌푸리는 지식인도 있으나, 일반 대중은 친근감을 느낀다.

- **뛰어난 연출력과 연기력이다**

우선 도전적인 삭발에다 중국식 의복이나 한복 두루마기가 눈길을 끈다. 테마와 잘 어울리는 의복이면서도 수강자들에게 신선감을 준다. 그리고 강의에 흥미를 주기 위해서 사이사이에 들러리를 세운다. 게다가 골리앗처럼 막강한 권력을 가진 정치계나 언론에 대항하는 다윗 같은 모습은 소시민으로 하여금 통쾌감마저 느끼게 한다.

- **학력과 경력 등 화려한 배경이다**

도올의 학력을 보면 미국의 하버드대학교, 일본의 도쿄대학교 그리고 대만대학교 등에서 유학을 하고 박사 학위를 받았다. 또 고려대학교 교수로 재직하다 어느 날 갑자기 사표를 던지고는 한의대에 입학해 졸업 후 한의사가 되기도 하였다. 그의 다양한 삶의 모습은 한마디로 기인奇人이다. 이런 남다른 배경이 사람들에게 신뢰감을 준다.

좌뇌로 생각하고 우뇌로 표현하라

캘리포니아 기술연구소의 로저 스페리 Roger Sperry 박사는 〈인간 정신의 두 가지 측면〉이라는 연구로 노벨상을 받았다. 그가 처음으로 발견했고, 꾸준히 연구해 온 두뇌 활동은 대인 커뮤니케이션의 이해에 지대한 영향을 끼쳤다.

로저 스페리가 밝혀낸 바로는 우리의 대뇌 활동은 좌뇌와 우뇌가 나누어 맡는데, 그 기능과 역할이 다르다. 좌뇌는 '언어뇌'라고 일컫듯이 문자를 매개하는 영역이다. 논리적이고 합리적인 사고를 요하는 학술적인 연구는 주로 좌뇌에서 이루어지는데, 언어·숫자·기호·분석·계산·추리·판단·구성 등과 관련이 있다.

많은 사람이 좌뇌가 말을 매개하는 영역이라고 알고 있는데, 우리가 말을 하기 위해서 단어를 사용하기는 하지만, 말에는 단어 이상의 것들이 훨씬 많다.

만약 연사가 연설문을 담담하게 읽는다면 청중의 좌뇌만을 자극하게 된다. 청중은 좌뇌뿐만 아니라 우뇌로도 경청을 하고 있는데, 좌뇌만을 자극하는 것은 전체 뇌의 작용을 놓쳐 버리는 셈이다. 우뇌는 '이미지 뇌'라고 하여 종합하는 기능이 있다. 우뇌는 음악 · 그림 · 색채 · 감정 · 창조 등 개인이 행하는 모든 활동을 판단하고 결정한다. 우뇌의 문자 기억 용량은 좌뇌의 100만 배나 된다고 한다.

청중은 모든 자극에 대해 열려 있으며, 모든 감각들을 작용시키고 있다. 즉 듣고, 보고, 냄새를 맡으며 내부적인 자극을 받고 있다. 또한, 배가 고프거나 포만감을 느끼거나, 화를 내거나 평화로운 상태일 수도 있다. 연사로서 우리는 연설의 내용과 함께 수백 가지 자극을 전달하고 있는 것이다.

우뇌는 신시사이저synthesizer와 같다. 수많은 자극을 느끼게 하고, 끊임없이 자극을 주입시키는 작용을 한다.

그렇다면 대인 커뮤니케이션을 효율적으로 하기 위해서는 좌뇌를 통해서 논리적으로 내용을 구성하되, 시각 · 청각 · 촉각 · 후각 · 미각의 오감五感을 최대한으로 활용하여 이미지화시켜서 표현해야 한다. 그 이유는 청중은 주로 우뇌를 이용하여 연사의 말을 받아들이기 때문이다.

청중의 주의를 끄는 여덟 가지 기술

당신은 남의 말에 얼마나 주의를 기울이는가? 대부분의 사람은 남의 말에 주의를 집중하지 않는 것 같다. 특히 어린이들은 집중력이 부족해 가만히 있지를 못한다. 어린이가 주의를 집중하는 시간은 불과 6초밖에 안 된다.

'나는 성인들에게 스피치를 하니까, 어린이들과는 달리 내 말에 상당히 오랫동안 집중할 수 있을 거야.'

물론 성인이 집중하는 시간은 어린이들보다는 길다. 그러나 그렇게 많이 길지는 않다. 성인이 주의를 집중하는 시간은 8초라고 한다. 어린이보다 불과 2초가 더 길 뿐이다.

이것은 화자話者인 당신에게 무엇을 시사하는 것일까? 스피치에 성공하려면, 청중이 오랫동안 화자의 메시지에 충분히 귀를 기울이도록 할 방법을 찾아내야 한다는 것이다. 아무리 금과옥조와 같은 내용의 말을 하더라도, 청중의 주의를 끌지 못한다면 아무 소용이 없다.

청중의 주의를 끄는 기술 여덟 가지가 있다. 이 기술들은 어떤 그룹에도 효과가 있으며, 개인 대 개인일 경우에도 마찬가지다.

- 극적이게 말하라

사람들은 그저 그런 평범한 이야기에는 귀를 잘 기울이지 않는다. 보다 감동적이고 인상적인 것, 다시 말해 극적인 것에 주의를 집중한다. 따라서 화자는 무언가 기대 이상의 이색적인 말로 청중의 주의를 끌고 흥미를 불러일으켜야 한다.

- 청중 속의 개개인을 보라

허공을 쳐다보거나 청중을 건성으로 훑어보며 말하는 화자가 있다. 그러나 청중은 한 사람 한 사람 개개인이 모인 집단이며, 그들 각자는 화자가 자기에게 말해 주기를 바란다. 따라서 당신의 스피치가 성공하기를 바란다면, 청중 속의 개개인들을 최소한 3~5초 정도 바라봄으로써 친근감을 갖도록 해야 한다.

• 청중을 향해서 움직여라

장승처럼 연단에 붙어 있지만 말고, 청중 속의 개인들을 향해 움직여야 한다. 연단의 좌우 또는 앞뒤로 움직이거나 더 나아가 청중 속의 개인에게 접근하는 것도 시도해 볼 만하다.

• 시각적 보조 수단을 이용하라

가능하다면 사진이나 실물, 모형 등의 시각적 자료를 활용하는 것이 좋다. 그러나 가장 훌륭한 시각적 보조 자료는 화자 자신이다. 복장이나 표정 그리고 몸짓의 효과를 최대한으로 살려야 한다.

• 질문과 대답을 활용하라

특히 소집단 앞에서 연설할 경우, "이 문제에 대해서 어떻게 생각하십니까?"와 같은 질문은 소극적인 참여자를 적극적인 참여자로 바뀌게 한다. 또 "여기에 의문 나는 점이 있으면 질문해 주십시오"라고 질문을 유도하고, 질문에 대답하는 것도 효과를 높인다.

• 지원병을 이용하라

모호한 질문이나 돌발 사건이 일어났을 때는 당황하지 말고, "이 문제에 대해서 아는 분이 계십니까?" 또는 "지금 무슨 일이 일어난 겁니까?"하고 자발적으로 대답할 사람이 있는지 물어본다.

• 비밀 장치를 사용하라

남몰래 찍은 사진이나 현장 촬영의 비디오 등은 훌륭한 비밀 장치로, 더욱 극적인 효과를 증대시킬 수가 있다. 또한, 화제의 주인공이나 증인을 클라이맥스에 등장시키는 것도 좋다.

• 청중의 관심사를 찾아라

사람은 누구나 자기가 관심을 두고 있는 것을 듣고 싶어한다. 관심 밖의 이야기는 아무리 요란해도 귀를 기울이지 않는다. 따라서 청중을 분석하고, 그들이 진심으로 관심이 있는 것이 무엇인가를 파악하고, 거기에 초점을 맞춰서 말해야 한다. 유능한 낚시꾼은 물고기가 좋아할 만한 미끼를 단다는 사실을 명심하자.

대중연설에 성공하기 위한 열두 가지 질문

다음은 미국의 스피치 전문가 월터 부르더리가 대중연설을 성공적으로 이끌기 위한 처방으로 제시한 12단계의 질문이다.

"이 사람들이 도대체 누구인가?"

스피치를 준비하는 과정에서 청중 때문에 자신감이 흔들린다면, 이런 질문을 던져 보라. 바로 대중연설을 성공적으로 이끄는 핵심이다.

• 청중이 친구들인가 아니면 회사 동료인가?

고객들인가 또는 전혀 모르는 사람들인가?

그들의 관심 사항과 특성, 즉 그들이 하는 일과 교육 수준,

언어, 특히 청중과 관련된 문제나 기회를 파악한다.
- 그들이 왜 여기에 있는가?

내 연설에서 무엇을 기대하고 있는가?

그들이 그곳에 참석한 이유는 무엇이며, 진정으로 원하는 것이 무엇인가를 알아서 메모해 두어야 한다.
- 왜 당신에게 연설을 부탁했는가?

뭔가 청중의 이해와 상관 있는 이유가 당신에게 있기 때문이다. 과연 당신은 무엇을 제공할 수 있는가? 청중이 듣고 싶어하는 연설을 할 수 있도록 자신의 자질과 특성을 알아야만 한다. 만약 연사가 그들이 선택한 이유를 무시해 버린다면 청중은 쉽게 실망을 느낄 것이다.
- 청중이 당면하고 있는 문제는 무엇인가?

청중의 인정을 받을 수 있는 최선의 길은 그들이 가지고 있는 문제를 파악하고 이를 해결할 수 있도록 도와주는 것이다. 청중은 다른 각도에서 바라보는 관점, 새로운 아이디어를 원한다. 그들은 평범하고 낡은 얘기를 바라지 않는다. 청중의 마음을 흔들어 놓을 수 있는 한두 가지 특별한 아이디어만으로도 그들이 값진 시간을 보냈다는 생각을 할 것이다.
- 청중이 가지고 있는 기회는 무엇이며, 어떻게 실현할 수 있겠는가?

당신의 역할은 청중이 그들의 기회를 볼 수 있게 도와주고, 시야를 넓혀 주며, 상상력을 자극하고, 나아갈 바를 제시해 주며, 행동을 고무시키는 것이다. 그들은 자신들의 생각을 새롭게 하고, 넓혀 나가기 위해서 당신의 연설을 들으러 온 것이다.

- 청중들이 평상시 사용하는 용어는 무엇인가?

당신이 강연할 핵심적인 주제가 결정되면 다음 단계는 이를 아주 명확히 전달하는 일이다. 만약 청중이 어떤 특정 산업에 종사하고 있다면, 어떤 용어를 써야 이해가 가장 잘될 것인가? 자신의 아이디어를 가장 잘 옮길 수 있는 방법은 청중에게 익숙한 용어를 선택하고, 자신이 알고 있는 가장 쉬운 단어를 쓰는 것이다.

- 청중이 유머를 좋아하는가?

유머를 싫어하는 사람은 없다. 하지만, 때때로 유머는 위험할 수도 있다. 회의 주제가 심각한 것이라면 유머는 맞지 않을 것이다. 만약 전체 스피치의 논리를 거스르지 않는다면 가벼운 코믹 이야기는 괜찮겠지만, 중요하고 실질적인 아이디어를 유머가 대신할 수는 없다.

- 강연 시간을 얼마나 오래 잡아야 하는가?

강연 시간을 결정하는 최선의 원칙은 당신이 전달하려는 메시지를 가장 정확하고 분명하게 소개하는데 걸리는 시간만큼만 사용하는 것이다. 너무 길고 지루한 스피치보다 더 나쁜 것은, 너무 짧고 청중 가운데 일부만 이해할 수 있는 내용이다.

- 시청각 도구를 이용해야 할 것인가?

강연의 중심 요지를 이해시키고 싶다면 단순하면서도 쉽게 표현된 도구를 이용하라. 청중은 복잡한 것을 이해할 여유가 있지 않다. 밑줄 그은 모든 말, 그래프, 숫자, 그림 등을 이용해 설명하라. 그렇지 않으면 청중은 뭔가 부족하다고 느낄 것이다.

- **말하는 방법은 어떠해야 하는가?**

큰 목소리로 말하라. 가장 멀리 있는 청중이 분명히 알아들을 수 있도록 말해야 한다. 만약 당신의 목소리가 너무 부드럽고 나약하다면 당신의 열정, 확신, 진실성을 알리지 못할 것이다. 큰 목소리를 무시할 수 있는 사람은 없으며, 중얼거리는 듯한 목소리에서 확신을 얻는 청중도 없을 것이다.

- **시선은 어떻게 처리해야 하는가?**

시선 접촉을 해라. 부분적으로 앞에서 뒤로, 왼쪽에서 오른쪽으로 시선을 돌려 가며 사람들과 직접적으로 눈을 마주친다. 청중과 눈을 마주침으로써 그들과 개인적으로 얘기하고 있다는 느낌이 들 것이다. 또한, 주의를 분산시키지 않도록 하는 효과도 생길 것이다.

- **서두에 개요를 설명하는 것이 좋은가?**

개요는 스피치의 내용이 본론으로부터 벗어나는 것을 방지하고, 논리적이며 일관성 있게 전개할 수 있도록 해준다.

위에 설명한 열두 가지 질문을 통해 청중이 누구이며, 무엇을 원하고 있는가를 이해하는 것이야말로 훌륭한 스피치를 할 수 있는 첫걸음이다.

17 스피치를 체계화하라

제한된 시간 내에 질서정연하게 전달하는 방법도 내용만큼이나 중요하다.
― 정범석

말에도 구성력이 필요하다

청중 앞에 서서 이야기하는 것이 어떤 것인가를 체험하면서, 당신은 이제 보다 '효과적인 스피치의 구조構造'에 주력할 준비가 필요하다. 즉 당신의 생각들을 어떻게 체계화하고, 연설의 시작과 끝의 윤곽을 어떻게 잡아 나가야 하는가에 집중해야 한다.

청중들에게 감정을 불러일으키고 어떤 결론을 이끌어 내고자 원한다면, 당신의 스피치는 반드시 논리적 형태로 조직화되어야만 한다.

조직화를 이루려면 자신의 생각들을 체계 있게 모아서 명확한 생각으로 가다듬어야 한다. 연사로서 당신은 자신의 생각을 청중에게 먼저 이해시키고 공감시켜야 한다.

그러기 위해서 당신은 주제의 핵심 문제를 청중들에게 확인시킨 다음, 그 문제의 해결책을 받아들일 수 있는 방향으로 연설을 논리적으로 이끌어 나가야 한다.

주제의 주변만을 맴도는 방식은 청중을 어지럽히고 이해를 시키지 못해, 결국은 당신한테서 떠나가는 결과를 낳는다.

생각과 지식의 전달자로서 당신은 반드시 청중의 관점에 서서 말해야만 한다. 청중은 연사가 원하는 것이 아니라 자신들이 원하는 것을 말할 때만이 솔깃해진다. 자신의 말을 체계화시킬 때는 반드시 이 점을 고려해야 한다.

당신의 말을 이해하고 당신과 뜻을 같이하며 또 함께 행동하는 청중이 되도록 동기부여를 하기 위하여 어떻게 해야 할 것인지를 분석해야 한다. 그리고 난 다음 그 동기 부여를 충족시킬 수 있는 당신의 생각을 계발시킨다.

결국, 당신의 생각과 지식을 전달하는 일을 쉽게 하거나 어렵게 만드는 것은 '청중과 주제'에 달렸다. 그리고 스피치를 성공으로 이끄는 열쇠는 내용의 우수한 체계화이다.

자신의 이야기를 창조하라

모든 여행에는 지도가 필요하다. 여행 계획을 짤 때 보통 사람들이 하는 가장 첫 번째 단계는 목적지를 정하는 일이다. 그리고 출발지에서 목적지까지 길을 지도에 표시한다.

스피치를 준비하는 방법도 바로 그와 같다. 먼저 목적지를 선택하라. 다시 말하면, 스피치의 목적 또는 목표를 정한다.

다음으로 그 목표를 성취하는데 도움을 줄 수 있는 방법들을 생각한다.

말을 창조하는 첫 단계는 무엇을 이야기할 것인가를 결정하는 일이다. 당신 자신과 청중들의 흥미를 끌 수 있는 주제를 선별하라. 그리고 그 주제의 어떤 한 면만을 골라 한계선을 만든다.

왜냐하면 당신이 스피치를 할 수 있는 시간은 한정되어 있기 때문이다. 불과 몇 분에서 길어야 몇십 분 정도밖에 되지 않기 때문에, 큰 주제에서 어떤 한 면을 부각시켜 충분히 이야기할 수 있도록 시간을 활용하는 방식을 택한다.

주제는 반드시 주어진 시간에 맞출 수 있고, 청중들과 연관성을 가질 수 있는 것이어야 한다.

또 연사가 어느 정도는 권위를 가질 수 있는 것이어야 하며, 청중들의 열정과 확신을 불러일으킬 수 있는 주제가 되어야 한다.

다음으로 연설의 명백한 의도를 결정해야 한다. 어떤 점에서 청중들의 호응을 받기를 원하는가? 당신은 청중들에게 설명을 하려고 하는가? 아니면 설득을, 즐거움을, 감정을 불러일으키려고 하는가?

이 결정이 당신의 스피치 제목, 연설의 시작과 끝을 만드는 방법을 결정하게 한다.

최종적으로 당신의 생각들을 선별하라. 그리고 스피치 목표를 달성하는데 도움을 줄 수 있도록, 그 생각들을 논리적인 순서로 배열한다. 이것이 스피치의 윤곽을 구축하는 가장 최상의 방법이다.

윤곽을 드러내라

효과적인 스피치는 서론, 본론, 결론이 논리적으로 체계화되어야 한다. 이 기본적인 구조에는 많은 변형이 가해져 왔고, 숙련된 연사들이 이 부분을 의식적으로 생각한다는 것은 극히 드물다.

그러나 완벽한 스피치에는 항상 이 세 가지가 존재한다. 머릿속으로 연설을 체계화하고 난 후, 그 윤곽 outline 을 문장으로 기록하되 반드시 서론, 본론, 결론 부분이 포함되도록 한다.

이렇게 하는 것은 각각의 요지들을 마음속에 명확하게 고정하는데 도움을 준다.

서론은 즉각적인 주의를 집중시킬 수 있도록 짜야 한다. 즉 주제가 청중의 흥미를 불러일으켜야 한다. 서론이 주제를 이끌어 가야 한다는 것은 말할 나위도 없다.

청중에게 단지 강렬한 인상만을 심어 준다면 청중은 그 서론만을 확실하게 기억하고 있을 것이다. 하지만, 스피치의 요지는 망각하기 십상이다.

우수한 서론의 보기는 다음을 참고로 하는 것이 좋다.

- 질문 또는 도전적인 말로 시작한다.
- 적당한 경구나 일화를 소개한다.
- 몇몇 적당한 대상물 또는 그림을 배열한다.
- 주제와 연관된 일반 통념을 끄집어낸다.

서론을 준비할 때 다음과 같은 일반적 약점은 반드시 피해야만 한다.

> - 변명이나 사과를 하는 말
> - 주제와 관련되어 있지 않은 이야기 또는 농담
> - 평범한 방식으로 끌어낸 평범한 관찰
> - 케케묵은 낡은 질문

스피치의 본론은 당신의 의도를 지지해 주는 요소들로 채워져야 한다. 본론에 포함할 수 있는 정보들의 양은 당신이 이용할 수 있는 시간의 양에 맞도록 한정시킨다.

그러나 대체로 다음과 같은 것들은 포함하는 것이 좋다.

> - 사실의 설명
> - 표출한 것들에 대한 증거
> - 반론의 논파論破

스피치의 결론은 클라이맥스이자, 당신이 희망하는 청중들의 목적지이다. 그리고 스피치의 어떤 결과를 산출할 수 있는 곳이 바로 결론 부분이다.

결론과 서론은 언제나 연결되어 있어야 하며 또 결론은 당신이 전달했던 것들이 의도했던 방향으로 청중들에게 메시지를 부여해야 한다.

힘 있고 자신감 있게 끝맺어라. 약하고 어정쩡한 또는 사과하는 듯한 끝맺음은 최상의 스피치조차도 퇴색하게 한다.

우수한 끝맺음을 하려면 다음과 같은 사항을 참고하라.

- 이야기해 왔던 요지들을 요약하여 결론을 끌어낸다.
- 어떤 구체적인 행동을 특별하게 호소한다.
- 스피치의 요지를 강조하는 일화, 경구, 이야기를 한다.

연설 준비는 이렇게 하라

효과적인 결론과 서론을 창출해 냈을 때는 그것들을 꼭 기억해 두도록 한다. 특히 첫마디와 끝맺음은 반드시 기억하기를 권한다. 이것이 명확한 시작과 끝을 표현하도록 해주며 또한 자신감을 북돋아 준다.

이 발전 단계에서는 처음에 계획한 대로 연설을 해 나가야 한다. 더 좋은 아이디어가 떠올랐더라도, 몇 분 안 남았을 때 내용을 변경하는 것은 혼란만을 가져올 뿐이다.

스피치 순서에 따른 원고의 윤곽을 다음과 같이 요약할 수 있다.

- 도전적이고 감정을 불러일으키는 말로 시작한다.
- 청중에게 주제와 관련된 일화를 든다.
- 그 일화를 강조할 수 있는 실제적 사건을 이용한다.
- 당신이 말하려는 요지를 더욱 명확히 해줄 수 있게끔 대조되는 것 또는 비슷한 것을 제시한다.
- 당신의 관점과 반대되는 논쟁들에 관해 간단하게 언급

하고 그들의 약점을 제시한다.
- 당신의 요지를 지지할 수 있는 간단한 통계 또는 근거 소식통을 인용한다.
- 서론과 유사하게 끝을 맺는다. 그리고 청중들이 찬성하거나 동조 또는 이해를 보낼 수 있도록 유도한다.

스피치의 서론에서 본론으로, 본론에서 결론으로 이야기가 옮겨갈 때 자연스러운 흐름이 되도록 해야만 한다. 매끄럽고 자연스러운 흐름은 청중들이 내용을 쉽게 이해하게 하고, 연속성을 제공해 준다. 효과적인 스피치가 되려면 자신의 생각을 체계화하는 작업을 유용성 있게 해야만 한다. 또한, 그 체계화가 청중들에게도 명확하게 전달되어, 당신이 얻고자 노력했던 바를 청중들이 확실하게 이해할 수 있도록 해야 한다.

아무리 좋은 내용이라도 체계화가 되지 않으면 청중은 시시한 스피치라고 외면하기 십상이다.

18

감동적인 화술은 예화가 만든다

훌륭한 연사가 되려면 예화를 수집해야 한다.
— 스메들리

왜 말할 거리가 없는 것일까?

"여러 사람 앞에만 서면 나는 말할 거리가 없어요. 어떤 사람은 예를 들어가며 재미있게 이야기를 하는데, 난 꼭 해야 할 말 몇 마디만 하고 나면 더는 할 말이 없어요."

당신의 입에서 이런 말이 나온다면 좀 생각해 볼 문제가 있다.

화술을 요리에다 비유해 보자. 요리를 하러 부엌에 들어갔더니 찬거리가 다 떨어졌다. 고기도 무도 양념도 다 떨어지고 소금이나 간장밖에 없다면, 아무리 일류 요리사라 하더라도 요리를 만들 수가 없다. 먼저 장을 보아야 할 것이다.

이처럼 말할 거리가 없다. 즉 화젯거리가 없다는 것은 찬거리가 떨어진 경우와 같다.

그렇다면 당신의 머릿속에 신선하고 재미있는 화젯거리가 얼마나 축적되어 있는가를 살펴보자.

"당신은 한 달에 술값으로 얼마나 지출합니까? 술값은 물론 안주 값, 팁 그리고 접대나 친구들에게 얻어먹는 술값 등을 모두 합치면 평균 얼마나 될까요?"

기업의 연수교육을 하면서 이런 질문을 해봤더니, 술을 마신다는 사람 중 평사원일 때 20만 원에서 30만 원이 대다수였고, 간부들은 50만 원 이상 그리고 450만 원이나 된다는 사장도 있었다.

"그렇다면 한 달에 책은 몇 권이나 사서 읽습니까?"

이 질문에는 한두 권도 사보지 않는다고 대답하는 사람이 태반이었다.

한 해 동안 우리나라에서 발간되는 도서의 종류는 약 3, 4만여 종, 부수로는 2억 부 정도라고 한다. 그렇게 많은 책이 쏟아지고 있는데 연간 열권도 채 보지 않는다면 당연히 시대에 뒤떨어질 수밖에 없다.

벌이 꿀을 채취하는 과정을 생각해 보자. 꽃 한 송이 한 송이에는 다 꿀이 있다. 그러나 아무리 크고 탐스러운 꽃이라도 벌이 100퍼센트 만족할 만큼의 꿀을 지니고 있지는 않다. 그래도 벌은 그 수많은 꽃을 통해 꿀을 모은다. 그리고 벌은 꽃에서 채취한 꿀을 토해 내 벌집에 차곡차곡 쌓아 놓는다. 그것이 우리가 먹을 수 있는 꿀이다.

화젯거리도 마찬가지이다. 아무리 대가大家가 쓴 책이라도 그 책에서 얻을 게 과연 몇 가지나 있던가? 문외한이던 시절에는 이 책도 저 책도 새롭지만, 어느 정도 수준에 이르면 새로울 것이 없어진다. 몇백 페이지 되는 책 속에서 때로는 새로운 용어나 사례를 한두 가지만 발견해도 큰 수확이다. 그래서 다독多讀을 해야만 한다.

'옛날에는 그런대로 말을 했는데 점점 어려워진다.'

학교 다니던 시절에는 그래도 글줄이나 읽었는데, 일에 쫓기다 보니 책 읽을 시간이 없다. 알았던 것은 그동안 다 사용했고 새로 보충한 화젯거리가 없으니 밑천이 짧을 수밖에 없는 것이다. 유능한 화술가란, 풍부한 지식을 통해 예화를 잘 드는 사람이다.

좋은 예화의 네 가지 조건

동서고금을 통틀어 유능한 화술가들은 자신의 사상을 관철하기 위하여 풍부한 예화를 들었다. 예화가 없는 스피치는 사상 내용의 기반이 없는 것과 마찬가지다. 그리고 예화를 들되 실제로 일어난 이야기를 드는 것이 최상급이다.

중국 춘추전국시대에 귀곡자鬼谷子는 "예화는 실례實例를 들어야 한다. 꾸며대는 말은 거짓으로 하는 말이니라. 거짓을 말하면 더욱 손해를 볼 것이다"라고 했다. 귀곡자의 말이 아니라도 예화의 중요성은 아무리 강조해도 지나치지 않다.

효과적인 내용의 스피치가 되기 위해서는 적절한 예화를 사용해야 한다. 이론적인 설명은 추상도가 높지만, 구체적인 예화는 청중이 쉽게 공감하기 때문이다.

앞서 소개한 3단계 구성법에서 가장 중요한 부분은 화제 전개, 즉 예화이다. 예화가 흥미를 불러일으키고, 이해를 시키며, 감동을 주기 때문이다. 결국, 스피치는 예화가 성패를 좌우한다고 해도 과언이 아니다.
　그렇다면 어떤 조건을 갖춘 예화가 좋은 예화일까?

• 알기 쉬워야 한다
'어려워서 못 알아듣겠다' 라는 말은 있지만, '쉬워서 못 알아듣겠다' 라는 말은 없지 않은가? 대부분의 서툰 연사들이 자신의 수준에만 맞추어서 예화를 선택한다. 특히 지식이 많은 사람일수록 고상하고 어려운 예화를 구사하려고 한다. 그러나 청중은 지적 수준이 높은 사람도 있지만 낮은 사람도 섞여있다. 따라서 누가 듣더라도 알기 쉬운 예화를 선택해야 한다. '현대 광고 문안은 만 열두 살 정도가 기준이다' 라는 격언도 명심할 일이다.

• 재미있는 이야기가 좋다
사람들은 이야기를 좋아한다. 옛날이야기, 소설, 영화, 드라마, 성공담, 실패담 등은 전부 이야기가 아닌가? 이야기란 줄거리가 있고, 주인공도 있으며, 시작과 끝이 있다. 가능한 한 재미있는 이야기를 선택하는 것이 중요하다.

• 교훈적이어야 한다
아무리 알기 쉽고 재미있는 이야기라 하더라도 교훈성이 없으면, 코미디나 만담의 소재는 될 수 있을지언정 연사의 예화로서는 가치가 없다.

• 짧아야 한다

스피치가 길면 지루하다. 남의 말을 듣는다는 것이 얼마나 힘든 일인가? 특히 예화가 길면 예화를 늘어놓다가 귀중한 시간이 다 지나가 버린다.

이상의 네 가지 요소를 다 갖춘 예화로 《이솝 우화》를 꼽는다. 그러나 '재산 증식의 비결'에 대한 스피치를 할 때 〈개미와 베짱이〉에 관한 이야기를 예화로 사용하면 효과는 떨어진다. 예화의 네 가지 조건을 다 갖추었는데도 효과가 떨어지는 이유는 너무 흔한 이야기로 참신하지 못하고 낡기 때문이다.

따라서 우화와 같은 이야기를 실생활에서 찾아내어 소개하면 좋다. 한편, 옛이야기라도 현대에 맞게 재해석을 하면 신선하게 다가올 수도 있다.

예화를 실감나게 하는 법

스피치는 청중의 흥미와 공감을 불러일으켜야 한다. 그러기 위해서는 스피치의 주류를 이루는 화제 전개가 더욱 극적이고 흥미진진하지 않으면 안 된다. 한 마디로 실감나는 예화를 들어야 한다.

그렇다면 실감나는 예화는 어떻게 만들어야 할까?

• 공감을 얻을 수 있는 주인공을 설정한다

사람들은 주인공이 있는 이야기를 좋아한다. 그것도 자신과

동떨어진 특수한 사람이 아닌, 공감할 수 있는 주인공에게 더 관심을 두게 마련이다. 따라서 청중의 수준을 고려하여 그들과 처지가 비슷한 사람을 주인공으로 삼는 것이 좋다.

• 주인공을 역경에 처하게 한다

공감대를 형성하는 주인공이라고 하더라도 하는 일마다 순탄하게 잘된다면 재미가 없을 뿐만 아니라, 현실의 자기 생활이 그렇지 못하기 때문에 '그 사람은 운이 좋았군' 하며 자신과는 무관한 이야기로 간주해 버린다. 그러기에 주인공을 잘 나가게 하다가 뜻하지 않은 일로 역경에 처하게 하면, 공감대가 형성되어 극적인 효과를 볼 수 있다.

• 천신만고 끝에 역경을 극복하게 한다

주인공이 역경에 허덕이다가 그대로 끝나고 말면 이야깃거리가 안 된다. 온갖 어려운 일을 당하면서도 절망하거나 포기하지 않고, 노력을 통해 고통의 멍에에서 벗어나면 청중은 손에 땀을 쥐며 안타까워하다가 후련함을 느끼고 희망을 품게 된다.

이상의 3단계는 단편소설을 쓸 때 줄거리를 구성하는 전통적인 방법이기도 하다.

이처럼 단편소설 구성법은 청중의 마음에 공감을 형성하고, 청중의 태도를 바꾸고자 하는 스피치에 안성맞춤이다. 단편소설을 쓰듯이 당신의 스피치에 주인공이 살아 숨 쉬게 하는 것, 그것이 감동적인 스피치의 관건이다.

19

목소리와 말하는 자세가 주는 힘

악마는 달콤한 목소리와 같이 심장을 꿰뚫는 화살을 가지고 있지 않다.
— 바이런

말소리가 변하면 인생도 변한다

줄리어스 파스트가 쓴 《몸의 정치Body Politics》에는 다음과 같은 실화가 소개되어 있다.

> 여성 사업가 린다는 아름답고 매력적인 외모를 가진 이지적인 여성이다. 그러나 그녀가 일단 입을 열기 시작하면 전혀 다른 인상을 받게 된다. 어린 소녀처럼 목청이 높고 목소리도 날카로워서, 경솔한 여자 같은 느낌이 들기 때문이다.
> 린다를 처음 만나 이야기를 해본 사람들은 대부분 매우 만만한 상대로 보았다. 그러나 린다와 비즈니스를 해본

사람들은 혀를 내두르기 일쑤였다. 어느 사업가의 말을 들어보자.

"나는 처음에 린다가 말하는 것을 듣고 철이 덜 난 여자로 생각했습니다. 그래서 만만한 상대로 보고, 상담을 시작했는데 결과는 엄청나게 많은 돈을 더 지출해야 했습니다. 화가 나서 참을 수가 없었어요."

"왜 화가 나셨습니까?"

"내가 속았다는 느낌이 들기 때문입니다. 앳돼 보이는 소녀 같은 목소리 뒤에 강철 같은 의지가 있었으니……. 그런 여자와는 다시는 거래하고 싶지 않습니다."

그런 린다는 자신의 목소리에 대해 어떻게 생각하고 있을까?

"내 목소리에도 이점은 있습니다. 어설픈 목소리라서 상대하는 남성들의 무장을 해제시켜 줍니다. 남성들은 내 목소리를 들으면 자기 마음대로 이용할 수 있다고 지레짐작을 하고 경계심을 풀어 버립니다. 내가 역습을 하기에 좋도록……. 문제는 이점이 있는 대신에 약점이 더 크다는 사실입니다. 나를 상대했던 사람들은 일이 끝난 후에 나에게 속은 듯한 느낌을 가집니다. 그러다 보니 거래가 계속되지 못하고 한 번으로 끝나고 맙니다."

그 후 린다는 화술 전문가에게 상담을 하고, 교습을 받은 뒤 몰라보게 달라졌다.

"목소리와 말씨가 많이 변했군요."

"네, 목소리와 말씨가 변하면서 제 인생도 달라졌습니다."

처음으로 린다는 잘 다듬어진 목소리로 자랑스럽게 말
했다.
언어 교습을 받고 난 후, 사업이 놀랄 만큼 번창했다는
것이다. 단골 고객이 늘어나고 다른 사람들을 추천해 주
며, 상대하는 사람들이 그녀를 존경할 만한 파트너로 대
한다는 것이었다.

목소리와 말씨는 사람을 판단하는 기본적인 자료이다.
당신의 목소리와 말씨는 만족스러운가? 그렇지 않다면 목소
리를 단련하고 말씨를 바꿔 보자. 당신도 노력만 한다면 얼마든
지 매력적인 목소리의 주인공이 될 수 있다.

스피치 파워는 보이스 파워가 좌우한다

옛날부터 인간이 가진 큰 목소리는 집단에 경고를 바라는 중
요한 역할을 해 왔으며, 리더십의 근원이었다. 그러던 것이 문
명이 발달하고 커뮤니케이션의 수단이 개발되어, 지금은 일상
생활에서 큰 목소리가 그다지 필요치 않게 되었다.

그러나 일단 긴급한 사태를 맞거나 대중을 향해 질타와 격려
를 하고 설득을 해야 할 상황에서는 기백 넘치는 큰 목소리가
사람들을 움직이게 한다.

일본의 산업훈련전문가 우지케 코지氏家康二는 도산 직전의
1,900여 기업에 불을 붙여 성공하게 시킨 장본인이다. 그의 연
수 프로그램 가운데 대표적인 것은 'D2P Dynamic Power-up

Program 훈련'인데, 그 내용 가운데 '큰 목소리 내기 훈련'이 있다. 큰 목소리 내기 훈련에는 '맹렬하게 울부짖음' '부름' '외침'의 세 가지가 있는데, 그는 이 세 가지 큰 목소리가 일체가 되어 인간의 마음을 움직인다고 한다.

큰 목소리 내기 훈련의 효과를 이해하고 사내에서 적극적으로 활용하고 있는 기업은 이루 헤아릴 수 없을 정도로 많다.

큰 소리내기의 성과로는 정신적으로 의기소침한 사원들에게 기백을 넣어 주고, 스트레스를 없앨 뿐만 아니라, 육체적으로는 뱃속에서 있는 힘을 다해 소리치는 것이 자극제가 되어 신체의 세포조직 말단에까지 활성화가 미쳐 활기차게 일할 수 있게끔 한다.

최근에는 산업 훈련뿐만 아니라 이벤트로서도 '큰 목소리 내기 경연대회'가 일본 대도시 한복판에서 개최되어 평소의 울분을 토해 내는 좋은 기회로서 많은 젊은이에게 인기를 얻고 있다.

모깃소리만 한 작은 목소리는 자신을 의기소침하게 하며, 사람들에게 나약한 사람으로 평가받기 쉽다. 그러나 큰 목소리는 자기에게 자신감을 갖게 할 뿐만 아니라 많은 사람을 움직이게 하는데 탁월한 효과가 있다.

스피치 파워speech power는 보이스 파워voice power가 좌우한다.

울림이 있는 큰 소리가 감동을 준다

안토니오 스트라디바리Antonio Stradivari(1644년경~1737년)는 현대 바이올린의 기준을 확립한 장인匠人이다.

스트라디바리가 만든 바이올린, 비올라, 첼로 등의 현악기 수는 약 1,100여 점이 조금 넘지만 그 중 현재까지 남아 있는 것은 650여 점 정도이다. 그 중에서 바이올린(스트라디바리우스)은 100여 개밖에 되지 않는데 하나같이 수십억 원대에 거래되고 있다.

"진짜 스트라디바리우스는 바로 옆에서 들으면 별로 좋은 소리가 나는 것 같지가 않습니다. 옆에서 들을 때 좋은 소리가 나는 건 가짜지요."

이탈리아에서 바이올린을 만드는 한 장인의 이야기처럼, 스트라디바리우스는 큰 음량과 울림 그리고 은은한 음색이 있어 최고의 현악기로 여겨지고 있다.

연설이나 성악도 마찬가지이다. 좁은 방에서는 목소리가 아름답게 들리지만 넓은 극장이나 강당에서는 뚜렷이 전달되지 않는 경우가 있다. 그것은 목으로만 소리를 내고 몸 전체에서 울리는 목소리를 내지 않기 때문이다. 울림이 없는 큰 소리는 연설을 하거나 노래를 하여도 화가 나서 외치는 고함과 같을 뿐, 대중에게 감동을 주지는 못한다.

신인 가수 오디션을 할 때도 좁은 곳에서 하지 않고 넓은 홀에서 하며, 심사위원이 제일 끝 좌석에 앉아서 심사를 하는 것도 바로 이런 이유가 있기 때문이다.

그래서 성악이나 연설을 연습하는 사람은 우렁찬 목소리로 해야 한다. 연설가의 연설을 곁에서 들으면 너무 크고 과장되게 들리지만, 대강당에서 들으면 조화를 이루며 감동을 준다.

뛰어난 화술가가 되기 위해서는 넓은 공간에서 수없이 많은 연습을 거듭해야 한다. 그래야 목소리만으로 기교를 부리지 않고 심금을 울리는 감동적인 연설을 할 수 있다.

20

겁낼 필요가 없는 대중 공포증

겁이 나지만 두렵지 않은 것처럼 행동한다. 그러면 두려움은 사라진다.
— 루스벨트

연단에 서는 두려움은 누구에게나 있다

한 텔레비전 쇼에 해병대 장군이 초대 손님으로 출연했는데, 장군은 베트남 전쟁에서 무공훈장까지 받은 용감한 군인이었다. 방송 시작 바로 전에 PD가 무대 뒤로 가서 장군에게 물었다.

"장군님, 준비되셨습니까?"

숨 막히는 목소리로 장군이 대답했다.

"아직… 준비되지 않았소."

그의 얼굴은 창백해졌다. 이 장군은 무시무시한 포탄 세례와 기관총이 작렬하는 전장에서도 두려움을 몰랐었으나, 방청인들과 직면해야 한다는 강박관념에 꽁꽁 얼어붙었던 것이다.

'연단演壇에 서는 두려움'은 뛰어난 연설가에게도 존재하는 것처럼 정도의 차이만 있을 뿐 누구에게나 다 있는 것이다. 가장 일반적 증상으로는 두근거리는 심장, 불안, 초조, 떨림, 식은땀 그리고 가쁜 호흡 등이다. 이 두려움으로 나타나는 스트레스는 종종 성대를 바싹 조이고, 목이 메게 하며, 말투를 퉁명스럽게 만들기도 한다.

너무 두려워하지 말고 용기를 내어, 준비한 대로 차근차근 말해 나가면 겁낼 이유가 하나도 없다. 끊임없이 연습을 자주 하다 보면 두려움은 차츰 사라지고 만다. 스피치는 훈련인 것이다.

지그 지글러의 저서 《퍼포먼스》에서는 성공적인 스피치의 비결 세 가지를 다음과 같이 제시한다.

• 스피치는 매우 쉬운 것이다
만일 당신이 스피치를 연습하고 또 연습한다면 상상 외로 쉬운 것임을 절감하게 될 것이다.

• 만일 당신이 스피치를 좋아하지 않는다면 구태여 그것을 행할 필요는 없다
개인적인 대화에만 충실하도록 하라. 당신의 부하들과 개인적으로 대화를 원활하게 잘하는 것도 실적을 높이는데 많은 보탬이 된다.

나는 이따금 2만 명 이상이나 되는 군중 앞에서 강연할 때도 있다. 누가 뭐래도 적은 숫자가 아닐 것이다. 하지만, 나에게는 그런 대중 강연이라고 할지라도 개인적으로 나누는 대화나 다를 바가 없다. 나의 비결은 군중 가운데서 일부만을 선정하여 그들에게만 내가 하고 싶은 말을 해주는 것이다. 나에게

친절을 베풀고 호응해 주고 나를 지원하는 사람들을 선정하여, 그들에게만 나의 메시지를 충분히 전달하도록 노력한다. 만약 군중 가운데 조상이 명사名士였다고 자랑하는 이가 있다면, 나는 스스로 영웅처럼 행세하면서 그를 이기려고 애쓰지는 않는다. 나는 그를 무시하며, 나를 지원하고 나에게 친절을 베푸는 사람들에게만 마음을 보낸다.

내가 강연을 잘하면 군중 속에 포함되어 있는 나를 반대하는 사람들도 결국은 나를 좋아하게 마련이다. 중요한 것은 반대하는 사람들 때문에 자신의 열정과 에너지를 잃어서는 안 된다는 사실이다. 그러므로 나는 당신에게 한 명의 친절한 사람을 선정하라고 권하고 싶다. 군중 가운데에는 그런 사람이 아주 많다. 그런 후에 그의 눈을 바라보면서 말하는 것이다. 친절하다고 생각되는 대상을 조금씩 바꿔 가며 행한다면 더욱 좋다. 그렇게 되면 당신은 결국 자신감을 갖게 될 것이다.

- 직접 의사소통에 나선다

당신이 품고 있는 이미지를 고양하고 자신감을 키워 주는 가장 좋은 방법으로, 이는 오랜 세월을 강사로 활동해 온 나의 경험에서 우러나온 이야기다.

긴장을 날려 보내는 열 가지 방법

신경과민, 연설에 대한 걱정, 무대와 연단에 대한 두려움 등 이 모든 것들은 서로 다른 이름으로 알려졌지만, 모든 연설자가 직면하지 않으면 안 될 불안과 긴장의 문제이다. 실은 연설 직전에 약간의 긴장을 느낀다는 것은 건강하다는 징조이다. 그것은 바로 당신이 하는 연설이 그만큼 중요하고, 그래서 더욱더 잘하고 싶은 욕망을 나타내는 것이다.

그러나 그러한 신경과민을 잘 제어하고 통제하는 방법을 터득하지 않으면 당신은 유능한 연설자가 되지 못한다. 그렇다면 어떻게 해야 불안과 긴장으로부터 해방될 수 있을까?

세계적인 스피치 스터디 그룹인 '토스트마스터 클럽'에서 발표한, '긴장을 날려 보내는 열 가지 방법'을 소개한다.

• 연설할 장소를 알고 있어라

연설할 장소에 친숙해져라. 좀 더 일찍 도착해서 연설할 장소를 한번 둘러보아라. 연단에 서보기도 하고, 마이크에 대고 직접 이야기도 해보라.

만약 시각적으로 활용할 장비를 사용하려거든, 그 장비들도 미리 한번 시험해 보라. 청중이 앉을 자리로도 가서 한번 둘러보아라. 연사석에서 연단으로 걸어가는 연습도 해보라. 그것이 바로 당신이 소개받을 때 할 일이다.

• 청중을 잘 파악하라

청중이 도착하면 되도록 그들과 만나 인사를 나눠 보고 잡담도 같이 해보아라. 전혀 낯선 사람들보다는 조금이라도 친해진 사람들에게 이야기하는 것이 훨씬 더 쉽다.

• 연설의 제재題材를 잘 파악하라

만약 당신이 연설의 제재에 익숙하지 않거나 조금이라도 불안한 생각이 든다면, 당신의 신경과민 증세는 자연히 악화할 것이다. 따라서 당신이 할 연설을 쉽게 할 수 있을 때까지 계속 연습하고 수정하고 또 연습을 해라.

• **긴장을 풀어라**

연습을 되풀이함으로써 당신은 긴장된 신경을 완화할 수가 있다. 의자에 등을 대고 편안히 앉아라. 천천히 숨을 들이마시고 4~5초간 멈춘 후, 다시 천천히 숨을 내쉬어라. 이것을 10~20회 반복한다.

또 육체적 운동을 해라. 양팔을 머리 위로 바로 세우고 똑바로 서라. 그런 다음 허리를 구부려서 양손을 발가락에 닿게 하라. 이것을 10회 반복한다. 양팔을 각각 양쪽 측면으로 벌린 다음 머리와 몸통을 왼쪽으로 돌려라. 다시 중심으로 돌린 후 오른쪽으로 돌려라. 이것 역시 10회 반복한다. 안면 근육을 완화하기 위해서는 입을 크게 벌리고 눈을 크게 떠라. 그런 다음 눈과 입을 꼭 감고 다물어라. 이것을 5회 반복한다.

• **연설을 직접 하는 당신 자신을 가시화시켜라**

청중이 박수를 보낼 때 연단으로 자신 있게 걸어가는 자신을 상상해 보라. 큰 목소리로 그리고 명확하고도 확신에 차서 연설하고 있는 당신 자신을 상상해 보라. 당신이 연설을 끝마치고 자리로 돌아올 때 손뼉을 치며 환호하는 청중의 모습을 그려보라. 당신이 이와 같이 성공적인 것으로 당신 자신을 머릿속에 상상해 볼 때, 실제 연설 또한 성공적으로 끝나게 될 것이다.

• **청중은 연사가 성공하기를 바라고 있음을 알라**

청중은 연설자가 재미있고 자극적이며 또한 유익하고도 유쾌

하기를 바라고 있다. 그들은 당신의 스피치가 실패하기를 바라는 것이 아니라 성공하기를 바란다. 따라서 당신의 청중은 항상 이해력이 있고, 협조적인 사람들이라는 사실을 믿어야 한다.

• 변명하거나 사과하지 마라

당신의 신경과민 증세는 겉으로 드러나지 않는다. 당신이 직접 그런 이야기를 하지 않으면 아무도 그것을 눈치 채지 못할 것이다. 만약 당신이 갖고 있는 신경과민 증세를 청중에게 이야기하고, 연설할 동안 갖게 될 어려움에 대해 청중에게 미리 양해를 구한다면, 청중으로 하여금 관심을 그쪽으로 쏠리게 한 결과밖에 안 된다. 조용하게 연설을 끝낸다면 청중은 그 어떤 것도 알아차리지 못할 것이다.

• 메시지에 정신을 집중시켜라

주된 관심을 당신 자신의 걱정으로부터 벗어나 메시지와 청중에게로 돌린다면 당신의 신경과민 증세는 사라질 것이다. 긴장에 신경 쓰지 말고, 메시지에 집중하라.

• 신경과민 증세를 적극적인 활력으로 바꾸어라

연단에 대한 두려움을 일으키는 신경과민 증세가 당신에게 커다란 이점이 될 수도 있다는 것을 명심하라. 그것을 잘 이용하라. 그러면 역으로 그러한 신경과민 증세를 불타는 생명력과 열정으로 바꿀 수 있다.

• 경험을 많이 쌓아라

경험을 해봄으로써 자신감이 생기고, 그러한 자신감이 효과적인 연설의 열쇠가 된다. 대부분의 초보 연설자들은 연설을 하기 전에 갖던 온갖 걱정이 연설을 끝마친 후에는 더욱 줄어들어 자신감이 생기는 것을 발견한다. 경험은 자신감의 밑거름이다.

21 화술에 활력을 불어 넣는 유머

다른 사람들을 웃게 하는 사람은 생각하게 하는 사람보다 유리하다.
― 말콤 드 샤잘

자신의 실패담이 곧 유머이다

유머는 강력한 커뮤니케이션의 도구이다. 유머를 사용하면 청중의 관심을 끌 수 있고, 친밀한 관계를 형성할 수도 있으며, 연설 내용을 훨씬 쉽게 기억시킬 수도 있다.

그래서 유명한 연사들은 유머를 적절하게 사용해 오고 있다. 미국의 40대 대통령인 고故 로널드 레이건은 자신의 경험담을 이야기 소재로 즐겨 사용한 것으로 유명하다.

"캘리포니아 주지사 시절, 나는 미국을 대표하는 자격으로 여러 차례 멕시코를 방문할 기회가 있었습니다. 언젠가 상당히 많은 청중을 대상으로 연설할 때였습니다. 연설이 끝나서 자리에 앉았는데, 그다지 성의없는 박수 소리가 여기저기서 간혹 들리다가 마는 것이었습니다. 조금 당황이 되더군요. 사실 나는 자의식이 심한 편이거든요. 그래서 내가 무슨 잘못을 했나 보다 하고 생각했습니다.

그런데 내 다음의 연사가 일어났을 때 나는 더욱 당황했습니다. 그는 내가 알아듣지 못하는 스페인어로 연설을 했는데, 그 연사는 한마디 말이 끝날 때마다 열렬한 박수를 받는 것이었습니다.

그래서 나는 당황한 표정을 감추기 위해서 다른 사람들보다 먼저 더 열렬하게 오래도록 손뼉을 쳤습니다. 그런데 잠시 후 멕시코의 우리 대사가 나한테로 몸을 굽히더니, 이렇게 말하는 것이었습니다.

"내가 당신이라면 그렇게 손뼉을 치지 않을 겁니다. 저 사람은 지금 당신의 연설을 통역하고 있으니까요."

이 말을 들은 청중들은 순간 박장대소가 터졌다.

사람들이 이런 이야기를 좋아하는 것은 자신의 실패담을 웃음거리로 삼았기 때문이다. 뛰어난 연사가 되기 위해서는 스스로 권위를 무너뜨리고 청중 속으로 파고들어서 공감을 얻어내는 것이 비결이다.

재치 있는 연사들의 유머 몇 가지

1860년 미국의 대통령 선거에서, 민주당 후보인 더글러스는 공개적으로 공화당 후보인 링컨을 모욕하고 나섰다.

"나는 촌뜨기 링컨이 우리 귀족의 냄새를 맡게 할 것이다."

그러자 자가용도 없어 대중교통을 이용하거나 친구가 빌려준 농경용 마차를 사용하고 있던 링컨은 대중 집회에서 다음과 같이 자기소개를 하였다.

"누군가 저에게 편지로 재산이 얼마나 있느냐고 물었습니다. 저에게는 아내와 세 아들이 있는데, 이는 가치를 논할 수 없는 보물입니다. 그 밖에 사무실 하나를 임대해서 쓰고 있는데, 사무실에는 사무용 책상 하나와 의자 세 개가 있습니다. 책장에 있는 책들은 모두 한 번쯤 읽어볼 필요가 있는 것들입니다. 저는 보시다시피 가난하고 말랐으며, 얼굴도 기다란 게 복스럽지 못하게 생겼습니다. 저는 그야말로 의지할 데도 없습니다. 유일하게 의지할 데가 있다면 그것은 바로 여러분입니다."

서민 출신의 가난한 링컨은 이 선거에서 명문 출신에다 부자였던 더글러스를 물리치고 당당히 대통령에 당선되었다.

소련의 지도자 흐루시초프는 대중 집회에서 다음과 같이 말해서 일동을 웃음바다로 몰아넣었다.

"어느 러시아인이 '흐루시초프는 바보다! 흐루시초프는 바보다!' 하고 소리 지르며, 크렘린 궁전 앞을 지나다가 체포되었습니다. 그 남자는 23년 금고형을 받았습니다. 무슨 죄로 그렇게 무거운 형벌을 받았느냐고요? 3년은 당서기 모욕죄에 대한 것이며, 20년은 국가기밀 누설죄에 대한 것이었습니다."

비행기를 발명한 라이트 형제가 처음으로 시험 비행에 성공해 축하연이 벌어졌을 때이다. 형 윌버가 조용히 일어나더니,

다음과 같이 말했다.

"여러분! 새 중에서 앵무새는 날아다니는 것에 퍽 서툽니다. 잘 나는 새는 말이 없지요. 그러므로 저의 이야기도 이것으로 마칠까 합니다."

순간 폭소와 함께 박수가 터졌다.

리처드 닉슨 대통령이 워터게이트 사건으로 물러나고, 그 후임으로 제럴드 포드가 대통령직을 승계했다. 대통령 취임식장에서 포드는 다음과 같이 말해서 청중을 웃겼다.

"여러분! 저는 포드이지, 링컨이 아닙니다."

대중적인 차인 포드Ford와 대통령이 타는 리무진인 링컨 컨티넨탈Lincoln Continental을 빗댄 유머였다.

영화배우 출신의 로널드 레이건 전 대통령에게 누군가가 공개 발언을 하였다.

"당신은 배우인데도 대통령직을 잘 수행하시는군요."

레이건은 여유 있게 대답하였다.

"그거야 당연하지 않소. 배우이기 때문에 잘할 수밖에 없지요."

1981년 괴한의 암살기도로 가벼운 총상을 입은 레이건 대통령을 병원으로 옮기기 위해 응급차가 급히 달려오고 간호사들이 흘러나오는 피를 지혈하기 위해 레이건의 몸을 만지기 시작했다. 그러자 그 아픈 와중에서도 레이건은 미소를 잃지 않고 간호사들에게 "우리 낸시에게 허락을 받았나?" 묻자, 간호사들은 일제히 "이미 낸시 여사로부터 허락을 받았다"고 응수했다. 간호사들과 피투성이가 된 최고 권력자 레이건의 긴박한 만남은 매우 부담스러울 수밖에 없었을 텐데 레이건은 그와 같은 경직된 분위기를 부드럽게 하기 위해 조크를 던졌던 것이다.

병원에 도착해 수술에 들어가게 되었을 때 공화당 소속인 레이건은 의사가 몇 명 더 있는 것을 둘러보고 이렇게 말했다.

"자네들은 모두 공화당원이겠지?"

정적政敵인 민주당원이면 자르지 않아도 좋을 곳을 마구 잘라 버릴지도 모른다는 농담을 하자 의사도 재치 있게 대답하였다.

"오늘은 저희 모두가 공화당원입니다."

레이건 대통령의 두 번째 4년 임기가 끝날 무렵, 윌리엄스버그에서 정상회담이 개최되었을 때의 일이다.

회의가 끝나고 대통령 기자회견이 있었다. 그가 단상에 오를 때 '펑!' 하는 큰 소리가 나서 또 저격범인가 하고 모두 가슴이 철렁했다. 사실은 장내 어딘가에서 접는 의자가 쓰러지면서 난 소리였는데, 강당처럼 널찍한 곳이었기 때문에 소리가 울려 퍼지면서 총소리처럼 들렸던 것이다. 비명을 지르는 사람도 있었지만, 레이건은 전혀 동요하지 않고 빙그레 웃으면서 말했다.

"총알이 나를 빗나갔군요."

유머 구사력을 향상시켜라

유머는 커뮤니케이션에 활기를 불어넣는 원천이며 하나의 기술이다. 가장 중요하면서도 또한 가장 어려운 기술이고, 상당한 학습을 요구하는 과제이기도 하다.

- 농담을 말하지 마라

대개 100명 가운데 한 명쯤 천부적으로 농담을 잘하는 사람이 있다. 하지만, 그보다 더 많은 사람이 스스로 농담을 잘한다고 생각한다. 따라서 유머가 연설의 보조를 맞추지 못하거나, 스타일에 능숙하지 못하다면, 공식적인 자리에서는 농담을 하지 않도록 한다.

- 이야기나 일화를 말한다

우리는 스스로 상처받기 쉬운 인간이라는 사실을 인정할 때, 즉 스스로 인간적인 코미디의 일부가 될 때, 재미있고 인간적인 사람이 된다. 커뮤니케이션에서 재미있는 이야기나 일화 또는 자신의 반응 등을 얘기할 때, 훨씬 더 많은 것을 얻을 수 있을 것이다.

- 유머는 인간적이어야 한다

대부분의 커뮤니케이션에서 우리가 진정으로 추구하는 것은 코미디가 아니다. 오히려 청중과 개인적인 유대감을 맺고 싶어한다. 그런 유대감은 대개 상대방에 대한 호감에서 만들어진다. 이런 특성은 개성, 개방성, 흥미, 감정, 편안함, 친근함, 자신감, 이타심, 인생을 즐기는 태도 등을 통해 길러진다.

- '개인적인 요소'를 기억하라

우리는 정치 지도자를 뽑을 때, 주로 호감도에 근거한다. 그렇지 않은 사람들은 자신의 의견에 동의하거나, '개인적인 요소'에 근거해서 자신의 처지를 지지하는 사람들에게 투표한다. 이런 요소는 유머나 인간적인 차원에서 대부분 특징지어진다.

- **사람들은 당신의 웃음을 본다**

말을 할 때, 사람들은 당신의 얼굴을 본다. 얼굴에서 가장 지배적인 인상은 웃음이다. 골상학骨相學에서 이렇게 중요한 특징은 우리가 흥분되어 있는지, 열정에 차 있는지, 화가 나 있는지, 심각한지, 때때로 그 사이에 있는 감정인지를 바로 보여준다. 유머 감각은 대개 웃음을 통한 비언어적 특징으로 인지된다. 따라서 자신의 자연스런 웃음 능력을 아는 것은 매우 중요한 일이다.

- **사람들은 유머를 최고로 꼽는다**

청중이 연사의 재기才氣에 빨려드는 열정적인 순간은 메시지를 가장 잘 전달할 수 있는 최적의 시간이다. 유머와 인간화를 동시에 사용할 때, 비로소 우리는 좌뇌와 우뇌 모두에 도달할 수 있다.

22

말의 재치가 웃음을 만든다

유머의 센스는 우리 문화생활의 내용과 성질을 변화시킨다.
— 임어당

엉뚱한 이야기가 웃게 한다

중앙대학교 산업경영대학원 〈최고경영자 스피치리더십 과정〉의 학생 30여 명을 인솔하고, 중국 심양에 있는 요령대학교로 국외연수를 갔을 때 일어났던 이야기다.

연수교육이 끝나는 마지막 날, 학교 측에서 만찬회를 베풀어 주었다. 그 만찬회 석상에서 요령대학교의 총장이 잡지 책 한 권을 들고 일어나 다음과 같이 말하였다.

"국가 기밀을 하나 누설하겠습니다. 이 책에 김양호 박사의 '애인愛人'이 실렸습니다."

그러자 우리 일행은 '무슨 말을 하려고 그러나?' 하고 의아심을 가졌고, 한쪽에서는 "김 박사, 중국을 자주 드나들더니,

스캔들 일으킨 거 아니야?" 하는 말까지 나왔다.

한동안 뜸을 들이던 총장은 책을 펴보이면서 "이 사진 속의 여성이 김양호 박사의 애인 맞지요? 조동춘 박사" 하는 것이 아닌가. 일동은 허를 찔리고 웃었다.

한국에서는 사랑하는 여자를 '애인'이라고 하지만, 중국에서는 아내를 '애인'이라고 한다. 한자로는 '愛人'으로 같이 쓰지만, 두 나라의 말뜻은 서로 다르다는 사실을 이용하여 여성지에 실린 내 아내의 인터뷰 기사를 가지고 좌중을 웃긴 이야기였다.

재치 있는 말이 위기를 웃음으로

'애인' 하니까 생각나는 이야기가 또 하나 있다.

몇 년 전, 베이징에 있는 중앙재경대학교의 초청을 받아, 강연을 하러 갔을 때이다. 강연이 끝나고 그 대학의 교수가 만찬을 열어 주었다. 그 자리에는 10여 명의 교수가 참석하여 화기애애하게 이야기를 주고받으며 술잔이 오갔다.

중국인들은 술을 권하며, 건배에 의미 있는 말을 곁들인다. 몇 잔인가 술이 오고 간 뒤에 술기운이 거나한 나는 미모의 여교수에게 술을 권하며, 농담 삼아 건배에 의미를 부여했다.

"나는 교수님이 마음에 드는데, 우리 애인합시다."

순간 좌중은 찬물을 끼얹은 듯 조용해졌고, 잠시 멈칫하던 여교수는 미소를 지으며 외쳤다.

"우리는 동지! 건배!"

좌중은 모두 손뼉을 치며 웃었다.

나중에 한국과 중국에서 각각 사용하는 '애인'이라는 말의 뜻이 다르다는 설명을 듣고 나는 얼굴이 붉어졌다. 실례도 이만저만한 실례가 아니었다. 그럼에도 불구하고 이국인異國人의 실수를 재치 있게 감싸준 교수에게 감사한다.

우리나라 속담에 '아' 다르고 '어' 다르다는 말이 있듯이 같은 말이라도 나라에 따라, 받아들이는 사람에 따라서 그 의미가 달라진다. 사람은 누구나 자기의 처지나 수준에서 말하기 십상이다. 그러다 보니 실수도 잦고 또 올바른 의사소통이 안 된다.

생략하거나 과장하면 웃음이 나온다

경기도 안성에 있는 농협교육원에 강의를 갔을 때의 이야기다. 그곳은 두 개의 교육원 건물이 있어 가끔 헷갈린다.

정문에 들어서면서 경비에게 물었다.

"강의를 하러 왔는데, 어느 쪽으로 가야 합니까?"

그러자 경비가 대뜸 하는 말.

"돼지입니까? 염소입니까?"

동문서답에 어이가 없어 되물었다.

"이곳에서는 돼지, 염소도 교육을 받습니까?"

경비는 무안한 듯이 설명을 하였다.

"돼지를 기르는 양돈업자와 닭을 기르는 양계업자 그리고 한우, 염소 등 여러 과정이 있는데, 이번에는 돼지와 염소를 기르는 사람들이 교육대상으로 들어와 있습니다."

"아, 그래요? 내가 강의할 대상은 농협의 간부들인 것 같은

데요."

그제야 경비는 내 이름을 묻고, 전화를 하더니 강의실을 알려주었다.

강의실에 들어선 나는 좀 전의 사건 '돼지입니까? 염소입니까?'라고 서두를 꺼내자 박장대소를 하였다.

오래전의 이야기지만 비슷한 사건이 있었다. 고려대학교의 조동필 박사가 살아생전에 동료 교수들과 보신탕집에 가 보신탕을 시켰단다. 주문을 받은 종업원은 주방에다 이렇게 소리쳤다.

"특별 개 하나, 보통 개 둘!"

그 순간 점잖은 교수님들은 개가 되어 버렸다.

말을 지나치게 생략하거나 과장을 하면 듣는 사람에게 착각을 불러일으키기 때문에 웃음이 나오는 법이다. 다람쥐 쳇바퀴 돌듯이, 매일 되풀이되는 일상생활에서 웃음의 유무有無는 큰 차이가 있다.

'소문만복래笑門萬福來'라는 말이 있다. 웃는 집안에 많은 복이 깃든다는 뜻이다. 서양의 격언에도 '미소는 1백만 달러 이상의 가치가 있다. 그러나 그 밑천은 단 1달러도 들지 않는다'라고 하였다.

23 대중을 사로잡은 설득의 S 효과

웅변의 목적은 진실을 말하는 것이 아니라, 상대를 설득하는 데 있다.
— T. B. 매콜리

나치 영화의 세 가지 원칙

요즈음은 스펙터클 영화도 많아졌다. 호화로운 의상과 세트, 대규모의 트릭, 수많은 엑스트라 등을 써서 장대하게 제작한 영화를 스펙터클 영화라고 일컫는다. 설득에도 스펙터클 효과가 있다. 이것을 '설득의 S 효과'라고 한다.

설득의 S 효과는 연극적인 효과를 말한다. 연극을 보듯이, 듣는 이를 하나의 세계로 몰입시키고 감정을 지배하여 그 감정대로 판단하게 하는 것이다. 최면술을 거는 것이 아니다. 이미 아리스토텔레스의 '감정의 법칙'에서 나온 방법이다.

설득의 S 효과를 재빨리 발견하여 효과적으로 이용한 것은 나치 독일의 선전장관이었던 요제프 괴벨스Dr. Paul Joseph

Goebbels(1897~1945)이다. 괴벨스는 히틀러의 연출자였다. 히틀러의 연설이 흥분의 도가니로 돌입할 수 있었던 것은 연출의 힘에 의한 바가 많다.

연설회장에서 스포트라이트를 효과적으로 이용하고 음악, 몸짓, 절규 등을 적절히 배합하는 것은 마치 연극을 연출하는 것과 마찬가지이다. 게다가 연설 내용에는 반드시 적에 대한 공격이 내포되어 있기 때문에 청중들은 흥분하지 않을 수가 없었다.

한편, 괴벨스에게 지도를 받은 독일 영화는 특히 뉴스 영화와 이것을 기초로 한 전쟁 영화에 주력했는데, 거기에는 세 가지 원칙이 있다. 이 세 가지 원칙은 설득술의 설명으로도 매우 훌륭하다.

- 원칙 1: 사실을 자기편으로 삼는다

뉴스는 사실이 아니면 안 된다는 것이다.

모든 장면은 전선에서 실제로 촬영된 것으로 한정되어 있다. 기록을 목적으로 한 전쟁 영화도 역시 이 제한을 받고 있었다. 이 사실주의를 대중에게 이해시키기 위해 전쟁터에서 촬영을 하다가 죽거나 다친 촬영기사의 수는 항상 공표되었다고 한다.

그런데 전쟁터에서 촬영되었다고 해서 모두 사실이냐 하면, 그것은 의문이다. 패배한 전투를 위대한 승리의 기록으로 둔갑시키는 기술은 편집자의 솜씨 여하에 따라 얼마든지 가능하다. 요컨대 '사실다움'을 보증할 테크닉이 여기에 제시되어 있는 것이다. 사실의 매무시를 다듬는 것이 얼마나 설득의 무기가 되는지는 우리의 일상생활에서도 항상 느낄 수 있다.
"저는 분명히 부장과 비서 ○ 양이 함께 있는 것을 보았어요. 불결합니다, 그런 관계! 이제 ○ 양과는 말도 하지 맙시다."
이런 말을 들으면, 마치 그것이 사실에 입각한 설득 같아서 바로 믿어 버린다. 소문에 말려들게 된 ○ 양은 부정하기가 거의 불가능할 것이다.

사실을 자기편으로 삼는 것이 강한 설득력이 있다.

반대로 ○ 양의 처지에 한번 서보자.

"저는 절대로 그런 적이 없어요. 저를 믿어 줘요. 아무 근거도 없는 말을 퍼뜨리다니 너무하지 않아요?"
아무리 큰 소리로 부정을 해 보았자 효과는 전혀 없다.

'저렇게 말하는 걸 보면 역시 수상해.'

오히려 의심만 증폭될 뿐이다. 알리바이가 문제이다. 알리바이만 성립되면 목격했다는 사람의 눈이 얼마나 불확실한가를 모든 기회에 입증할 수 있다. 우선, '사실로써 싸운다' 라는 지혜가 필요하다.

"저와 그 사람 중 어느 쪽을 인간적으로 신용할 수 있어요?"
이런 식의 말을 해서는 안 된다. '설득의 S 효과' 의 조건은 듣는 이를 참가시킬 수 있는가, 없는가에 달렸다. 분노는 말하는 이의 분노가 아니라 듣는 이의 분노로, 적은 말하는 이의 적이 아니라 듣는 이의 적인 것처럼 생각하게 하는 것이다. 듣는 이가 많을 때 더 강한 효과를 낳는 것은, 듣는 이끼리 서로 영향을 주어 분노나 원망을 증폭하기 때문이다.

• 원칙 2: 같은 이야기를 반복해서 하라

뉴스 영화는 시간상으로 길수록 좋다.
히틀러 시대의 독일 뉴스는 40분을 넘기는 예도 드물지 않았다. 이것은 똑같은 이야기를 반복하는 것과 같은 효과가 있었다. 히틀러가 '거짓말도 백번을 반복하면 진실이 된다'라고 말했다는 설이 있는데, 확실히 이것은 정곡을 찌른다.
"너무나 끈질기게 결혼을 하자고 따라다니며 졸라대는 바람에, 귀찮아서 그 사람과 결혼해 버렸어요."
이렇게 말하는 여성이 간혹 있다. 이 여성은 프러포즈를 끈질기게 받아 설득당해 버렸던 것이다. 쫓아다닌 쪽도 서투른 총솜씨로 수없이 쏘아대어 겨우 한 발을 적중시키듯, 인내심이 무척 강한 사람이었을 것이다.
똑같은 것을 몇 번이고 듣게 되면 마치 그것이 사실인 듯한, 자신의 사상이나 감정에 꼭 맞는 듯한 착각이 든다. 현대의 텔레비전이 하고 있는 일을 괴벨스는 이미 실행했던 것이다.

• 원칙 3: 이야기에 속도감을 넣는다

속도와 더불어 동시성이 있어야 한다.
나치 영화는 전선에서 비행기로 필름을 운반하여, 라디오의 전선 뉴스와 때맞춰 극장에서 공개되었다고 한다. 사실에 동시성이 없으면 효과는 반감된다.
"이제 막 얼핏 들었는데, 과장 부인이 입원했다는데……."
이러한 이야기는 긴박감이 있다.
"2주일 전에, 과장 부인이 입원했다는데……."
이 경우는 똑같은 사실, 즉 '과장 부인이 입원했다'라는 것을 말하더라도 매우 여유가 있는 듯하다.

앞의 이야기를 들으면 "큰일이군. 당장 병문안을 가야겠는데…"가 되지만, 나중과 같은 화법으로 말하면 "그럼, 그동안 병문안이라도 다녀왔으면 좋았을 텐데…"가 된다.

나치 영화의 원칙은 지금도 살아 있다

'인간이 어떤 감정에 끌리게 되는 것은 군중 속에 자기의 표정이 비쳤을 때이다.'

나치 영화의 원칙은 지금도 살아 있다.

예컨대, 텔레비전 토크쇼나 공개강좌에는 예외 없이 분위기를 잡아 주는 방청객이 자리한다. 방청객은 진행자의 이야기에는 타이밍에 잘 맞게 고개를 끄떡이고, 슬픈 장면에서는 손수건을 꺼내 눈시울을 닦으며, 우스운 대목에서는 잇몸을 드러내고 웃는다.

텔레비전 방송의 연출자는 그 배경에 있는 군중의 표정을 효과적으로 보여줌으로써 시청자가 어느새 자기도 똑같은 감정을 공유하고 있는 듯한 착각에 빠뜨리게 한다. '군중 속에 자기의 표정이 비친다'라는 말의 예가 바로 그것이다.

또 연극에서 매우 슬픈 장면이 있다고 하자. 주연배우가 아무리 슬픈 대사를 구슬프게 읊어 봤자 혼자만의 연기로는 큰 효과가 나지 않는다. 주연배우가 슬픈 대사를 말할 때 다른 배우가 거든다.

"가엾어라. 오죽하겠어. 괴로울 거야."

과장해서 우는 것이 관객의 눈물을 유발시킨다. 무대 위의 배우에게 관객은 자기의 감정을 맡기게 되어 훨씬 순수하게 울기 십상인 것이다.

24

신화를 창조한 래리 윌슨

모든 고객, 심지어 거절한 고객에게까지도 고마워하는 마음, 감사의 표현을 해라.
— 래리 윌슨

재고인가, 쓰레기인가?

내가 신화적인 세일즈맨 래리 윌슨을 만난 것은 1984년 봄, 일본 도쿄에서였다. 래리 윌슨의 저서 《1분간 세일즈맨》이 일본어로 번역 출판된 기념으로, 저자를 초청하여 영업에 관한 특별 강연회를 개최하고 있었다.

강연장에는 대기업 영업 간부 50여 명쯤이 기대와 호기심으로 미국인 강사를 기다리고 있었다.

정시가 되자 활기차게 연단에 나온 래리 윌슨은 칠판에다 다음과 같이 쓰면서 물었다.

'생산-판매=?'

그러자 한결같이 '재고'라는 대답이 나왔다. 그러나 래리 윌슨은 ×표를 치고, 의미 있는 미소를 지으며 다음과 같이 정답을 썼다.

'생산-판매=쓰레기'

나는 그 이야기가 충격적으로 다가왔다. '재고'라는 개념과 '쓰레기'라는 개념을 갖고 일하는 사람은 우선 그 자세부터가 다르기 때문이다.

생산해서 판매가 이루어지지 않을 때 재고가 남는다고 생각하면 정신자세가 느슨해진다. 오늘 못 팔면 내일 팔아도 되고, 이달에 못 팔면 다음 달에 팔아도 되기 때문이다. 그러나 쓰레기밖에 남지 않는다고 생각하면 죽기 아니면 살기로 팔아야 한다. 어떤 일이든 마찬가지겠지만 특히 세일즈는 전력투구를 하지 않으면 안 된다.

래리 윌슨은 미네소타대학교를 졸업하고 1년 동안 고등학교에서 교편을 잡았다. 그때의 월수입은 200달러였다. 그러나 아무리 아껴도 지출은 210달러로 매달 10달러씩 적자가 누적되었다.

게다가 처음에는 열정적으로 학생들을 가르쳤지만, 점차 가르치는 것에 회의를 느끼게 되고 싫증도 났다. 더욱 큰 문제는 학생들도 싫증을 낸다는 사실이었다. 그래서 고민을 하며 일거리를 찾고 있던 어느 날, 삼촌이 보험영업을 해보지 않겠느냐고 권유하였다.

'선생님인 나더러 보험 세일즈맨이 되란 말인가? 난 판매는 못 해. 내 적성에는 안 맞아.'

마음속에서 즉시 거부감이 일어났다.

그런데 삼촌의 다음 말이 그의 마음을 솔깃하게 만들었다.

"월 400달러는 보장될 걸세."

최소한 한 달에 10달러 이상은 더 벌어야만 하는 다급한 상황인데 400달러라니, 현재 보수의 두 배가 아닌가? 정신이 번쩍 났다. 그는 용기를 내어 학교에 사표를 내고 보험 세일즈맨으로 직업을 바꾼다. 그리고 소정의 교육을 받고 나자 어느 정도 자신이 생겼다.

보험은 누구에게나 필요한 사회보장 제도이며, 주변에 친구들도 많으니 잘될 것만 같았다. 처음에는 아는 사람들이 보험 가입을 해주어 그런대로 체면 유지를 할 수가 있었고, 월 400달러 이상의 수입도 올릴 수가 있었다.

용기를 북돋아 준 한 권의 책

그런데 문제가 발생하기 시작하였다. 아는 사람에게는 거의 다 팔아 이제는 사줄 사람도 바닥난 판인데, 회사에서는 '잘한다'라고 칭찬을 하면서 매달 판매 목표를 높여 주는 것이 아닌가? 할 수 없이 아는 사람을 찾아다니면서 강매強賣를 하게 된다. 그러한 소문이 퍼지자, 래리 윌슨은 주위 사람들로부터 따돌림을 받게 되었고, 이에 회의를 느낀 나머지 그는 사표를 내려고 결심하기에 이른다.

그때 높은 판매실적을 보이고 있는 선배가 그의 심정을 이해하고 오스트리아의 정신병리학자 빅토르 프랑클 박사가 쓴 《삶의 의미를 찾아서 Man's Search for meaning》라는 책을 주었다.

이 책은 제2차 세계대전 중 나치 수용소 안에서 수백만 명이 총살당하거나 가스실에서 질식사당하거나 생매장을 당하는 등 이루 말할 수 없는 극한상황 속에서도 끝까지 살아남은 인생 승리자들에게 초점을 맞춘, 프랑클 박사가 수용소에서 직접 경험한 내용이 담겨 있었다. 이 책을 감명 깊게 읽고 난 래리 윌슨은 용기가 생겼다.

'이렇게 생지옥과 같은 곳에서도 자신의 삶을 다하기 위해서 죽음보다 더 지독한 고통까지 이겨냈는데, 내가 이 난관을 극복하지 못하고 중도에서 포기한대서야 하겠는가?'

심기일전한 그는 '처음에는 그런대로 수월하게 잘되던 판매가 지금은 왜 애를 써도 안 되는 것일까?' 하고 곰곰이 생각해 보았다.

최고의 세일즈맨이 된 비결

일이 잘될 때는 반드시 그만한 이유가 있고, 일이 안 될 때는 또 그만한 이유가 있다. 래리 윌슨은 두 가지 중요한 사항을 발견했다. 하나는 처음에는 손님에게 부담을 주지 않았는데, 지금은 강제로 떠맡기듯이 팔고 있다는 사실이었다. 또 하나는 만나는 사람마다 다 사는 것이 아니라 스무 명을 만나면 겨우 한 명 정도만 계약했다는 사실이다.

그 당시에 한 건을 계약해 오면 100달러의 수당이 래리 윌슨에게 떨어졌다. 그래서 그는 '한 건만 하면 100달러를 번다' 라는 단순한 생각으로 손님한테 접근했다. 그리고 거절을 당하면 '100달러가 날아갔다' 라는 섭섭한 마음을 가졌다. 그 마음이 손님들한테 느낌으로 전달되어 세일즈도 인간관계도 실패하게 하였고, 거절을 당하면 당할수록 의욕이 떨어졌던 것이다.

여기에서 그는 깨달은 것이 있다.

"스무 명의 손님을 만나야 한 건이 계약되고, 한 건을 계약했을 때 100달러의 수당이 돌아온다면, 한 건에 100달러가 아니라 스무 명에 100달러가 아닌가? 그렇다면 100달러 나누기 스무 명하면 한 사람당 평균 5달러이다. 사지 않은 손님도 이미 5달러를 벌어 준 셈이다."

이 사실을 발견한 래리는 세일즈맨으로서의 태도를 180도 확 바꾸었다.

살 만한 사람을 찾아가 상품 내용을 설명했는데도 거절당할 때 섭섭하게 생각하지 않고, 진심으로 '고마워요, 5달러' 하고 감사하는 마음을 갖기 시작했다.

이렇게 긍정적으로 생각하고, 거절당한 모든 사람에게 고마워하는 마음으로 감사표현을 하자, 그의 판매실적은 기하급수적으로 높아져 5년 만에 최고의 세일즈맨으로 신화창조를 하였다.

래리의 나이 29세에 세일즈맨 원탁회의에서 최연소자로 종신회원이 되었으며, 세계에서 손꼽힌 기업의 영업사원들을 연간 30만 명 이상 교육하는 윌슨 러닝 사를 설립하여 회장이 된다.

25

설득의 기술

> 세일즈맨을 발전시키는 가장 큰 요소는 커뮤니케이션의 능력이다.
> — 하버드 비즈니스 리뷰

네가 움직이지 않으면 내가 움직인다

이슬람교의 창시자 마호메트가 어느 날 신도들 앞에서 대언장담大言壯談을 하였다.

"저 산을 움직이게 하겠다."

신도들은 마호메트가 전지전능한 신통력을 발휘하여 산을 움직일 것이라고 믿었다.

"산아, 이리 오너라!"

그러나 육중한 산은 꿈쩍도 하지 않았다. 그때 마호메트는 산을 향하여 스스로 발걸음을 옮기면서 말했다.

"산이 움직이지 않는다면 내가 움직여야지."

설득도 마찬가지이다. 자신은 움직이지 않고 상대가 자기 품

181

속으로 들어오기를 바라는 '근성' 때문에 사람들은 인간관계에 실패한다.

특히 영업사원들이 세일즈를 할 때 '고객은 곧 산'이라는 사실을 명심해야 한다.

사람은 크게 '움직여지는 사람'과 '움직이는 사람'으로 나눌 수 있다. 움직여지는 사람은 의지가 약하고 남의 도움만을 받으려 하는 자포자기 인생을 살아가기 쉽다. 반면에 움직이는 사람은 모든 일에 능동적이고 창의적이다. 이런 유형의 사람은 상대를 끌어당기는 힘을 가지고 있다.

적극적인 자세로 크게 성공한 미국의 세일즈맨 클레멘트 스톤의 첫 판매 경험은 여섯 살 때이다.

당시 스톤은 시카고의 한 식당에서 신문을 팔려고 들어섰다가 주인에게 쫓겨났다. 그러나 어린 스톤의 집념은 대단해서 몰래 들어가 팔다가 쫓겨나고 또 들어가 팔다가 쫓겨나는 등 주인과 실랑이를 거듭했다. 이 광경을 재미있게 지켜보며 소년의 강렬한 집념을 높이 산 손님들의 열띤 호응으로 가져간 신문을 모두 팔고 나왔다. 그 후 스톤은 세일즈에 대한 어려움이 생길 때마다 여섯 살 때의 경험을 되살려 다음과 같이 자신에게 타일렀다.

"밑져야 본전이다. 만약 성공하면 이익을 본다. 두려워 말고 고객을 만나라! 그리고 상냥하고 부드럽게, 그러나 떳떳한 자세로 판매하라!"

산이 움직이기를 바라는 사람처럼 어리석은 자도 없다. 협력을 얻기 위해서는 상대를 산으로 보아야 하며, 산이 움직이지 아니하니 내가 적극적으로 움직여야 한다.

잘 파는 사람과 못 파는 사람

고객이 산이라면 당신은 어떻게 할 것인가? 먼저 산을 정복하려는 의지(정신자세)와 산에 적응하기 위한 행동지침(판매기술)을 터득해야 한다.

우리 사무실에는 행상인들이 자주 드나든다. 그런데 재미있는 것은 열 명 중 아홉 명가량은 사무실 문 앞에서 노크하면서 엉거주춤한 자세에 겁먹은 표정으로 말한다.

"○○ 사세요."

"안 사요!"

한마디의 거절에 행상인은 "실례했습니다" 하고 죄지은 사람처럼 꽁무니를 뺀다. 저래 가지고서야 물건을 팔 수 있을까? 매번 그런 생각이 든다.

그런데 개중에는 아주 당당한 태도로 나오는 상인도 있다. 언젠가 열일곱쯤 되어 보이는 소녀가 노크를 하고 들어와서는 밝은 미소에 상냥한 목소리로 말했다.

"고기만두 좀 잡숴 보세요. 참 맛있어요. 방금 쪄 와서 따끈따끈해요."

"안 먹어요!"

한 직원이 무뚝뚝하게 거절을 하자, 소녀는 얼른 그 직원의 책상 위에 고기만두 하나를 갖다 놓더니 눈을 똑바로 뜨고 말했다.

"하나 공짜로 드릴 테니 팔게 해주세요."

그러고는 뒤도 돌아보지 않고 다른 사람들의 책상 위에도 하나씩 갖다 놓으며 자신감 넘치는 태도로 말했다.

"잡숴 보세요. 맛없으면 돈 안 받을게요."

몇 마디 농담이 오간 뒤에 여덟 개를 팔고는 "고맙습니다" 하고 깍듯이 인사를 하고 나갔다.

잘 파는 사람은 판다는 긍정적인 생각으로 적극적으로 접근하며, 못 파는 사람은 못 팔 거라는 부정적인 생각으로 소극적으로 접근한다.

판매 설득의 방법

판매의 갈림길은 상품의 질이 아니라, 마음가짐과 설득력의 차이에서 생기는 것이다. 더구나 같은 상품이면 '꼭 팔고야 말겠다!' 라는 세일즈맨의 마음가짐과 떳떳한 자세가 세일즈를 좌우한다.

- **구매 욕구를 자극하라**

사람은 누구나 좋은 상품을 보면 '갖고 싶다' 라는 구매욕구가 일어나게 마련이다. 그런데 왜 사지 않을까? 그것은 구매욕구와 동시에 한쪽으로는 '돈을 내야만 한다' 라는 지출의 고민이 생기기 때문이다.

특히 지출의 고민과 구매욕구가 팽팽하게 손님의 마음속에서 갈등을 일으킬 때, 즉 손님이 '살까, 말까?' 하고 망설일 때가 설득할 좋은 기회이다. 손님이 망설일 때 세일즈맨은 상품의 좋은 점과 효용가치를 자극해야 한다.

- **'어떻게' 라고 하지 말고 '어느 것이냐?' 라고 물어라**

설득의 심리학에서 말하는 도리에 맞도록 설득하는 일이다.

"사시겠어요, 안 사시겠어요?" 즉 "어떻게 하겠느냐?"라고 물으면 상대는 한마디로 "아니오" 하게 마련이다. 그러나 "빨간색이 좋을까요, 파란색이 좋을까요?" "이달부터 보시겠어요, 다음 달부터 보시겠어요?" "지옥이냐, 천국이냐?" 등 두 가지 중에 어느 것을 선택하겠느냐고 물으면 상대는 말의 올가미에 걸려들기 십상이다.

- 긍정적으로 질문하라

우리나라 사람은 부정적인 표현을 잘한다. 흔히 "안 계십니까?" "서울역 안 가요?" "영화구경 안 갈래요?" "신문 안 보시겠습니까?" 등. 그러나 그 효과는 어떠한가? 부정에는 부정, 긍정에는 긍정의 법칙이 있듯이 일반적으로 "안 하겠느냐?"라고 물으면 "안 하겠다"라는 대답이 나오고, "하겠느냐?"라고 물으면 "하겠다"라는 답이 나오기 쉽다.

- '네, 그러나'의 화법을 사용하라

모든 언쟁은 자신의 주장만을 내세우는데서 벌어진다. 일방적인 자기표현은 대화의 단절을 가져온다. 따라서 상대의 처지나 주장을 일단 "네"하고 긍정한 뒤에 "그러나~"하면서 자신의 주장을 이야기하면 상대도 이쪽의 말에 귀를 기울이는 법이다.

"요즘 신문이 뭐 볼 게 있어야지. 그 내용이 그 내용인걸……"

"네, 하긴 그렇지요. 특히 정치면은 다들 똑같다고 그래요. 그러나 문화면이 볼 게 있대요. 저희 신문은……"

상대를 인정하고 자기를 주장하는 것이 설득의 기본이다.

- '허니문 카의 원리'를 이용하라

유원지의 허니문 카는 손님을 태우고 유원지 전체를 도는 차를 말한다. 그런데 허니문 카를 한 번 탔던 손님은 두 번 다시 안 타는 것이 아니라 곧바로 또 타고 싶어한다는 것이다. 자동차를 1만 3천여 대를 팔아서 최고의 자동차 세일즈맨이 된 조 지라드는 허니문 카 방식을 응용한 세일즈로 크게 성공하였다. 자동차의 경우도 한 번 샀다고 영원히 안 사는 것이 아니라 일정 기간이 지나면 다시 새 차를 산다는 믿음을 가졌던 지라드는 지속적으로 자신이 고객에게 자필로 쓴 안부 편지를 보내어 큰 성과를 얻은 것이다.

그 외 다른 분야도 마찬가지여서 설득은 상대에게 지속적으로 관심을 쏟는데 좌우된다.

26 당신의 대화는 어떠한가?

대화의 목적은 가르치고, 배우며, 그리고 즐기게 하는 것이다.
— 벤저민 프랭클린

직원의 사기를 올리는 상사의 말

직장은 공동의 목표를 실현하기 위하여 협력하는 곳이다. 따라서 직장생활의 성패는 인간관계에 의해서 좌우되며, 인간관계는 대화로 시작해서 대화로 끝난다고 해도 과언이 아니다.

그런데 대화 요령을 잘 몰라서 남에게 상처를 주고, 자신에게도 손해를 보는 사람이 우리 주위에는 너무나 많다. 특히 권한을 가진 상사의 말은 자칫 폭력이 되기 쉽다.

박 과장은 '본부장에게 프레젠테이션을 할 자료를 준비하라'라고 임 대리에게 지시했다. 닷새 전에 오늘 오전까지 갖다 놓으라고 했는데, 오후 세 시가 넘어서도 자료 준비가 안 된 것이었다. 박 과장은 초조했다.

이윽고 퇴근 시간이 가까워서야 임 대리가 자료를 가져왔다.
"과장님, 다 되었습니다."
"다 되었어?"
급히 자료를 받아 본 박 과장은 허점을 발견하고 화를 벌컥 내며 소리친다.
"야! 이것도 일이라고 했어? 이따위로 하면서 시간만 질질 끌어! 한심한 인간 같으니라고."
순간 임 대리는 분한 마음이 울컥 치밀었다.
'망할 자식! 그러면 네가 하면 될 거 아니냐?'
차마 입 밖으로 내뱉지는 못하지만 억울하고 창피하다. 닷새 동안 밤잠을 설쳐 가면서 작성했는데, '수고했다' 라는 말 한마디 없이 오히려 봉변만 당하고 나니 회사마저 그만두고 싶은 심정이다.
박 과장이 좀 더 지혜로운 상사였더라면 어떻게 말했을까?
"수고했네. 밤잠도 제대로 못 잤지? 디자인도 좋고 글자 배열도 잘되었구먼."
먼저 칭찬을 하고, 문제점을 부드럽게 지적한다.
"여보게, 이건 뭔가? 잘못된 것 같네."
"죄송합니다. 거기까지는 미처 생각하지 못했습니다."
뜻하지 않은 실수를 지적받은 부하 직원은 쥐구멍에라도 들어가고 싶은 심정일 것이다.
"본부장께서 오늘 꼭 프레젠테이션을 하라고 하셨지만, 내일 아침까지 유보해 보겠네. 이 부분을 보충해서 아침 아홉 시까지 갖다주겠나?"

"네, 해보겠습니다."

자신의 실수를 만회할 기회를 얻은 부하에게 상사는 어깨를 두드리며 한마디 격려의 말을 덧붙인다.

"수고하게. 자네만 믿겠네!"

이런 대화는 닷새 동안 밤잠을 설친 임 대리였지만, 기꺼운 마음으로 더욱 분발해서 일하게 할 것이다.

직장 내 언어의 기본은 '가벼운 존댓말'

요즈음 많은 기업에서 한탄하는 소리가 들린다.

"십여 년 전에 비해서 임금은 엄청나게 높아졌는데, 생산성은 오히려 떨어지고 있으니 큰일이야."

이런 생각을 하는 경영자나 관리자가 있다면 반드시 명심해야 할 실험 결과가 있다. 너무나도 잘 알려진 '호손 실험'이다. 이 실험은 '인간은 어떤 때에 의욕을 일으키는가?'에 관한 연구였다.

그 결과는 노동 조건, 즉 작업 환경의 개선과 임금 인상도 중요하지만 '인간으로서 존중받았다' 라는 기쁨이 가장 강한 의욕을 불러일으킨다는 사실이다.

그렇다면 인간존중은 무엇으로 하는가? 그 방법은 여러 가지이겠지만 역시 그 대표격은 말이다.

말 한마디 잘하면 기분이 좋아지고, 사랑이 싹트며, 존경하고 싶고, 일할 의욕이 생기고, 구경하러 갔다가도 물건을 사게 되지 않던가? 반대로 말 한마디 잘못하면 기분이 나빠지고, 사랑도 깨지며, 일하려고 하다가도 딴 짓을 하고, 샀던 물건도 물린다. 말이야말로 인간관계를 좌우하며, 특히 비즈니스에서는 성패의 관건이 된다.

그래서 직장인의 필수 조건이 화술인데, 고도의 테크닉은 익히지 못하더라도 존댓말만큼은 꼭 사용해야 한다.

존댓말은 신분의 상하가 까다로웠던 옛날에는 아랫사람이 윗사람을 공경하여 높이는 말로서, 사용하는데 엄중한 규정이 있었다. 그러나 현대사회에서는 신분의 상하 관계가 사라지고 각각의 인간이 대등한 관계에 있다. 그렇다고 대등하니까 친구에게나 하는 말을 누구에게나 사용해도 좋다는 얘기가 아니다. 인간으로서는 대등하다고 해도 연령이나 직위 등 여러모로 차이가 있다. 그 차이를 메우는 표현의 말이 바로 존댓말이다.

김 대리는 아침부터 매우 불쾌했다. 왜냐하면 아침에 현장에 나갔다가 현장 감독한테 반말을 들었기 때문이다.

"이봐! 물러서! 뒤로 물러나!"

나이가 젊어 보이는 김 대리를 대학생쯤으로 오해했을까.

어쨌든 아주 위험한 상황이었다면 그런대로 이해가 간다. 그러나 위급한 상황이 아닌데도 처음 보는 상대한테 반말을 들었으니, 기분이 몹시 나쁘다.

"뒤로 물러나 주십시오"라고까지는 하지 않더라도 "뒤로 물러나시오"라고 할 수는 없었을까?

어느 사무실에서 일어난 웃지 못할 또 다른 사례이다.

"밝고 상냥하게 인사하자!"라는 교육을 받은 신입 여사원이 자기 큰오빠처럼 자애로워 보이는 대리에게 아침 인사를 했다.

"대리님, 안녕!"

그런데 어인 일인가? 항상 밝고 상냥했던 대리의 표정이 순간 굳어져 버렸다.

어리둥절하기만 했던 신입 사원은 선배로부터 주의를 받고 나서야 자신의 인사말이 잘못되었다는 것을 깨닫게 되었다.

매일 직장에서 만나는 사람에게 기본이 되는 언어는 가벼운 존댓말이다. 나이나 지위의 고하, 성별에 관계없이 '가벼운 존댓말'을 사용하는 것이 언어생활의 기본예절이다.

호감을 주고받는 대화의 방법

애인이든 부부이든 회사의 동료이든, 서로 항상 관심을 두고 자신을 알아주었으면 하는 마음은 누구에게나 있다. 특히 인간은 자기중심으로 생각하는 경향이 강하다.

그럼 상대에게서 호감 받는 대화의 방법은 무엇일까?

- **상대에게 따뜻한 관심을 둬야 한다**

직장 동료인 여직원으로부터 "그 넥타이 참 멋진데요" "취미가 고상하신데요"라는 관심 어린 말을 듣고 기뻐하지 않을 남자는 없으리라.

"안녕. 엇! 머리를 잘랐군요. 잘 어울려요."

"거짓말 말아요. 얼굴이 더 동그랗게 보인다는데 어울린다고요?"

앵 돌아선 태도로 말을 해도 속으로는 기뻐하는 것이 여자의 마음이다.

"축하합니다. 기쁜 생일을……."

생일을 기억했다가 축하의 말을 전하면, 받는 이가 얼마나 기뻐하겠는가.

• 상대의 가치를 인정해 주는 말을 한다

인간은 누구나 주위 사람들로부터 인정받기를 원한다. 최근 기업에서 이직하는 젊은이가 많은데, 그 원인의 하나가 '아무도 자기를 인정해 주지 않는다' 라는 데 있다고 한다.

유능한 관리자는 아래 직원의 장점을 인정하고 그가 지니고 있는 능력을 충분히 발휘시킨다.

"이 일은 자네가 아니면 안 되네. 자네가 적임자이기 때문에 믿고 맡기는 거야. 부탁하네."

이 말에 부하는 의욕을 불태우고 노력을 아끼지 않는다.

• 상대의 말을 잘 듣는 사람이 되어야 한다

아무리 말을 잘해도 수다쟁이는 환영받지 못한다. 당신의 주위에 이런 사람은 없는가?

'저 사람만 들어오면 혼자서 계속 떠들어대기 때문에 좌흥이 깨져 버린다' 라는 왠지 경원敬遠하고 싶은 사람, '남의 이야기는 듣지 않고 자신만 득의양양하게 지껄이는' 제멋대로인 사람, 이런 사람은 미움을 받기 쉽다.

• 넷째, 항상 밝은 마음과 밝은 표정으로 사람을 대해야 한다

세상의 모든 일을 밝은 마음으로 보고, 밝은 표정으로 긍정적인 말을 하는 사람이 환영받는다. 마음의 문을 활짝 열고 정겨운 대화를 나누도록 하자.

27 직장인의 예절과 자세

예의 바른 행동, 그것은 고귀한 성품의 최종적인 완성의 꽃이다.
— W. 윈터

'보는 사람'과 '보이는 사람'은 다르다

세상에는 보는 사람과 보이는 사람이 있다. 언뜻 생각하면 비슷한 말 같지만 그 역할이나 평가는 판이하다.

예를 들어 돈을 내고 극장에 들어간 관객이 입을 벌리고 잠을 자든, 열심히 관람을 하든, 어떤 짓을 해도 그것이 타인에게 잘못을 하지 않는 한 아무도 상관하지 않는다. 보일 만한 가치가 없기 때문이다. 이것이 보는 사람이다.

그러나 보이는 사람은 주위 사람을 의식해야 하며, 반드시 지켜야 할 규칙이 있다. 가령 무대의 주역인 배우가 웃는 역할을 맡고서도, 자기의 마음이 울적하다고 해서 운다면 어떻게 될까? 관객들은 엉터리 취급을 할 것이다.

직장생활도 마찬가지이다. 당신은 지금, 당신이 다니고 있는 회사라는 무대에서 배역을 맡은 배우이다. 비록 주연급 배역은 아닐지라도 말이다. 직장생활은 팀워크이다.

텔레비전 쇼를 보면 가수의 주위에는 많은 사람이 애쓰는 모습을 발견할 수 있을 것이다. 우선 얼굴도 제대로 안 비춰 주고 이름도 내주지 않지만 열심히 몸을 흔들고 있는 무용수들이 등장한다. 합창단원들도 있고, 악단도 있다. 그런가 하면 화면에서는 볼 수 없지만, 무대장치를 하는 사람, 조명을 비추는 사람, 연출가, 엔지니어 등등 실로 많은 사람이 심혈을 기울여 협동 작업을 한다. 이때 만약 '난 이름도 안 나가는데 열심히 할 필요가 없잖아' 하고 무용수가 열심히 춤추지 않는다거나, 합창단원이 자기만을 내세우려고 큰 소리로 독창을 한다면 어떻게 될까? 또 악단이 제멋대로 소리를 낸다면 그야말로 쇼가 아니라 난장판이 되고 말 것이다.

그렇다면 인간관계의 기본은 무엇일까? 예절이다. 영어로는 매너manner라고 하며, 프랑스어로는 에티켓etiquette이라고 하여, 사람을 평가하는 한 척도로 삼고 있다. 따라서 예절을 지키지 않으면 평가절하되기 쉬우며, 직장생활의 팀워크를 깨트리기 십상이다.

이 장에서는 자신을 인정받고 팀워크를 유지하기 위한 직장인의 예절 3원칙에 대해서 알아보자.

- 질서를 지켜야 한다

윗사람을 존경하며 아랫사람을 사랑하는 마음으로 위계질서를 지켜야 한다. 자신의 자리를 지키고, 월권 하거나 이탈하지 말아야 한다. 특히 인사성이 밝아야 함은 물론이다.

• 신호를 지켜야 한다

신호를 무시하고 달리는 자동차가 사고를 내듯이, 직장생활에도 빨간 신호, 파란 신호, 노란 신호가 있다. 조직의 상층부에서 조성한 직장분위기에 적응해야만 된다.

• 거리를 지켜야 한다

자동차와 자동차 사이의 안전거리가 있는 것처럼 직장에서도 상하 동료 사이에도 일정한 거리가 있다. 너무 가까워도 충돌하기 쉽고, 너무 멀어도 조직의 흐름에 방해가 된다.

'나' 보다는 '우리' 라는 말을 사용하라

인도의 어느 마을에 마짬바라는 사냥꾼이 살고 있었다. 어느 해인가 마짬바가 사는 마을에 기근이 들자, 온 마을은 식량난에 허덕이게 되었다.

그러던 어느 날, 마짬바가 숲 속에서 사투死鬪를 벌인 끝에 코끼리 한 마리를 잡았다. 혼자 힘으로는 도저히 운반할 수 없는 엄청나게 큰 코끼리였다. 그래서 마을로 내려와 사람들에게 소리쳤다.

"여러분! 내가 코끼리를 잡았어요. 아주 큰놈이에요. 코끼리를 운반하는데 좀 도와주시오."

그 말을 들은 마을 사람들은 너도나도 앞다투어 코끼리 운반에 나섰다.

"영차, 영차! 우리 코끼리, 우리 코끼리……."

마을 사람들은 신나게 코끼리를 운반하면서 '우리 코끼리'라고 외치는 것이었다. 마짬바가 가만히 들어보니 바야흐로 소유권所有權이 달라지는 것이 아닌가. 그래서 소리를 빽 질렀다.

"뭐, 우리 코끼리? 이건 내 코끼리야. 마짬바 코끼리라고!"

그러자 이제껏 열심히 운반하던 사람들이 갑자기 코끼리를 내려놓고 맥 빠진 목소리로 말했다.

"그래, 이건 분명히 네가 잡은 코끼리지. 그런데 우리가 왜 이렇게 땀 흘리며 이 야단이냐?"

그러고는 모두가 뒤로 물러서 팔짱을 끼고 방관자가 되었다.

"좋아! 의리 없는 놈들 같으니라고. 네놈들이 운반을 안 해주면 나 혼자라도 하겠어. 내가 이걸 잡느라고 얼마나 죽을 고생을 했는데."

화가 난 마짬바가 있는 힘을 다해서 끌어 보았지만, 워낙 큰 코끼리인지라 꿈쩍도 하지 않았다. 순간 마짬바는 깨닫게 되었다.

'아하, 뭔가 상대에게도 이익이 생기고, 나에게도 이익이 있어야지. 나 혼자서만 코끼리를 챙기려고 했으니…….'

그래서 다음과 같이 소리쳤다.

"야! 우리 코끼리야, 우리 코끼리라고. 좀 도와줘!"

마을 사람들은 다시 열심히 코끼리를 마을로 옮겼고, 코끼리를 공동분배해서 그 기근을 잘 넘겼다고 한다.

'나'라는 말은 이기주의 이해타산으로 대립 관계가 형성되지만, '우리'라는 말에는 협력 관계, 연대의식이 형성된다. 나보다는 우리라는 생각을 하고, 될 수 있으면 '나'라는 말 대신에 '우리'라는 말을 사용하도록 노력해야 한다. 현대는 상호이익相互利益의 교차시대이다.

교양인이 갖춰야 할 구용과 구사

동서양을 막론하고 각 나라에는 교양인을 만들기 위한 학습서가 있다. 서양에는 '신사紳士'라는 교양인을 만들기 위한 에티켓 또는 매너라는 교본이 있듯이, 동양에는 서양보다 일찍이 '군자君子'라는 교양인을 만들기 위한 수양서가 있었다.

우리나라에도 400여 년 전에 간행된 교과서가 있으니, 바로 율곡 이이李珥 선생이 저술한 《격몽요결擊蒙要訣》이다. 이 책은 1577년에 간행되어 인조 때 왕명으로 반포되었고, 각도의 향교에 비치하도록 하여 교과서로 널리 쓰이게 되었다.

《격몽요결》세 번째 지신持身편에 구용九容과 구사九思가 나온다. 구용이란 대인 관계에서 몸가짐에 관한 아홉 가지 지침이고, 구사란 일상생활에서 생각에 관한 아홉 가지 지침인데, 구용은 공자의 《예기禮記》, 구사는 《논어論語》에서 인용하였다.

• 구용九容

율곡은 자기의 몸과 마음을 가다듬고 수습하는 데 있어서 구용九容보다 더 중요한 것이 없다고 했다.

(1) 족용중足容重: 발은 무겁게 움직여라!

이것은 경솔하게 움직이지 말라는 것이다. 그러나 어른의 부름을 받거나 명을 수행할 때는 가볍고도 민첩하게 움직여야 한다.

(2) 수용공手容恭: 손은 공손하게 움직여라!

손을 아무렇게나 놀리지 말라는 것이다. 손장난이나 불필요한 손놀림을 하지 말고, 아무 일이 없을 때에는 두 손을 포개 놓고 공손한 자세를 취한다.

(3) 목용단目容端: 눈은 단정하게 뜨고 보라!

무엇을 쳐다볼 때는 눈을 곧게 떠서 정면을 본다. 흘겨보거나 곁눈질하거나 노려보지 말라는 것이다.

(4) 구용지口容止: 입은 조용히 다물고 있어라!

말할 때나 음식을 먹을 때 이외에는 입을 놀리지 말고, 입을 헤 벌리거나 쓸데없이 수다를 떨지 말라는 것이다.

(5) 성용정聲容靜: 목소리는 조용하게 내라!

목소리를 가다듬어 나지막하게 말하고, 헛기침이나 하품 같은 잡소리를 내지 말라는 것이다.

(6) 두용직頭容直: 머리는 곧게 하라!

머리를 함부로 흔들거나 돌리지 말고 또한 한쪽으로 기울어지게 하지 말고 바르게 하라는 것이다.

(7) 기용숙氣容肅: 호흡은 조용하게 쉬어라!

숨쉬기를 부드럽게 하고, 몸가짐을 엄숙하게 한다. 또 거친 숨소리를 내지 말라는 것이다.

(8) 입용덕立容德: 서 있는 자세는 덕 있게 하라!

삐딱하게 서 있지 말고 덕스럽게 반듯이 서라는 것이다. 여기에서의 덕은 교양을 의미한다.

(9) 색용장色容莊: 얼굴빛은 엄숙하게 하라!
얼굴 표정은 명랑하고 발랄하면서도 엄숙해야 한다. 찡그리거나 히죽거리지 말라는 것이다.

- 구사九思

율곡은 학문을 진보시키고 지혜를 터득하는데 있어서는 구사九思가 가장 소중한 것이라고 했다.

(1) 시사명視思明: 사물을 볼 때는 명확하게 보는가를 생각하라!
사물을 밝게 보면 아무것도 가릴 게 없으며, 보지 못하는 것이 없게 된다. 편견 없이 보라는 것이다.

(2) 청사총聽思聰: 들을 때는 귀담아듣고 있는가를 생각하라!
귀를 기울여서 들으면 막힘이 없고, 들리지 않는 소리가 없게 된다는 것이다.

(3) 색사온色思溫: 얼굴빛은 온화한가를 생각하라!
얼굴 표정을 온화하게 갖고, 화를 내거나 사나운 기색을 나타내지 말라는 것이다.

(4) 모사공貌思恭: 몸가짐은 공손한가를 생각하라!
외모를 항상 단정히 하고 태도는 씩씩하게 갖도록 하라는 것이다.

(5) 언사충言思忠: 말할 때는 충심을 다하는가를 생각하라!
한마디 말도 진심으로 정성껏 하고, 신용을 잃을 말은 하지 말라는 것이다.

(6) 사사경事思敬: 일할 때는 경건한가를 생각하라!

한 가지 일이라도 경건하게 하고, 삼갈 일은 결코 하지 말라는 것이다.

(7) 의사문疑思問: 의심이 나면 물을 것을 생각하라!

의심이 나면 무엇이든지 물어보고, 묻는 것에 대해 부끄러움을 갖지 말라는 것이다.

(8) 분사난忿思難: 분노가 일 때면 환란을 생각하라!

분하고 화나는 일이 있을 때는 그 분풀이를 하고 난 뒤에 닥쳐올 환란을 생각하고 참으라는 것이다.

(9) 견득사의見得思義: 눈앞의 이득이 의로운 것인가를 생각하라!

재물 앞에서는 반드시 올바른 이득인가를 따져 보고, 합당한 이득일 때에만 취하라는 것이다.

28

비즈니스를 좌우하는 화술

한 통의 전화로 마음의 교류는 물론 중요한 계약이 이루어지고, 중대한 사건도 처리된다.
— 양명문

전화, 어떻게 사용하고 있는가?

현대는 나날이 복잡다단해지고 있다. 치열한 경쟁 사회는 인간의 생활을 간소화시키고 무한한 속도를 요구한다. 개인과 개인은 물론 단체와 기업 등 어느 조직을 막론하고 현대인은 보다 빠르고 요령 있는 방법과 제도, 메커니즘을 추구하고 있다.

알렉산더 그레이엄 벨이 발명한 전화 또한 모든 면에서 시간과 거리를 단축하게 한, 획기적인 문명의 이기利器임은 말할 것도 없다. 특히 전화를 빼놓고서는 현대의 비즈니스란 생각할 수도 없는 것이다. 인간관계의 80퍼센트 이상을 차지하는 것이 언어활동이라고 한다면, 비즈니스를 위한 언어활동의 60퍼센트 이상은 전화를 이용한 대화라고 해도 과언이 아니다.

이렇듯 비즈니스의 주도적 역할을 하고 있는 전화에 대해서, '그냥 걸면 되지. 아무렇게나 받으면 되고' 하는 단순한 생각에서 벗어나지 못하는 사람들이 적지 않다. 그러나 막연히 전화를 사용하는 사람과 능란하게 사용하는 사람과는 결과에서 많은 차이가 생기게 마련이다.

연애에 능숙한 한 남자가 여자에게 보다 쉽게 접근할 수 있는 비결을 실토했다. 그 남자는 데이트를 끝내고 집으로 돌아갔을 때, 곧 여자에게 전화를 걸어 감정을 다시 한 번 자극하고는 잔존 효과를 높이는 방법을 이용한다고 한다.

또 단 한 명의 사원이 전화를 잘못 사용함으로써 그 회사 전체의 신용을 떨어뜨릴 수도 있다.

이렇듯 전화 대화는 운영의 묘妙를 어떻게 살리느냐에 따라 개인에게는 승진과 좌천의 분기점이 될 수 있으며, 기업의 번영과 쇠퇴에 직접적인 영향을 줄 수 있다.

전화를 이용한 효과적인 화술법

전화가 시간을 절약할 수 있고 용무를 간단히 끝낼 수 있는, 더불어 두터운 인간관계를 유지하는데 효과적인 방법은 다음과 같다.

• 전화 대화와 직접 대화의 차이점을 알아야 한다

흔히들 전화 대화는 선으로 연결되는 타산打算과 비정非情의 인간관계라고 하지만, 바람직한 전화 설득 대화에는 피로 이어지는 인정과 이해의 인간관계가 형성되어야 한다.

얼굴을 맞대고 하는 직접 대화에서는 상대의 모습, 태도, 표정, 분위기를 볼 수 있는 '눈의 작용'이 크다. 이에 반해 전화 대화에서는 상대의 기분, 태도 등 외적 조건을 전연 알 수 없을 뿐 아니라 화자(話者)가 표정의 변화, 몸짓 등 보조 수단을 활용할 수도 없다는 것이 특징이다. 따라서 설득하려는 효과는 직접 대화가 100퍼센트의 힘을 가졌다면, 전화 대화는 20퍼센트의 힘밖에 없다고 하겠다. 전화 대화의 이러한 특질을 고려하여 좀 더 세심한 주의와 배려를 기울여야만 인간미 넘치는 언어활동이 영위될 것이다.

- **상대의 심리적 변화를 생각해야 한다**

전화 대화는 상대의 얼굴은 물론 아무것도 보이지 않는 상황에서 하는 것이기에, 사소한 말 한마디라도 마음속에 대단히 큰 영향을 준다.

우리가 전화를 할 때 자주 사용하는 말들을 생각해 보자.

"실례지만 성함은……."

"바쁘실 텐데 죄송합니다만……."

"잠깐만 기다리세요."

"귀찮으시겠지만 좀 알아봐 주실 수 있습니까?"

"늘 폐를 끼쳐 드리는 것 같군요. 이번 일은……."

이러한 말들은 상대 감정에 대한 자극을 부드럽게 하여 심리적으로 호감을 느끼게 한다. 따라서 전화 대화에서는 자기의 이야기가 상대에게 '어떻게 받아들여졌는가?' '어떻게 받아들여질 것인가?' 하는데 세심한 배려가 요청된다.

• 전화기 앞이라도 인사를 해야 한다

용기 있는 비결은 용감한 척 행동하는 것이고, 명랑해지는 비결 역시 명랑한 척 행동하라는 교훈이 있다.

이 말은 미국 심리학의 태두泰斗 윌리엄 제임스가 '인간의 감정과 행동은 병행한다'라고 갈파喝破한데서 비롯된다.

인간의 행동과 감정, 자세와 음성은 분명 상관성이 있다.

전화를 걸면서 미소를 짓고 굽실거리며 인사를 하는 사람들, '보이지도 않는데 인사를 하는 어리석은 사람'이라고 그들을 비웃을 것인가?

아니다. 전화에 익숙해 있는 사람이라면 상대의 통화 태도를 손바닥 보듯 알 수 있다. 육안으로는 볼 수 없지만 느낌만으로 알 수 있는 것이다. 특히 목소리는 마음의 울림이다. 같은 사람의 목소리라도 그때의 감정이 민감하게 상대한테 전해지는 것이다.

상냥하고 정중한 태도, 공손하고 섬세한 마음가짐, 아름답고 분명한 발음, 이것이 근대적인 지성을 느끼게 하는 전화 설득 대화의 기본이다.

당신의 전화 받는 태도는 몇 점이나 될까?

어느 회사 사장에게 전화를 걸었더니 부재중이었다. 그래서 전화를 받은 사원에게 부탁을 했다.

"저는 한국언어문화원 원장 김양호입니다. 사장님이 들어오시면 좀 전해 주십시오. 내일 오후 한 시에 제 사무실로 전화를 해주시기 바란다고요."

"네, 알았습니다."

그런데 다음날 아무리 기다려도 전화가 오질 않았다. 그래서 내 쪽에서 다시 전화를 걸었더니 사장이 직접 받았다.

"아이고, 죄송합니다. 어제 전화를 주신 분이 김 원장님이셨습니까? 그냥 '김양오 씨'라고만 해서 누굴까 하고 생각했었습니다."

이런 경우는 상당히 많다. '김양호'를 '김양오'나 '김양홈'으로 착각하기가 일쑤이고, 사무실 전화가 집으로 걸려 오는 경우도 있다. 그런가 하면 '20일'이 '21일'로 오인되어 일을 그르치는 사례가 얼마나 많던가?

이것이 바로 전화 대화의 문제점이다. 전화란 상대를 보지 못하고 소리만 들어야 하는 제한성이 있기 때문이다. 그러나 전화 대화도 한 가지만 어김없이 실행한다면 실수를 방지할 수가 있다. 그것은 다름 아닌 상대의 말을 '복창'하는 것이다.

앞서 소개한 일화는 다음과 같이 하면 된다.

"네, 알았습니다. 그럼 방금 하신 말씀을 반복해 보겠습니다. 틀림없는지 확인을 부탁드립니다. 한국언어문화원의 김자 양자 호자, 김양호 원장님이시지요? 용건은 내일 오후 한 시에 저희 사장님께서 원장님 사무실로 전화를 드리도록 하면 되겠습니까? 틀림없이 전해 드리겠습니다."

이렇게 상대방의 말을 복창하면 일단 착오는 일어나지 않는다. 그러나 이것만으로는 부족하다.

"저는 총무과 김정미라고 합니다."

전화받는 사람의 이름을 밝혀야 한다. 상대에게 자기의 이름을 밝히는 것은 책임 소재를 분명하게 하고, 상대로부터 신뢰감을 얻는 효과가 있다.

당신의 전화 받는 태도는 몇 점이나 될까?

전화 요금의 47퍼센트가 낭비라고 한다면?

전화 대화에서 한 가지 더 짚고 넘어갈 문제가 있다. 대화 요령이 부족하고 필요 없는 전화를 거는 사람이 많다는 점이다.

일본 마쓰시타 전기산업 주식회사松下電器産業株式會社가 전화 사용의 낭비에 주목하여, 회사의 히로시마 영업소를 모델로 한 달 동안 테스트를 한 적이 있다. '텔레미터'라는 기계를 설치하고, 통화의 상대, 통화 시간, 요금 등을 철저히 점검했다. 그 결과 그때까지 한 달에 480만 엔씩 나오던 통화 요금이 273만 엔으로 줄었다고 한다. 나머지 207만 엔이 낭비였다는 것이다.

무엇이 낭비였는지 추측게 하는 또 하나의 실험 결과가 있다. 일본 아사히신문朝日新聞의 기사에 의하면, 도쿄의 어느 회사에서는 '저어~'라는 말이 입버릇인 여사원에게 오사카까지 전화를 걸게 하고, 그 내용을 녹음했다. 통화 시간은 약 3분, 통화 요금은 318엔이었다. 그런데 녹음테이프에서 '저어~' 부분을 잘라 내고 나머지를 이어 보니 170엔이 용건, 148엔이 '저어~'의 요금이었다. 통화 요금의 47퍼센트가 서툰 말버릇으로 인한 낭비였던 것이다.

이 두 가지 사례에서 보듯 불필요하거나 요령 없이 전화를 사용하는 것은 회사에 큰 손실을 가져올 뿐만 아니라, 비즈니스에서도 커뮤니케이션 장애를 빚어내어 회사의 신용도를 떨어뜨린다.

당신이 진정으로 자신의 발전, 나아가서는 회사의 발전과 이익을 원한다면 우선 전화받는 방법부터 바꿔야 할 것이다.

29

상하 동료 간의 의사소통

무례한 연사가 있더라도 관계자 모두에게 성과를 갖다준다면 파괴적이지 않다.
— 피터 드러커

다이아몬드를 주워 온 아이

초등학교에 갓 입학한 아이가 대문을 밀치고 들어서며 큰 소리로 외친다.

"아빠! 아빠! 나 다이아몬드를 주웠어!"

"뭐 다이아몬드?"

"응. 이거 말이야, 이거."

"그럴 리가… 어디 좀 보자."

꼭 쥐었던 아이의 손에서 모습을 드러낸 반짝이는 물건을 보고 아버지는 그만 웃지 않을 수 없었다. 그것은 아무짝에도 쓸모없는 유리조각이었다.

그러나 녀석은 정말 진귀한 보석이라도 주운 양 연방 아버지의 얼굴을 보면서 무슨 말을 해주길 기다리는 눈치였다. 놀랐던 마음 같아서는 "그게 어디 다이아몬드냐!" 하면서 시큰둥하게 대답했을 것이다. 그러나 하찮은 유리조각이지만 소중한 보물인 양 손에 쥐고 아버지를 바라보는 아이의 표정은 정말 진지했다.

아버지의 답변이 갑자기 궁해질 수밖에 없는 상황이었다.

'가만있자, 이 녀석에게 뭐라고 말해 줘야 하나?'

세 가지 유형의 상사가 있다

직장에서 관리자의 위치에 있는 당신에게 부하 직원이 이 어린아이처럼 엉뚱한 질문을 해 온다면 당신은 과연 어떻게 답할 것인가?

"자네, 어떻게 된 거 아니야?"

직원의 무지함을 면박하듯 이렇게 답할 것인가, 아니면 일단 받았다가 슬그머니 쓰레기통에 던져 버릴 것인가. 그것도 아니라면 이러이러해서 쓸모없는 것이라고 친절하게 설명해 줄 것인가?

바로 이 세 가지 타입의 상사가 직장 내에서 벌어지는 수직 커뮤니케이션, 즉 상하 간의 의사전달에 나타난다. 부하 직원에게 설득력이 없는 상사라면 상대의 무지함을 꼬집어야 직성이 풀린다. 이런 타입은 '면박 형'이다. 또 굳이 면박은 주지 않더라도 아무런 대꾸 없이 쓰레기통에 집어던지는 '묵살 형'도 있다. 그런가 하면 상대의 잘못된 판단을 지적한 뒤 자상한 설명을 덧붙이는 '친절 형'도 있다.

　이런 여러 가지 타입의 상사가 있음으로 해서 직장 내에서 커뮤니케이션의 마찰이 빚어지는 것이다.

　진정 당신이 직원을 아끼고 사랑하는 상사라면 당연히 '친절형'의 범주에 속해야 할 것이다. 보석을 판별할 줄 모르는 어린 자녀가 유리조각을 들고 왔을 때 '뭐라고 설명할까?' 잠시 난처했을 상황을 생각한다면 자명한 이치가 아닐까? 자식의 질문이 어리석다고 면박을 주고 무시해 버리는 부모가 없듯이, 상하 간의 커뮤니케이션에도 이러한 배려와 아량이 곁들여져야 한다.

수평 커뮤니케이션에 신경을 써라

　정신없이 바쁘다. 잠시 담배 한 대, 아니면 차 한 잔이라도 마실 시간이 있었으면 하는 당신에게 동료가 다가왔다.

　"이봐, 나 바쁜 일이 있어. 지금 좀 도와주지 않겠어?"

　도움을 청하는 소리다. 마음 같아서는 즉각 "안 돼!"라고 말하고 싶지만, 설득력이 있는 당신은 부드러운 어조로 명분 좋게 거절할 줄 안다.

　"응? 이거 어떡하지. 나 지금 하는 일이 한두 시간쯤 걸리겠는데, 그다음에 해줘도 돼?"

　"두 시간! 그럼 안 되겠군. 이거 금방 해오라고 불호령이 내린 거야."

　상대는 이쪽의 형편을 짐작하고 별다른 불쾌감 없이 부탁을 거둬들일 것이다.

그러나 정말 요령 없는 사람이라면 대답은 단 하나.

"안 돼! 자네 일을 해줄 시간이 있다면 차라리 커피나 한잔하 겠어!"

이 경우 첫 번째 유형은 '설득 형'이고, 두 번째 유형은 '직설 형'이다. 누군들 자기 일 젖혀 두고 남의 일 떠맡기를 좋아할 것인가? 그렇지만 남의 일을 떠맡기 싫다고 해서 무작정 거절해 버리는 사람이라면 그 후에 발생할 일도 한번쯤 생각해 봐야 할 것이다.

"그 친구 말이야, 내가 바빠서 좀 도와 달라고 부탁했더니 한마디로 거절하잖아. 만약 과장이 그랬다면 아마 달라졌을걸. 시시한 친구 같으니."

이쯤 평판을 얻게 되면 직장 내의 수평 커뮤니케이션, 즉 동료 간의 커뮤니케이션 능력은 '없다'라는 이야기다. 수평 커뮤니케이션에서는 언제나 경쟁 상대인 동료에게 경쟁자 의식이나 적대감을 불러일으키지 않는 처세가 바람직하다.

커뮤니케이션은 직장에서 윤활유와 같다. 커뮤니케이션이 원활하지 못할 때 모든 인간관계는 원만할 수가 없다. 수직과 수평 커뮤니케이션에서 과연 당신은 앞에 열거된 여러 타입 중 어떤 범주에 속하는지 따져 봐야 할 일이다.

개인의 능력도 소중하고, 열의와 의지 그리고 성실성도 직장인에게는 필요하다. 그렇지만 더더욱 소중한 것은 그 모든 당신의 능력을 돋보이게 해줄 커뮤니케이션 능력이 아닐까?

사고어와 표현어는 다르다

오전 내내 어떤 것에 몰두해 있던 상사가 느닷없이 부하 직원에게 말을 건넨다.

"그거 있지?"

"네?"

"그거 있잖아?"

"그거라니요?"

"아니, 그것도 몰라?"

"아직 다른 말씀은 안 하셨다고요. 그것밖에는……."

상사는 오전 내내 연속적으로 생각하던 일이 갑자기 풀려 '그거'라는 말을 했지만, 부하에게는 아닌 밤중에 홍두깨가 아닌가.

사회생활이란 혼자만의 생각이나 행동으로 되지 않는 법이다. 주위 사람들의 협조를 얻어야만 비로소 가능하다. 특히 직장생활은 타인의 협조 없이는 불가능하다.

그렇다면 어떻게 말해야 자기의 생각을 올바르게 전달하여 소기의 목적을 달성할 수가 있을까?

먼저 '사고어思考語와 표현어表現語는 다르다'라는 것을 알아야 한다. 사고어란, 마음속으로 생각하는 것이고 표현어란, 그 생각을 말이나 글로써 나타낸 것이다.

좀 더 구체적인 사례를 들어보자.

이웃집 여자의 아름다움에 반한 남자가 있다.

'야, 저 여자 참 예쁘다. 관능적이야. 하룻밤 같이 지내봤으면.'

이런 욕망은 가져도 괜찮다. 그 욕망을 혼자서 상상하며 즐거워하거나 안타까워한들 무슨 상관이랴. 물론 종교에서는 정신적 간음도 죄악시하지만 실정법으로는 처벌규정이 없다. 왜? 전달이 안 되기 때문이다. 그래서 사고어는 자유이다.

그러나 이 남자가 끓어오르는 욕망을 참다못해, 이웃집 남편에게 말로 나타낸다면 어떻게 될까?

"당신의 아내, 매우 예뻐. 난 그녀를 좋아해. 어떻게 나하고 좀… 안 될까?"

"뭐야?"

대화에는 상대가 있다. 자기의 생각을 앞뒤 재보지 않고 잘못 떠들었다가 터지는 사고가 설화舌禍 사건이 아닌가. 표현어에 앞서 반드시 상대를 인식해야 한다.

또한, 듣는 상대는 말하는 사람의 표현어만으로 생각하고 받아들인다는 점을 명심해야 한다.

첫머리의 예에서 상사가 이렇게 말했다면 어떨까?

"지난번에 이런 일을 한 적이 있지?"

"네."

"그때 이러이러한 문제점 때문에 중단했었지?"

"네."

"그거 이렇게 처리하면 어떨까?"

"그렇군요. 참 좋은 생각인데요."

사고어를 표현어로 바꿀 때는 반드시 상대의 처지를 고려하고, 처음부터 일목요연하게 표현하지 않으면 안 된다. 의사전달이 아닌 의사소통임을 알아야 한다.

발언권과 결정권은 다르다

다음은 발언권과 결정권은 다르다는 사실을 알아야 한다. 건의나 부탁 그리고 충고 등 상대에게 자기의 의견을 말하는 권리를 발언권이라고 하며, 상대의 말을 어떻게 받아들이느냐 하는 권리를 결정권이라고 한다. 그렇다면 발언권과 결정권은 누구에게 있을까?

직장에서 상사가 부하 직원에게 충고를 한다. 상사가 자기의 발언권을 행사한 것이다.

"이 사람아, 건강에도 나쁜 담배를 왜 그렇게 피워 대나. 웬만하면 끊지."

이 충고를 고맙게 받아들여서 금연을 하든, 기분 나쁘게 받아들여서 더 많이 피우든 그것은 직원이 결정할 문제이다. 왜냐하면 담배를 피우고 안 피우고는 것은 사생활이기 때문이다. 이 경우 결정권은 직원에게 있다.

직원이 상사에게 건의할 때도 마찬가지이다.

"부장님, 이렇게 해보면 어떨까요?"

직원의 아이디어를 받아들이든, 무시하든 그것은 상사가 결정할 문제이다. 그런데도 자기의 발언이 채택되지 않으면 화를 내거나 불평불만을 하기 일쑤이다. 명심할 것은 자신에게는 발언권밖에 없고, 결정권은 상대에게 있다는 것이다.

물론 반대의 경우도 있다.

두 젊은이가 장기를 두고 있다. 한 젊은이가 차車를 쓰려고 들었는데, 옆에 있던 친구가 포包를 쓰라고 권한다. 얼핏 생각하니 그럴싸해서 차를 놓고 포를 썼더니 잡아먹히고 말았다. 젊은이는 친구 때문이라고 화를 낸다.

과연 친구가 잘못한 것일까? 자기에게 주어진 권한 안에서 어떤 결정을 하든지 그것은 자신이 가진 특권이다. 친구에겐 발언권밖에 없고, 자기에게 결정권이 있기 때문에 자신이 차가 아닌 포를 썼으니 결과에 대한 책임도 결정권자가 질 수밖에 없다.

이처럼 발언권과 결정권은 다르다. 자기가 발언을 하면, 상대가 그대로 결정해야 한다고 생각하거나 상대가 발언한 내용을 그대로 결정해야 한다고 생각하는데서 의사소통의 문제와 인간관계의 마찰이 발생한다.

마음을 움직이는 말 다섯 가지

말은 마음의 표현이다. 인간은 말로써 자기의 의사를 전달하고, 말로써 상대의 마음을 파악한다. 아무리 좋은 마음을 품고 있더라도 말하지 않으면 알 수가 없고, 아무리 그럴듯한 말을 하더라도 진정이 깃들여 있지 않으면 설득력이 없다.

그래서 말은 의사소통의 가장 큰 수단이며, 가장 효과적인 말은 참된 마음이 깃든 말이다.

인간관계를 돈독히 할 수 있는, 참된 마음이 깃든 말의 사용법에 대해서 알아보자.

- **'반갑습니다'는 진심으로 맞이하는 마음이 깃든 말이다**

서로 아는 사람을 만났을 때는 "반갑습니다" "어서 오세요" 하고 인사말을 해야만 한다.

그런데도 많은 사람이 "어떻게 왔어?"하고 심문조로 말하기 일쑤이다.

세계인구 65억, 한국의 4천 8백만 명이 넘는 인구 중에서 서로 아는 사람이 만난다는 것은 얼마나 반가운 일인가? 용건은 나중에 말하더라도 우선 반가움을 말로써 표현해야만 한다.

- **'고맙습니다' 는 감사의 마음이 깃든 말이다**

남이 무엇인가를 해주었을 때는 "고맙습니다"라고 반드시 말로 표시해야만 한다.

내게 차를 대접했거나 버스에서 자리를 양보받았을 경우와 같이 사소한 것 또한 일하고 받은 급료나 보너스와 같이 당연할지라도 반드시 감사표시를 하는 사람이 대접받는다.

세상만사는 감사할 것투성이다. 가족에게 감사하고, 친지에게 감사하며, 회사에 감사하고, 손님에게 감사하며 그리고 인간으로 태어난 것에 대해서도 감사할 일이다.

- **'미안합니다' 는 겸허의 마음이 깃든 말이다**

미안하다는 말에는 두 가지 뜻이 있다. 자신의 실수에 대해서 사죄하는 경우와 남에게 부탁할 경우이다.

상사에게 잘못을 지적받았을 때나 손님으로부터 불평불만의 소리를 들었을 때는 우선 "미안합니다"라는 말부터 해야만 한다. 그런데도 잘잘못을 따지거나 변명을 늘어놓는 경우가 많이 있다. 또한, 남에게 길을 물을 경우에도 "미안합니다만…" 하고 양해를 구한 다음에 묻는 것이 원칙이다. 시간을 빼앗고 수고를 끼치니까. 그런데 요즈음은 "지하철은 어디서 타지요?"하고 자기 용건만 묻는 사람이 많은 현실이다.

- '하겠습니다'는 봉사의 마음이 깃든 말이다

누군가가 부탁을 해 왔을 때는 "하겠습니다" "해보겠습니다" 하고 기꺼이 봉사의 말을 해야만 한다.

부탁을 받고서도 아무 말을 안 하거나 "싫어요" "못해요" "안 됩니다" 하고 말하면 무성의하거나 인색한 사람으로 오인되어 인간관계가 단절될 수 있다. 따라서 할 수 있는 일이라면 기꺼이 밝은 목소리로 "하겠습니다" 하고 긍정하도록 노력해야 호감 받는 사람이 된다.

- '네'는 솔직한 마음이 깃든 말이다

누군가에게 불렸을 때는 일단 "네" 하고 대답해야만 한다. 직장에서 상사가 "박○○ 씨!" 하고 불렀는데도 즉각 대답이 안 나오면, "이봐! 내 말이 안 들리나?" 하고 화를 내게 마련이다. 또 꾸중을 들었을 경우도 "네, 죄송합니다" "네, 즉시 고치겠습니다" 라고 일단 "네"라는 말부터 해야만 된다. 왜냐하면 "네"라는 대답은 솔직하게 시인하는 마음의 표현이기 때문이다.

말 한마디에 천 냥 빚도 갚는다고 우리가 흔히 사용하는 일상 회화야말로 인간관계의 윤활유이며, 비즈니스의 관건이다. 말에 앞서 마음이 있고, 말에 이어 행동이 있다. 필요한 때 필요한 말을 필요한 만큼 적절히 사용하도록 노력하자.

30

명령과 보고, 충고의 화법

충고를 주는 것보다도, 그 충고를 쓸모 있게 하는 지혜가 있어야 한다.
— 푸블릴리우스 시루스

명령을 하고 받는데도 규칙이 있다

사장이 부하 직원을 불러서 다음과 같은 지시를 한다.

"이○○ 씨, 이 서류를 복사해서 이 주소의 고객에게 보내 주시오!"

"네, 알았습니다. 사장님."

사장으로부터 이런 지시를 받았을 때, 복사본을 보내야 할까, 원본을 보내야 할까?

아마도 열사람 중에 아홉은 '사본을 보내겠다'라고 대답할 것이다. 나머지 한 명 정도가 새삼스럽게 이런 질문을 하는 데는 함정이 있을 것이라는 지레짐작으로 '원본을 보내겠다'라고 대답할 것이다. 당신은 어느 쪽일까?

무조건 사본을 보내겠다든가, 원본을 보내겠다고 대답하는 사람 양쪽에 다 문제가 있다.

먼저 사본을 보내겠다는 사람에게 물어보자. 만약 그 서류가 고객이 맡긴 것이라면 어떻게 될까? 당연히 원본을 되돌려 주어야만 한다.

원본을 보내겠다는 사람에게 물어보자. 그 서류를 사장이 쓴 것이라면, 두세 장 다른 곳에도 보낼 경우를 생각하고 사본을 보내야 할 것이다. 어느 쪽이든 노파심에서라도 사장의 의사를 확인해 볼 일이다.

"네, 알았습니다. 서류를 복사해서 사본을 고객에게 보내면 되겠군요?"

만일 이때 사장의 생각이 다르다면 다시 지시가 내려진다.

"아닐세. 그것은 고객의 서류니까 원본을 보내고 사본을 내게 갖다주게."

이렇게 하면 착오는 생기지 않는다. 그런데 직장의 언어생활에서는 이런 반복 피드백이 의외로 잊히기 일쑤이다. 자기의 생각을 일방적으로 말하거나, 자기의 생각대로 해석하고 행동하는 경솔한 실수가 끊이지 않는다. 이것은 명령하는 측에서도 마찬가지다.

"자네, 알았나? 어떻게 하는지 말해 보게."

이렇게 재확인을 하면 행동은 더욱 신중하게 되어 뜻하지 않게 발생하는 일을 미리 막을 수가 있다.

'반복한다' 또는 '반복을 요구한다'라는 명령을 주고받을 때의 기본 규칙이다.

다시 처음 이야기로 되돌아가 보자.

사장으로부터 지시를 받은 직원은 일을 어떻게 처리했을까? 서류의 원본을 보냈겠는가, 사본을 보냈겠는가? 그는 양쪽 모두를 보내 버렸다. 사장의 손에는 아무것도 남아 있지 않았다. 우리의 주위에는 이○○ 씨 같은 사람이 의외로 많다고 한탄하는 상사가 적지 않다.

그러나 문제의 부하 위에는 문제의 상사가 있는 법이다.

'이 서류를 복사해서 고객에게 보내라' 라는 모호한 지시가 부하의 실수를 가져왔다고도 볼 수 있다.

"이 서류를 복사해서 원본은 고객에게 보내고, 사본은 나에게 갖다주게나."

오해의 여지가 없는 정확한 화법이었다면 착오는 일어나지 않는다.

지시와 명령은 정확하게 하는 것이 원칙인데, 일반적으로 자신의 화법이 서투름을 깨닫지 못하는 상사가 많기에 결국 아랫사람만 야단맞게 된다. 따라서 명령을 받는 쪽이 신중하게 처리하기 위해 반복 확인하도록 해야 한다.

결과를 먼저, 과정은 나중에 말한다

공항에 있는 사장에게 즉시 서류를 전달하라는 부장의 명령을 받고 나갔다 온 부하 직원의 보고이다.

"부장님, 다녀왔습니다. 그야말로 완전 쇼를 벌였어요. 택시를 잡는데 도대체 잡혀야 말이죠. 이리 뛰고 저리 뛰다가 화물

차가 한 대 오기에 무조건 잡아탔지요. 그러고는 막 달려가는데 속도위반이라고 교통순경이 잡는 거예요. 제가 급한 걸 아는지 모르는지, 이놈의 교통순경이 글쎄 시간만 질질 끌지 뭡니까. 그래 겨우 공항에 도착하니까 출발 3분 전 아닙니까? 틀렸다 싶었지만 헐레벌떡 대기실까지 뛰어가니 사장님은 안 계시는 거예요. 마침 배웅하던 직원이 몇 명 있어서 물어보았더니, 사장님은 화장실에 가셨다는 겁니다. 그래 시간이 다 됐는데 어찌 된 거냐고 물었더니, 비행기 출발이 늦어져서 50분 후에나 뜬다는 게 아닙니까? 천만다행으로 간신히 전달하고 나니 맥이 확 풀려서 혼났어요."

이 직원의 고생담은 충분히 이해가 가지만, 이런 보고는 한마디로 실격이다. 이야기하는 도중에 "그래, 서류는 잘 전했는가, 못했는가?"라는 호통을 듣게 되는 것이 보통이며, 이런 장광설長廣舌을 호감 갖고 끝까지 들어줄 상사는 한 사람도 없을 것이다.

이 경우에는 먼저 "서류는 어김없이 잘 전해 드리고 왔습니다"라고 말을 하지 않으면 안 된다.

부장은 제시간에 닿았는지, 만일 닿지 못했다면 다음 방도를 생각하지 않으면 안 된다는 걱정을 하고 있으므로, 재치 있는 사람이라면 공항에서 "부장님, 전달했습니다" 하고 전화 보고를 먼저 했을 것이다.

그 한마디에 부장도 안심할 것이고, 돌아온 직원에게 "수고했어요. 시간이 촉박한데도 잘해주어 고맙소"라고 감사의 말을 해줄 것이 틀림없다. 그런 다음에 어려웠던 상황을 이야기하면 좋았을 것이다.

비즈니스 세계에서는 일하는 과정도 중요하지만, 결과가 더 중요하다. 이 사례를 통해 사장에게 서류를 건넨 시점에서 임무가 완료된 것이 아니라, 전달한 결과를 부장에게 재빨리 보고하는 것까지가 임무임을 알 수 있다.

직장의 언어생활에서는 자기가 말하고자 하는 포인트가 무엇인가를 먼저 파악하는 것이 중요하다.

말하는 포인트를 파악하는 요령은 '상대의 처지에 자기를 바꿔 놓고 생각한다' 라는 것이다. 만일 자기가 부장이라면 무엇을 제일 먼저 듣고 싶어 할 것인가를 생각하고, 그것을 말의 서두에 하면 된다.

이야기할 때는 중요한 것부터 서술한다. 특히 보고의 규칙은 '결과를 먼저, 과정은 나중에' 라는 것을 몸에 익혔으면 한다.

일은 엄격하게, 마음은 따뜻하게

"요즈음 젊은 세대는 정말 다루기 어렵습니다. 일을 잘하지도 못하는 주제에 자기주장만을 늘어놓는 겁니다. 게다가 걸핏하면 사표를 던집니다."

기업 관리자에게서 자주 듣는 말이다. 말을 좀 더 들어보면 자신들의 신입 시절에는 상사가 죽으라면 죽는시늉까지 했는데, 요즘 젊은이들은 고삐 풀린 망아지처럼 제멋대로니 정말 한심하다고 푸념이다. 그러다 보니 오히려 부하 직원의 비위를 맞추는 상사가 늘어나고, 다루기 어려운 직원들로 인해 업무를 일사불란하게 추진하는 것이 힘들 정도라고 한다.

　직장 내에서 어떤 상사를 바라는가에 대해 설문조사를 했는데, 51.4퍼센트가 '상사는 업무상 엄격한 편이 좋다'라고 나왔고, 36.4퍼센트가 '상사는 업무상 적당히 엄격한 편이 좋다'라는 결과가 나왔다. 대략 87.8퍼센트의 사원들이 상사의 엄격함을 바라고 있다.

　그렇다면 왜 많은 관리자가 부하 직원을 다루기가 어렵다고 느끼는 것일까? 한마디로 리더십의 부족, 즉 사람을 다루는 화술이 부족한 것이 아닐까 한다.

　다음은 조그만 가내 공업으로 시작하여 마쓰시타 전기산업 주식회사松下電器産業株式會社를 설립해 성공한 마쓰시타 고노스케松下幸之助의 일화이다.

　어느 날 직원이 회사 방침과 어긋나는 일을 했다. 그러자 화가 난 마쓰시타 사장은 부젓가락으로 난로를 때려 부술 듯이 탕탕 치면서 호통을 쳤다. 그러다가 부젓가락이 휘어져 버리자 "곧게 펴놓게!"라고 소리친 후 나가 버렸다. 그 섬뜩함은 무어라고 표현할 수 없을 정도였다.

　의기소침한 부하가 다음날 회사에 출근하자, 아침 일찍 사장으로부터 전화가 걸려 왔다.

　"어때, 기분은 괜찮은가?"

　사장의 독특하고 부드러운 목소리에 부하는 주르르 눈물을 흘리면서 어제의 일을 깨끗이 잊어버렸다고 한다. 마쓰시타의 엄격함 뒤에는 부드러움이 있었기 때문이다.

　이런 경우가 어디 마쓰시타의 이야기만일까? 우리나라의 성공한 기업가들도 대부분 이 같은 처세를 해 왔다. 한 성공한 사업가의 말을 들어보자.

"나는 오랫동안 회사를 경영해 왔는데, 지금 간부로 남아 있는 사람들은 모두 내가 호통치며 길러 온 사람들입니다. 부드럽게 대했던 직원들은 모두 그만둬 버렸어요."

여기서 우리는 리더십의 중요한 기술 하나를 터득할 수 있다.
'업무적으로는 엄격하게, 인간적으로는 부드럽게!'

충고는 배려와 격려의 말로 하라

미국의 백화점 왕으로 불리는 존 워너메이커의 일화에 다음과 같은 이야기가 있다.

어느 날 워너메이커에게 한 고객으로부터 투서가 들어왔다. 직원이 고객인 자기에게 욕을 했다는 것이었다.

워너메이커는 문제의 점원을 사장실로 불렀다.

직원이 사장실로 들어서자 워너메이커가 물었다.

"고객으로부터 자네가 손님에게 욕을 했다는 투서가 와 있는데 이것이 사실인가?"

직원은 해고될지도 모른다고 생각하면서도 솔직하게 대답했다.

"예, 한 고객에게 욕을 한 적이 있습니다. 물건을 잔뜩 꺼내 놓게 하고는 공연히 트집을 잡고, 마지막에는 물건을 내던지는 바람에, 저도 그만 울컥 화가 나서……."

"그랬었군. 이건 좀 다른 질문이네만, 요즈음 자네 어머님의 병환은 어떠신가?"

사장의 말에 직원은 깜짝 놀랐다.

"네? 사장님께서 그걸 어떻게 알고 계신지요?"

"음, 실례라고 생각했지만… 자네에 대해서 조사를 했었네. 평소 우수하고 모범적인 자네가 어째서 이런 행동을 했는가 하고……. 자네는 어머님의 병간호로 몹시 지쳐 있겠지. 아무 염려 말고 휴가를 받아서 며칠간 푹 쉬게. 그리고 어머님을 충분히 병간호해 드리게."

해고를 각오했던 직원의 눈에서 뜨거운 눈물이 흘러내렸다. 그리고 생각을 했다.

'아, 얼마나 훌륭한 분이신가? 이런 분을 위해서라면, 어떤 일이라도 앞으로는 잘해야지!'

눈물을 닦지도 않고 계속 서 있는 직원에게, 워너메이커는 다음과 같이 덧붙여서 말했다.

"어떠한 상황에서도 직원은 고객과 언쟁할 자격이 없다는 것을 명심하게."

이 얼마나 멋진 사람인가? 사람은 누구나 자기에게 관심을 두고, 이해해 주기를 바란다. 특히 부하 직원은 상사의 따뜻한 말 한마디에 용기와 힘을 얻는다.

상대를 설득하기 위해서는 배려와 격려의 말을 해야 한다.

31

부탁과 힐책은 이렇게 하라

능력에다 의욕을 보탤 줄 모르는 사람은 정말로 쓸모없는 사람이다.
— S. R. N. 샹포르

한마디의 말이 의욕을 불태운다

당신은 부하 직원에게 일을 부탁할 때 어떻게 말하고 있는가?

"어이, 이 일 좀 해주게. 급한 거야."

사람은 기계와 다른 감정적 동물이다. 감정을 무시한 말은 효과가 없다. 그런데도 대부분의 사람은 기계 스위치를 누르듯이 용건만 말하기 일쑤이다.

심한 경우에는 부하의 기분을 잡치게 해 놓고 업무를 지시하는 상사도 있다.

"김○○ 씨! 박○○ 대리는 어디 갔나?"

"네, 고객을 만나러 갔습니다."

"그럼 최○○ 씨는?"

"그는 퇴근했습니다."

"남아 있는 사람은 자네뿐이군. 할 수 없지. 자네가 이 일을 할 수 있을까? 무리겠지만 자네밖에 안 남았으니, 이 일을 좀 해주겠나?"

자기의 가치를 부정 당하는 듯한 말을 듣고 과연 부하가 의욕을 일으키겠는가?

그러나 같은 지시라도 부하의 가치를 인정하고 중요성을 인식시키는 말을 할 수도 있다.

"김○○ 씨! 박○○ 대리와 최○○ 씨는 어디로 갔나?"

"네, 박○○ 대리는 외부에 나가서 아직 안 돌아왔고, 최○○ 씨는 집에 일이 있다고 좀 일찍 퇴근했습니다."

"그래? 마침 자네가 남아주어서 다행이군. 자네가 아니면 할 수 없는 일이 있네. 미안하지만 이 일 좀 도와주게나."

이렇게 말하면 즐거운 마음으로, 상사의 기대에 부응하도록 의욕적으로 일할 것이다.

어떤 경우에 사람은 의욕을 일으키는가?

인간은 감정적 동물이다. 간단한 명령 하나를 하더라도 사람을 존중하는 화법을 사용해야 한다. 존중하듯 정중한 언어야말로 직원의 사기를 진작시키고 일의 능률을 올린다는 사실을 명심해야 한다.

그렇다면 구체적으로 어떤 말을 들었을 때 사람들은 의욕을 일으킬까?

- 자신밖에 할 수 없는 일을 부탁받았을 때이다

"자네를 믿고 있으니까 힘껏 해주게."
"이 난국을 헤쳐나갈 수 있는 사람은 자네뿐이네."
"이 일은 당신이라면 할 수 있어."

- 새로운 일을 부여받았을 때이다

"책임감이 강한 당신에게 맡기고 싶네."
"획기적인 일이라서 자네에게 맡기네."
"이번의 새로운 프로젝트는 자네를 중심으로 실시하는 것이니, 분발해 주게."

- 상사 대신 역할을 맡았을 때이다

"자네가 '지점장 대리' 명함을 사용하게."
"과장을 대신해서 잘 해보게나."
"차장 대신 자네를 천거했네."

이 밖에도 "애쓰고 있는 자네를 두고 먼저 퇴근할 수 있나?" 등의 배려 있는 말 한마디가 의욕을 불태운다. 은어銀魚는 여울에 살고, 새는 나무에 앉으며, 사람은 인정에 산다고 하던가?

힐책은 '샌드위치 화법'으로 하라

어느 회사의 부장이 부하의 실수에 대해 격렬하게 힐책했다.
"그까짓 일도 제대로 못해? 그러고도 월급 타령이야? 자네

같은 인간은 쓸모없는 월급도둑이라고!"

동료와 후배 그리고 좋아하는 여성이 있는 눈앞에서 인간적 멸시를 받은 젊은 사원은 순간 눈이 뒤집혔다.

"뭐라고? 월급도둑이라고? 네가 부장이면 다냐?"

부장의 책상을 주먹으로 꽝 내려치고서는 그날로 사표를 쓰고 말았다.

순간적인 분노를 참지 못해서 일어난 사건이다. 왜 이러한 사건이 발생했을까? 누구에게 책임을 물어야 할까?

문제의 자녀 위에는 문제의 부모가 있듯이, 문제의 부하 위에는 역시 문제의 상사가 있는 법이다.

상사가 부하를 힐책하는 목적은 어디에 있을까? 부하가 어떤 실수를 했을 때 그 잘못을 일깨워, 두 번 다시 그런 실수를 되풀이하지 않게 하는 데 있다.

그러나 실제로는 힐책의 목적을 망각하는 상사가 많은 것 같다. 마치 신경질 부리거나 부하를 망신 주는 데 목적이 있는 것처럼 큰 소리를 지르는 경우가 얼마나 많은가.

그 결과 반성은커녕 오히려 반발 심리만을 조장하는 잔소리꾼이 되고 만다.

그렇다면 어떻게 힐책을 해야만 효과적일까?

먼저 기억해야 할 것은 '말은 화살과 같다' 라는 점이다. 당신은 지금까지 말이란 화살로써 다른 사람의 마음에 상처를 입힌 적은 없는지 곰곰이 생각해 보라. 상사의 책상을 내려치고 사표를 내던지는 불상사까지는 없다고 하더라도, '분노에 찬 상사의 말 한마디에 의욕을 잃었다' 라는 사원은 많다.

따라서 부하를 힐책할 때 상사는 절대로 화를 내서는 안 된다. 발끈해서 호통을 치는 것은 동물적 행위이다. 자기 뜻대로 부하가 따라 주지 못하기 때문에 안타까운 것은 이해할 수 있다. 그러나 화를 내서는 결코 안 된다.

미국 백화점의 창안자이자 백화점 왕으로 불리었던 존 워너메이커는 "자기 일이라도 내 생각대로만은 되지 않는다. 하물며 내가 아닌 남이 내 생각대로 따라 주지 않는다고 해서 화를 낼 자격은 사람에게 없다"라고 했다.

얼마나 멋진 교훈인가.

그렇다고 부하 직원을 꾸짖지 말라는 이야기는 아니다. 꾸짖지 않는 상사는 직원에게 버림을 받고 조직을 망친다. 다만, 어떤 방법으로 꾸짖어야만 효과가 있느냐 하는 점이 중요한 것이다.

힐책의 방법에는 여러 가지가 있다. 그중 가장 효과적인 것은 '샌드위치 화법'으로, '설득의 3단계'라고 부른다.

먼저 부하의 수고를 인정해 주고 잘한 점을 칭찬해 보라. 부하의 마음이 열린다. 그다음에 잘못된 부분을, 내용은 예리하되 표현은 부드럽게 지적하여 비평한다. 그래도 부하의 여린 마음은 상처를 받기 쉽다. 그러므로 마지막에는 반드시 격려를 해주어야 한다.

32

올바른 대화가 사고를 방지한다

말이란 안경알과 같아서 깨끗이 닦지 않으면 모든 것을 흐리게 만든다.
― J. 조버트

사소한 실수가 엄청난 사고를 가져온다

인간은 미완성이라고 했던가? 그래서 그런지 세상에는 실수 투성이의 인간들이 참으로 많다.

거스름돈만 받고 정작 물건은 두고 오는 사람, 물건을 사면서 아이를 두고 오는 사람, 속옷을 입은 채 목욕탕에 들어가는 사람, 남의 구두로 바꿔 신고 나오는 사람 등등 참으로 우스꽝스러운 실수를 곧잘 저지른다.

그러나 이런 부주의와 경솔한 행위가 직장에서 발생했다면 결코 웃고 지나칠 수만은 없는 일이 되고 만다. 영수증을 보내야 할 곳에 청구서를 보내거나, 이미 결제를 끝낸 곳에 다시 결제하거나, 계산을 잘못하는 등 이런 일이 자꾸 발생한다면 회사의 신용은 떨어지고 막대한 손해를 끼치게 될 것이다.

이런 손해를 빚어내는 원인이 대부분 대화에 있다는 것을 깨닫는 사람은 많지 않을 것 같다.

창고업을 하는 어느 회사의 이야기다.

고객에게서 맡은 물품을 D 창고에 넣었다. 평소와 같이 검사계 직원이 검사 용지에 품명, 수량, 보관 장소 등을 기재하고 사무원에게 넘겼다. 때마침 보고서 용지가 떨어져 "D 창고에 넣었습니다"하고 구두로 전했다. 그런데 들은 쪽에서는 B 창고로 잘못 들었다. D와 B는 발음이 비슷하여 혼동했던 것이다. 그래서 보관 대장에 'B 창고 보관'이라고 기재해 버렸다.

몇 개월 후 손님으로부터 출하 의뢰가 왔을 때 보관 대장에 따라 B 창고를 열었다. D 창고에 보관한 물건이었으니 당연히 B 창고에는 있을 리가 만무했다. 그런데 일이 잘못되려면 우연한 일치가 겹치는 법이어서, D 창고에 보관한 물건과 아주 똑같은 물건의 불량품이 B 창고에 있었던 것이다.

이런 사실을 알지 못한 창고 직원은 그대로 출하했고, 고객 쪽에서도 물건이 바뀐 사실을 모른 채 제품을 다 만든 후에야 불량품인 것을 알게 되어 일대 소동이 벌어졌다. 이 사건은 창고 회사의 사장이 백배사죄하고, 엄청난 거액을 배상하고서야 일단락되었다.

그렇다면 왜 이런 사건이 벌어졌을까? 한마디로 커뮤니케이션의 잘못에서 비롯된 것이다.

커뮤니케이션은 조직 활동의 기본이다. 조직은 사람들로 구성되어 있으며, 업무는 구성원들의 커뮤니케이션에 의해서 이루어진다. 따라서 커뮤니케이션이야말로 조직의 재산과 생명을 좌우한다고 해도 과언이 아니다.

그래서 기업과 관공서 등의 조직에서는 커뮤니케이션 교육에 심혈을 기울이고 있으며 회의, 조회, 교육과 업무연락 전, 보고서, 기안서 그리고 사보나 사내 방송 등을 통하여 커뮤니케이션 활동을 하고 있다.

그러나 그중 가장 중요한 것은 개인 간에 말로 이루어지는 대화이다. 대화야말로 가장 빈도수가 많으며, 가깝고도 손쉬운 커뮤니케이션이기 때문이다.

사고예방을 위한 대화법
• 구체적으로 분명하게 말하라

모호하거나 추상적인 말은 듣는 사람이 오해하기 쉽다. 말에는 공통성은 있지만 동일성은 없기 때문이다.

어느 회사의 중역이 모처럼 시간이 나서, 아내와 데이트를 하려고 집에 전화를 걸었다.

"오후 두 시에 ○○○에서 만나요."

집안 살림만 하던 아내는 기쁜 마음으로 약속 장소에 나갔지만 바람을 맞았다. 두 시간을 기다려도 남편은 끝내 나타나지 않았다. 화가 나서 친구를 만나 저녁 늦게 집에 들어오자 남편이 버럭 화를 내며 "왜 안 나왔느냐?"라고 따졌다.

"세상에 적반하장도 분수가 있지, 자기가 안 나오고 나더러 안 나왔다고요?"

옥신각신하다 보니, 서로 생각하고 있던 약속 장소가 달랐던 것이다. 남편은 회사 근처 ○○○로 나갔고, 아내는 동네에 있는 ○○○로 나갔던 것이다. 분명하게 구체적인 약속을 하지 않은 것이 잘못이었다.

붉은색이라고 말했을 때, 운전을 하는 사람은 교통 신호를 생각할 수도 있고, 파업을 주도하는 사람은 붉은 띠를 연상할 수도 있다. 이 밖에 상처를 입고 있는 사람은 피를 생각할지도 모른다.

이처럼 사람은 제각기 느끼는 법과 이해하는 법이 다르다. 따라서 누가 듣든 오해의 여지가 없게끔 구체적이고 분명하게 말을 해야만 한다.

• 상대의 말을 끝까지 경청하라

남의 말을 건성으로 듣거나 지레짐작을 하는 것만큼 위험한 것도 없다. 다음은 미국에서 실제로 있었던 일이다.

"지금부터 H. G 웰즈의 《우주 전쟁》을 방송하겠습니다."

이와 같은 보도에 이어 몇 분간 음악이 방송되다가 갑자기 음악이 멈추더니 아나운서가 나타나 화성에 몇 차례 연쇄 폭발이 관측되었고, 얼마 후 몇 개의 유성이 프린스턴과 뉴저지 근방에 떨어지면서 수백 명이 살상되었다는 보도를 하였다. 이어서 음악이 방송되다가 아나운서가 다시 나타나 유성인 줄 알았던 그 물체는 실상 원통형의 비행체였고, 그 속에서 기묘하게 생긴 괴물들이 나왔다고 했다. 그것은 화성인으로 추측되며, 그들이 현재 지구인들을 마구 살상하고 있다고 다급한 어조로 보도하였다. 이 외계인들의 침략 상황은 한 시간이나 계속되었다.

방송이 중간쯤 진행될 무렵, 이 방송은 '가상 드라마' 라는 말을 두 번이나 하였고, 방송이 끝날 때에도 역시 가상 드라마였다는 사실을 분명히 밝혔다.

그러나 방송을 들은 사람들 가운데는 실제 상황으로 착각한 경우가 적지 않아, 한 구역에서는 가스 공격을 받았다며 20여 세대가 젖은 수건으로 얼굴을 가리고 집을 뛰쳐나갔다. 또 어떤 사람들은 차를 타고 피난길에 올랐으며, 전국 각지로부터 피해 지방에 안부를 묻는 전화가 빗발쳤다고 한다.

이런 어처구니없는 사건이 일어난 이유는 끝까지 경청하지 않았기 때문이다.

- **지시를 받을 때는 반드시 복창을 해라**

커뮤니케이션의 역할은 올바른 의사소통이다. 전하는 사람의 말과 받아들이는 사람의 말이 일치해야만 비로소 효과가 나타난다.

언젠가 서울의 도봉구에서 강의를 마치고, 다음 강의 장소로 급히 가려고 택시를 탔다.

"앰배서더요."

우리나라 택시 기사들은 왜 그렇게 꿀 먹은 벙어리가 많은지 모르겠다. 쓰다 달다 아무 말 없이 운전만 하는 것이다. 알아들었나 싶어 잠시 눈을 붙였다. 눈을 뜨니 비원 앞을 지나는 게 아닌가. 방향이 틀린 것이다.

당황한 나는 기사에게 물었다.

"지금, 어디로 가시는 겁니까?"

"MBC 아닙니까?"

  이런 잘못을 막기 위해서 군대나 현장에서는 작업을 지시받은 사람에게 복창을 시킨다. 이것은 상대를 못 믿어서가 아니고, 고귀한 생명과 귀중한 재산을 지키기 위해서 확인하는 것이다.
  따라서 복창을 귀찮은 요식 행위로 생각하지 말고, 안전사고를 예방하고 능률을 올리는 필수 조건이라는 마음가짐으로 생활화하는 습관을 몸에 익혀야 한다.

33

교섭과 설득의 비결

설득을 시키는 것은 사람의 말이 아니라 말하는 사람의 인품이다.
— 메난드로스

자존심이 상하면 반발심리가 생긴다

1974년 8월 8일은 닉슨 대통령이 불명예스럽게 대통령직을 사임한 날이다.

사건의 발단은 민주당 본부가 있는 워터게이트 빌딩에 첩자가 숨어들었다가 체포되었기 때문이었다. 정부가 불법행위인 도청을 했다는 여론이 들끓고, 대통령의 탄핵소추가 가결되자 그 책임을 지고 대통령이 사임을 하느냐 않느냐로 고민하고 있었다.

이때 닉슨 사임극의 연출가는 헤이그 준장이었는데, 골드워터 상원의원이 실질적인 연출을 주도했다. 헤이그 준장은 골드워터 상원의원에게 말했다.

"대통령 앞에서는 '사임'이란 말을 절대로 쓰지 맙시다."
그리고 대통령 집무실로 들어갔다.
"여러분이 찾아온 이유를 알고 있소. 일을 마무리 지어 봅시다."
이렇게 이야기를 꺼내면서, 닉슨 대통령은 상하원의 표심을 보기 시작했다.
그 순간 골드워터 의원이 한마디 던졌다.
"저도 조금 전까지 상하원의 표심을 보았습니다만, 확고한 표는 4표밖에 안 됩니다. 그것도 남부 의원의 표입니다. 정세를 상당히 걱정하고 있는 의원도 있는데, 실은 저도 그 가운데 한 사람입니다."
이 한마디로 닉슨은 사임을 하게 되는 결정을 내리게 된다.
만약 "각하는 사임하셔야 합니다!"라고 윽박질렀다면, 결과는 달라질 수도 있었을 것이다.
사람의 마음을 움직여서 행동으로 옮기게 하는 데는 철칙이 있다. 그것은 설득당하고 있다는 느낌이 들지 않고, 스스로 결정했다는 느낌이 들게 해야 한다는 것이다. 인간은 누구나 나름대로 자존심이 있기 때문에, 자기가 누구에게 설득을 당하고 있다는 느낌이 들게 되면, 자존심이 상할 뿐 아니라 반발심리가 생긴다. 자존심을 건드리지 말아야 한다.

욕망을 자극하여 상대를 설득한다

인간은 욕망의 동물이다. 따라서 효과적으로 상대를 설득하기 위해서는 상대의 욕망을 자극해야 한다. 다음은 욕망의 자극을 통한 설득의 다섯 가지 방법이다.

• 이득의 욕망을 자극하라

"병사들이여! 이번에 정복할 저 장벽 너머의 땅에는 수많은 금은보화와 아름다운 여자들이 여러분을 기다리고 있다."
유럽 정복을 꿈꾸었던 프랑스의 영웅 나폴레옹은 이탈리아 침공을 앞두고 알프스산맥을 넘으면서, 지친 부하들에게 제시한 이 미끼로 병사들의 사기를 올려 마침내 승전고를 울리게 했다.
나폴레옹은 또 이런 말을 남겼다.
"인간을 움직이는 두 가지 지렛대는 공포와 이익이다."
인간은 현실적인 동물이다. 눈앞에 뚜렷한 이익이 있으면 행동하게 마련이다. 될 수 있는 한 구체적인 이익을 내걸고 설득하라!

• 자존심의 욕망을 자극하라

토머스 제퍼슨은 '자존심은 배고픔과 목마름과 추위 이상의 것을 요구한다'라고 했다. 사람이라면 누구나 자존심을 중시한다. 직장에서 인사이동이 있을 때에도 이러한 자존심이 작용한다.
"그렇다면 이 직장을 그만두겠습니다."
영전이 아닐 경우 '다른 곳으로 밀려났다'라는 자존심 손상이 사표를 내게 한다. 따라서 설득의 배려가 필요하다.
"이번에 자네가 가는 곳은 다른 사람에게 맡길 수 없는 중요한 포스트야. 자네 아니면 적임자가 없기 때문에, 힘든 곳이기는 하지만 부탁하는 거라네. 열심히 일해서 큰 성과를 올려 주기 바라네."

이렇게 자존심을 손상시키지 않고 오히려 분발을 촉구시켜 말한다면 상대는 기꺼이 받아들이게 된다. 자존심을 손상시키지 않도록, 아니 자존심을 자극하여 우월감을 느낄 수 있도록 진심으로 설득하라!

• 공포심을 자극하라

"목숨이 있는 자는 모두 괴로움을 두려워하고, 목숨이 있는 자는 모두 죽음을 두려워한다."

석가모니의 말이다.

일반적으로 설득이 먹혀들지 않는 이유는 지금의 상태로도 지낼 만하기 때문이다.

"당신은 사과를 깨물면 피가 나는 일은 없습니까? 그것은 치조 농루齒槽膿漏입니다. 내버려 두면 이가 곧 흔들리게 됩니다. 이것을 방지하려면 ○○○을 써 보십시오."

이 광고와 같이 지금 그대로 둔다면 곧 큰 위험이 뒤따른다는 사실을 인식시키면 상대는 움직이지 않을 수 없게 된다. 지금의 나쁜 상태, 상대의 공포심을 자극하여 설득하라!

• 보상에 대한 욕망을 자극하라

"천당이냐, 지옥이냐?"

목사가 제시하는 이 양자택일의 원리도 보상과 공포를 연상케 하는 설득법이다.

마차를 끌고 있는 당나귀의 눈 앞에 홍당무를 매달아 놓는 것도 목적지까지 가면 주겠다는 보상 원리, 즉 설득이다. 비즈니스 세계에서 경쟁을 붙일 때 이 방법은 매우 효과적이다.
"이번 3개월 동안에 최고의 실적을 올린 사람에게는 보름 휴가에 제주도 여행까지 보내 준다."
"매상을 5퍼센트 더 증가시키면 당신은 승진하게 될 것이다."
이처럼 성취한 후의 보상을 연상시킬 때 마음이 움직이게 된다. 보상의 욕망을 자극하여 설득하라!

- 갈증의 욕망을 자극하라

"말을 물가로 끌고 갈 수는 있어도, 말에게 억지로 물을 먹일 수는 없다."
그러나 말에게 소금을 먹이면 곧 갈증을 느껴 물을 마시려고 할 것이다.
연료를 팔기 위해서 램프를 무상 공급한 회사가 있다. 램프 값이야 얼마 안 가지만 연료는 계속 사서 써야 한다. 또 컴퓨터를 교육 기관에 무상으로 기증하고 그 부속품이나 연관된 제품을 사 쓰게 만드는 경우도 있다.
'세상에는 공짜가 없다'라는 말은 평범한 상식인데도 많은 사람은 공짜를 좋아한다. 공짜 심리, 갈증의 욕망을 자극하여 설득하라! 다만 목적은 어디까지나 선善에 두고 설득하라!

참다운 설득은 래포 상태이다

1970년대 초, 새로운 과학 분야인 '신언어新言語 프로그램'이 탄생했다. 이 프로그램은 사람들이 무엇을 하든 그 상황에서 최선의 자기표현을 할 수 있는 요인에 관심을 두고, 커뮤니케이션의 패턴을 공식화하였다. 몇 년이 지난 후 이 모델을 근거로 유명한 최면학자 밀턴 에릭슨Milton Erickson 박사는 '래포rapport의 기술'을 발전시켰다.

래포란, 조화와 일치를 의미하는 단어로 사람과 사람이 대화할 때 조화를 이루어 상호 이해가 교류되며, 서로 의견이 일치되어 같은 행동을 하게 하는 상태를 가리킨다.

다음은 설득의 대화에서 가장 이상적인 래포의 기본 원리 네 가지이다.

• 원리 1: 커뮤니케이션의 최대자원은 사람이다

어떤 일이나 마찬가지지만 특히 커뮤니케이션은 사람과 사람 사이에서 이루어진다. 따라서 사람에게 관심을 둬야 한다. 우리가 새로운 사람을 만나게 될 때 처음에는 자신의 문제에 관심을 두고, 그다음에 상대에게로 향하게 마련이다. 바로 이때 다른 사람에게 관심을 돌리게 될 때 비로소 래포의 형성이 시작된다.

• 원리 2: 사람들은 자기의 방법으로만 보고 듣고 느낀다

사람들은 당신과는 다르게 세상을 바라본다. 즉 사람은 누구나 각자가 다른 지향을 가지고 자기가 들은 것(청각적)과 본 것(시각적), 느낀 것(감정적)에 바탕을 두고 평가하게 마련이다. 그런데 청각, 시각, 감정의 세 가지 유형을 모두 사용하긴 하지만, 사람에 따라서 그중의 한 유형에 강한 선호 경향을 보인다.

"나는 그가 말하는 방식이 싫어!"
"그 사람이 그 말을 했을 때, 그의 태도가 어땠는지 너도 봤어야 했어."
"그 사람과 함께 있을 때, 왠지 기분이 좋지 않았어."
이런 반응들은 그 사람이 한 말의 내용과는 관계없이 커뮤니케이션의 효과에 나쁜 영향을 주게 된다. 어떤 사람에게서 강한 매력을 느꼈던 때를 상기해 보자.
처음 만났을 때 건네었던 말들, 말하는 방법과 몸짓, 목소리와 억양과 유머, 외모나 머리 모양 그리고 시선, 느껴지는 인상 등 이것들에 따라서 그가 한 말의 내용에 대한 당신의 평가는 크게 달라진다.

• 원리 3: 자신의 처지가 아닌 상대의 처지에서 말해야 한다
래포는 사람의 마음의 문을 여는 열쇠이다. 사람들은 자신의 주변 환경을 자기 처지에서 받아들인다. 따라서 효과적인 커뮤니케이션을 위해서는 상대에게 맞는 대화의 패턴과 생리적인 반응을 변화시켜 나가야 한다.

• 원리 4: 공통점을 지닌 사람들은 친숙해지는 경향이 있다
우정과 같이 오래가는 관계는 두 사람 사이에 공통점과 유사성에 의해서 이룩된다. 특히 유사성은 두 사람을 쉽게 친숙하게 만드는데, 이 유사성을 갖기 위해서는 래포 상태가 되어야만 한다.
사람들과 말을 할 때 그들의 독특한 선호 유형을 이해해야 커뮤니케이션의 장애를 제거할 수가 있다. 따라서 표현하는 낱말, 말하는 속도, 어조, 억양 그리고 말하는 태도 특히 긍정

적인 맞장구나 몸짓을 적절하게 사용해야만 한다.

오늘날과 같은 최첨단의 정보 시대에 래포의 기술은 아주 중요한 설득 방법이다. 당신은 다른 사람에게 관심을 두고 있는가, 상대가 좋아하는 방법으로 말하는가, 상대의 처지에서 말하는가, 공통점을 연출하는가를 체크하도록 하자.

34

협상의 법칙

협상이란 전문가들의 영역이 아니라 모든 사람이 알아야 할 실용적인 것이다.
— 허브 코엔

인품의 법칙: 먼저 호감 받는 사람이 되라

현대는 커뮤니케이션의 시대이며, 설득의 시대이다. 인류의 역사가 투쟁과 협상의 기록이듯이, 인생은 경쟁과 설득의 연속이다. 특히 직장인에게 설득력은 성공의 척도가 된다. 그렇다면 협상에서 성공할 수 있는 설득의 방법에는 어떤 것이 있을까?

철학자 아리스토텔레스는 설득의 방법으로 에토스ethos, 로고스logos, 파토스pathos를 꼽았다. 에토스란 말하는 사람의 인품으로, 사람들을 자기 뜻대로 움직이는 '설득說得의 명수'가 되고 싶다면 우선 호감 받는 사람이 되어야 한다는 것이다. 사람은 누구나 자기가 좋아하는 것에 관심을 두고, 좋아하는 사람의 말에 귀를 기울이며, 좋아하는 사람을 따르려고 하기 때문이다.

비즈니스뿐만 아니라 인간관계에서도 호감도는 그 사람을 평가하는 중요한 기준으로 작용하고 있다.

논리의 법칙: 논리에는 논리로 대응하라

인간은 항상 새로운 논리에 신선한 매력을 느낀다. 그러나 어떠한 논리에도 허점은 있게 마련이다. 이런 논리의 아킬레스건을 간파당하면 상대는 쉽게 굴복하는 법이다.

어느 사장이 과년한 딸의 신랑감을 고르기 위해, 두 청년에게 총명함을 테스트하였다.

"솔잎은 어찌하여 사시사철 푸른가?"

사장의 엉뚱한 질문에, 한 청년이 재치 있게 대답을 했다.

"속이 가득 차, 항상 푸른 기운을 내뿜기 때문입니다."

"그렇다면 산은 어찌하여 높은가?"

그러자 이번에도 먼저 번 청년이 대답하는 것이었다.

"네, 그것은 돌과 흙이 차곡차곡 쌓여 있기 때문입니다."

사장은 두 번의 질문을 그럴듯하게 응수하는 청년이 믿음직스러워 마지막 질문을 던졌다.

"그러면 기러기는 가을 하늘을 날며, 왜 우는가?"

이 질문에 쐐기를 박듯이, 역시 먼저의 청년이 답하였다.

"그것은 기러기의 목이 긴 탓이지요."

사장은 세 번의 질문을 거침없이 답변한 청년에게 결혼을 승낙하려고 하는 찰나, 지금까지 침묵을 지키던 청년이 입을 열었다.

"잠깐 제 말씀 좀 들어 보십시오. 솔이 푸른 까닭은 속이 가득 차 그러하다면 대나무는 속이 텅 빈 주제에 어찌 푸르고, 산이 높은 까닭은 차곡차곡 쌓여서 그러하다면 하늘은 어찌 높으며, 기러기의 목이 길어 운다면 개구리는 목이 짧은데도 불구하고 어찌 우는지요?"

감정의 법칙: 상대의 감정에 호소하라

미국의 뛰어난 세일즈맨 중 한 사람이었던 프랭크 베트거가 다니던 교회에서는 새로운 교회 건립을 위하여 모금운동을 벌이고 있었다. 그런데 그 지역에서 제일가는 부자를 여러 번 찾아갔으나 번번이 문전박대를 당했다.

부자는 자신의 외아들이 괴한에게 살해를 당하자 상심한 나머지 세상과 인연을 끊었기 때문이었다.

사연을 들은 프랭크 베트거는 이튿날 오후 부자의 집에 찾아가 현관 벨을 눌렀다. 얼마나 시간이 지났을까. 그냥 돌아서려고 할 때, 조용히 문이 열리며 슬픈 얼굴을 한 노인이 나타났다.

"누구세요?"

"당신의 이웃입니다. 몇 분 동안만 말씀을 좀 나누고 싶습니다만……."

"무슨 일인데요?"

"당신의 아드님에 관한 얘기입니다."

"들어오십시오."

노인의 서재로 안내된 베트거는 다음과 같이 말을 꺼냈다.

"저는 당신의 커다란 상실감을 알고 있습니다. 저에게도 외아들이 있으므로 진심으로 동정해 마지않습니다. 그래서 아드님을 기리기 위해, 새로 세워지는 교회에 아름다운 스테인드글라스 창문을 기부해 주셨으면 해서 왔습니다만……."

부드럽고도 공손한 베트거의 말에 노인은 관심이 끌리는 듯 물었다.

"그 창문 값이 얼마나 됩니까?"

"얼마가 들지는 아직 저도 잘 모르겠습니다. 적당하다고 생각하시는 액수면 좋겠습니다."

몇 분 후 베트거는 5천 달러짜리 수표를 받아서 나왔다.

프랭크 베트거가 여러 사람이 거절당했던 부자에게서 쉽게 거금을 받아 낼 수 있었던 이유는 상대의 처지에서 말했기 때문이다.

여유의 법칙: 서두르지 않는 자가 이긴다

미국의 금융자본가로서 '전설적인 인물'인 J. P 모건John Pierpont Morgan(1837~1913)은 협상의 명수였다.

US 스틸의 주식을 대량으로 보유하고 있던 어느 형제가 모건에게 주식을 팔아 보기로 했다. 그들은 모건의 사무실로 가면서 얼마를 받을 것인가에 대해서 입씨름을 했다.

"900만 달러 이하의 값으로는 절대로 안 돼."

형의 말에 아우가 수정을 하였다.

"천만에, 그는 빈틈없는 사람이라서 그렇게 많이는 못 받을 거예요. 700만 달러가 적당해."

그런데 모건은 그들을 만나자마자 엉뚱하게도 다음과 같이 말하는 것이었다.

"자네들과 길게 이야기할 시간이 없네. 1,500만 달러 이상은 한 푼도 더 줄 수가 없어."

보통 사람들 같으면 얼씨구 좋구나 하고 주식을 넘겼을 것이지만, 이 형제들은 달랐다.

"그것 참 실망스럽군요. 저희는 최저 2,000만 달러는 받을 것이라고 생각했는데요."

그러자 모건은 기대한 대로 다음과 같이 흥정을 했다.

"그럼, 그 중간치로 하지."

이 형제는 먼저 조건을 제시하지 않음으로써, 세계적으로 손꼽히는 협상의 명수를 상대로 몇백만 달러를 더 번 셈이다.

자기가 먼저 조건을 제시하지 않고 상대가 조건 제시를 하게 하는 것, 이것이 또한 협상에서 설득 대화의 극치가 아닌가 한다. 협상의 대화는 서두르지 않고 여유를 갖는 것이 중요하다.

35

나를 어떻게 알릴 것인가?

사회적 신분은 실력에 의해서가 아니라, 실력의 표시에 의해서 얻어진다.
— L. 트릴링

문제 있는 한국인의 자기 PR

오늘날처럼 자기소개가 빈번한 시대는 일찍이 없었다. 우리는 좋든 싫든 여러 모임에 참석하게 되는데 그때마다 등장하는 것이 자기소개이다.

자기가 자신에 관한 이야기를 하니까 화제는 풍부할 텐데, 막상 자기소개를 하라고 하면 "○○회사의 사장, ○○○입니다" 하고 직책과 이름만을 소개하는 사람이 너무도 많다.

외국인들은 직장이나 직책이 아닌 개인적인 이야기를 소개한다. 우리나라에 와 있는 한 외국인은 '한국 사람은 이해 못 할 점이 많다'라고 하면서 다음과 같은 이야기를 들려주었다.

비즈니스 상대인 어느 중소기업 사장이 자기소개를 너무 간단히 하기에 몇 가지 궁금한 것을 물어보았다.
"집은 살기 좋은 곳입니까?"
"게딱지만 한 집이 한 채 있는데, 교통이 복잡해서 살기에 불편한 곳입니다."
"그럼 부인은 현모양처이겠군요?"
"웬걸요. 못생긴 마누라가 바가지만 긁어서 죽을 지경입니다."
"그렇다면 아이들은요?"
"말썽꾸러기가 두 놈 있는데, 공부를 안 해서 대학에나 갈 수 있을지 걱정이 태산 같습니다."

그래서 '참으로 불행한 사람이구나. 집은 게딱지만 하고, 마누라는 못생긴 게 바가지만 긁어 대며, 아이들마저 희망이 없다'라는 생각을 하니 더는 사귈 마음이 싹 가시더라는 것이다.

그러나 그 마음을 아는지 모르는지 집으로 초대를 해서 마지못해 방문했다가 몇 번이나 놀랐다고 한다. 우선 집이 고래 등 같은데 놀랐고, 부인이 미인인데 놀랐으며, 아이들이 얌전한데 놀랐다는 것이다. 더욱 놀란 것은 상다리가 부러지게 진수성찬을 차려놓고는 "차린 건 변변치 않지만 많이 드십시오" 하는 것이다. 겸손도 좋지만 이 정도가 되면 곤란하다.

자기소개란 타인들에게 나라는 존재를 알리고 더욱 많은 사람과 바람직한 인간관계를 맺는 일종의 자기 PR이다. 따라서 자신을 돋보이게 어필시키는 요령을 발휘하지 않으면 평가절하되기 십상이다.

즉 효과적인 화법으로 호감 받는 이미지를 심어주어야 한다.

이름은 곧 상표이다

자기소개에서 가장 중요한 것은 이름이다. 이름은 그 사람의 상표와 같은 것이기 때문이다.

우리 주위에는 자신의 이름을 상대가 몰라주기 때문에 섭섭해하는 경우가 많다. 나는 상대의 이름을 기억하고 있는데, 상대가 나의 이름을 기억해 내지 못한다면 나의 존재 가치를 무시당한 기분이 들기 때문이다. 그러나 상대가 나를 몰라준다고 섭섭해하기에 앞서, 자기소개를 할 때 사람들이 자신을 기억하게끔 얼마나 노력했는가를 생각해 볼 일이다.

다음은 한 여성의 자기소개이다.

"여러분은 작고한 원로 가수 김정구 씨를 아시는지요? 권투 선수 장정구 씨도 물론 아실 겁니다. 저의 이름은 김정구도 장정구도 아닌 '전정구' 입니다. 저는 노래와 권투를 즐깁니다. 전정구! 앞으로 전정구를 많이 사랑해 주세요."

원로 가수인 고故 김정구 씨와 권투 선수 장정구 씨를 연상시켜서 전정구라는 평범한 이름을 각인시킨 좋은 본보기이다.

언젠가 월간 여성잡지 기자가 인터뷰를 요청했다.

"선생님의 존함은 익히 알고 있었습니다. 이번 저희 잡지에서 특집을 마련했습니다. 그래서 선생님의 고견을 듣고 싶어서 찾아뵈었습니다."

"그래요. 내 이름은 잘 알고 있다고 했는데, 당신 이름은 뭐요?"

"죄송합니다. 미처 제 이름을 말씀드리지 않았군요. 제 이름은 한 번만 들으시면 절대로 잊지 않으실 겁니다."

"이름이 뭐기에, 그렇게 자신이 있소?"

"선생님은 하루에 몇 명이나 사람을 상대하고 계신가요?"

"글쎄… 개인적으로는 몇 명 되겠소만, 강의를 듣는 상대는 몇백에서 몇천 명이 될 때도 많지요."

"제 이름이 바로 '상대' 입니다. 사람 상대할 때의 상대, 성은 박 씨이고요. 박상대! 기억하기 쉽지요."

참으로 엉뚱하기 그지없는 자기소개이다. 그런데 왠지 그 후부터 '박상대' 라는 이름이 뇌리에서 사라지지 않는다.

인간의 두뇌는 컴퓨터와 비슷하다. 컴퓨터에 정확하게 입력된 자료가 정확하게 출력되듯이, 상대의 기억 속에 자신의 이름을 인상적으로 각인시킬 필요가 있다. 특히 자기소개를 할 때 처음에 이름을 말하고, 마지막에 또 한 번 이름을 말하는 것이 효과적이라는 사실도 명심해야 한다.

효과적인 자기소개 방법

자기소개의 목적은 우선 자신의 이름을 기억하게 하고, 다음에는 사람됨을 알리는 것이며, 끝으로 여러 이야기로 다른 사람의 인상에 남게끔 하는 데 있다.

- **이름을 잘 기억하도록 알린다**

앞에서 언급한 방법도 좋고, 영어나 한자 등의 문자로 뜻풀이를 하는 것도 좋다. 그러나 이름을 알렸다고 자기소개가 끝난 것은 아니다. 이름을 알고 나면 미지의 사람들은 그가 무엇을 하며, 어디에 근무하는 사람인가도 알고 싶어한다.

- **자신의 직업이나 직장을 알려야 한다**

그렇다고 업무나 근무처에 대해서 장황하게 늘어놓거나 전문적인 용어를 남발해서는 안 된다. 가능한 한 알기 쉬운 말로 간단하게 소개하는 것이 효과적이다.

- **지금 살고 있는 곳이나 고향을 소개한다**

현재 자기는 어느 곳에 살고 있으며, 고향은 어디인가를 알린다. 그러나 번지수나 전화번호까지 알릴 필요는 없다. 너무 세세한 것까지 다 말하면 듣는 사람에게는 혼란이 생겨 아무것도 인상에 남지 않을 것이다.

- **학력이나 출신학교를 알린다**

학력은 그 사람의 지적 능력을 가늠케 하며, 출신학교는 선후배의 유대 관계를 알려주는 좋은 정보가 된다. 그러나 결코 자랑이 되어서는 안 된다. 듣는 사람 중에는 출신학교에 콤플렉스를 느끼는 사람도 있기 때문이다.

- **경력이나 연령을 알린다**

경력은 그 사람이 사회생활을 해온 과정이기 때문에, 자신의 경력을 알리는 것은 상대에게 믿음을 줄 수가 있다. 그러나 이것도 너무 장황하게 늘어놓아서는 안 된다. 또한, 연령은 알려서 좋을 때가 있고, 알려서 좋지 않을 때가 있다. 특히 여성에게는 세심한 배려가 필요하다.

- **가족 사항을 알린다**

'가족을 공개할 수 있는 사람은 우선 믿어도 좋다' 라는 말이 있다. 가족은 그 사람의 뿌리이기 때문이다. 그러나 호적 조사를 하듯이 너무 상세하게 설명할 필요까지는 없다.

- 취미나 특기를 알린다

취미는 자기가 좋아서 자주 하는 것이고, 특기는 자기가 남들보다 뛰어나게 잘하는 것이다. 취미는 동호인에게 호감을 느끼게 하며, 특기는 남들로부터 인정받는 요소이다.

- 독서 성향을 알린다

책은 읽는 사람에게 지식과 교양을 주며 인격을 함양시킨다. 따라서 어떤 책을 읽느냐에 따라서 그 사람의 인격을 알 수 있게 마련이다. 특히 가장 감명 깊었던 책을 소개하는 것도 빠뜨리지 말자.

- 생활신조나 가치관을 알린다

어떤 가치관이 있으며, 생활신조가 무엇인지를 알면 그 사람의 됨됨이를 파악하는데 도움이 된다. 따라서 가치관이나 생활신조를 알리는 것은 좋은 자기소개이다.

- 10년 후의 미래상을 알린다

'사람은 꿈을 먹고 산다'라는 말이 있지만, 10년 후의 미래상은 그 사람의 희망이나 노력의 방향을 담고 있기에 자신을 알리는 좋은 소재가 된다. 이것은 사람들에게 알리는 일차적인 효과 이외에 스스로에게는 더욱 노력에 박차를 가하는 효과까지 있다.

이상 열 가지 기본 사항을 들었지만 이 모두를 다 말할 필요는 없고, 대상이나 상황에 따라 몇 가지를 골라서 구체적으로 소개하면 좋다.

자기소개의 언행과 예절

자기소개를 할 때는 품위 있는 언행과 예절을 갖추어야 좋은 이미지를 줄 수 있다.

• 인사부터 해야 한다

처음에 일어나서, 겸손하면서도 절도 있게 인사를 하고, 소개가 끝나면 역시 절도 있게 인사를 한다. 사람은 누구나 인사받기를 좋아하며, 인사를 못 받으면 자신을 무시한다고 생각하기 십상이다. 따라서 자기소개의 내용도 중요하지만 인사성이 밝아야 한다는 사실을 명심할 일이다.

• 맑고 정확하게 큰 소리로 말해야 한다

맑고 큰 목소리는 자신감의 표현일뿐만 아니라, '목소리가 큰 사람치고 나쁜 사람은 없다'라고 하듯이 신용까지 얻는다. 또한, 무엇을 말하는지 모를 정도로 우물우물해서는 평가절하되기 십상이다. 따라서 정확하게 발음하지 않으면 안 된다.

• 말씨에 유의해야 한다

요즈음은 거두절미하고 제멋대로 말하는 경우가 많은데, 이것은 사회생활에서 나쁜 점수를 받는다. 그 분위기나 상대에 알맞은 존댓말, 상식에 어긋나지 않는 말씨를 사용해야 좋은 점수를 받는다.

• 비굴하게 보여서는 안 된다.

사회적 신분이 높은 사람들 앞에서 자기소개를 할 경우, 자신을 비하시키거나 아첨하는 말을 하는 사람이 있는데 꼴불견이다. 신분이 높든 낮든 또 학력이나 재력이 어떻든 간에 있는 그대로 솔직하고 성의 있게 소개하면 좋다.

• 일화를 곁들여야 한다

아무리 예의가 바르고 기본 사항을 다 말했다고 하더라도 평범하게 말해서는 사람들의 마음속에 기억되기 어렵다. 따라서 깍듯이 예의는 갖추되, 상대에게 호감을 살 수 있는 화법으로 특히 재미있는 일화를 곁들이는 것이 효과적이다.

그러나 일화를 말한답시고 격에 맞지도 않는 이야기를 억지로 꾸며 해서는 역효과가 나기 쉽다. 어디까지나 개성적이고 돋보일 수 있는 일화가 아니면 차라리 평범하지만 성의 있는 자기소개가 낫다.

● 성공을 위한 자기 PR

- 자신의 성격적 특징을 모두 플러스로 전환하여 어필하라!
- 자신은 상대에게 도움이 되는 인간이라는 신념을 지녀라!
- 자신의 모든 꿈과 열정을 상대에게 마구 발산하라!
- 꾸미려 하지 말고, 있는 그대로의 모습으로 승부를 겨루어라!
- 당당함과 겸허함을 항상 겸비하라!
- 상대한테 좋은 인상을 주는 말씨에 유의하라!
- 함부로 말하지 말고, 자신과 상대에게 영감을 주는 말을 하라!
- 남의 흉내는 내지 말고, 자신이 생각한 것만을 어필하라!
- 첫 만남이라면 전력을 기울여 자신을 선전하라!
- 타인에게 자신을 알리는 노력을 결코 아끼지 마라!

36

타인에게 호감을 사는 자기소개

원하든 원하지 않든 간에, 말 한마디가 남 앞에 자기의 초상을 그려 놓는 셈이다.
— R. W. 에머슨

유형별로 본 자기소개

실제로 자기소개를 어떻게 하는 것이 좋은지, 몇 가지 유형별로 살펴보자.

• 인상파 형

저는 술과 여자를 좋아합니다. 이름은 김주호입니다. 술 주酒에 좋을 호好, 그러니 어찌 술과 여자를 좋아하지 않을 수가 있겠습니까?
직업도 이름에 걸맞게 양조장을 합니다. 부친의 대를 이어 하고 있는데, 창업한 지 25년이 됩니다. 제 손으로 정성껏 만든 술을 아내의 허락을 받아서 마음껏 들이켤 때면 바로 천국에 가 있는 기분입니다. 또한, 저는 여자를 무척 좋아하는데, 여러분의 기대와는 달리 우리 집에 살고 있는 여자를 좋아합니다. 어머님이 한 분, 아내 그리고 딸아이가 넷이나 되어 저는 매일 꽃밭에서 살고 있습니다. 여자들에게 둘러싸여 가정도 원만하고 사업도 번창하니, 세상에 저만큼 행복한 사람도 드물 것입니다. 포천 시내에서 양조장을 하고 있으니, 지나시는 길에 꼭 한번 들러 주십시오! 진짜 막걸리를 대접하겠습니다.

술과 여자를 좋아하는 김주호! 소박한 생활에 만족하는 김주호를 기억해 주시기를 바라며, 앞으로 잘 부탁드립니다.

• 흥미 유발 형

저는 김철수입니다. 별명은 방배동이고요. 우리나라에서 가장 많은 성이 김 씨이고, 가장 흔한 이름이 철수입니다. 언젠가 전화번호부를 보니까 김철수라는 이름이 꽤 많더군요. 어떤 모임에 나가면 '아니, 댁도 김철수인가요?' 하는 말을 심심치 않게 듣게 됩니다. 그래서 전화번호부의 김철수들에게 연락을 해서 '김철수 모임' 까지 가졌습니다.

그러나 모두가 김철수이므로 누가 누구인지 구별되지 않아, 할 수 없이 살고 있는 지명이나 직업 등으로 부르는 습관이 생겼는데, 저는 방배동에 살고 있기 때문에 '방배동' 이 되었습니다.

저의 직업은 회계사, 세무 상담은 꼭 저를 찾아 주시면 감사하겠습니다. '방배동의 김철수' 를 잘 기억해 주시기 바랍니다.

• 반복 형

저는 박영성입니다. 별명은 '붉은 창고'이며, '영원히 성하라' 라고 해서 영성입니다.

보시다시피 비교적 피부는 하얀 편인데 왜 '붉은 창고'냐고 물으시겠지요? 옛날 저의 할아버지께서 마을 한쪽에 붉은 벽돌로 커다란 창고를 지어 놓으셨답니다. 지금은 좀 달라졌지만, 제 어린 시절에 붉은 창고는 장관이었습니다. 그래서 붉은 창고 집 손자에서 주인이 된 제게 '붉은 창고'란 별명이 붙은 것입니다.

또 돌림자는 '성'으로 '길이 장사가 성하여라' 하는 뜻에서 영성이라고 지어졌습니다. 직업은 청주에서 직물 도매상을 하고 있으며, 박영성이라는 이름 덕분에 크게 번성하고 있습니다. '붉은 창고, 박영성'을 잘 부탁합니다.

• 문자 분석 형

여러분! 반갑습니다. 저의 이름은 박항조라고 합니다. 제 이름은 한 번 말해서는 좀처럼 알아듣지 못하는 사람이 많아서 여간 불편하지가 않습니다.

한 번 더 들어보십시오. 박항조! 나무 목木변에 점 복卜자로 박 씨이고, 이름은 마음心변에다 뻗칠 궁亘자를 쓴 항상 항恒에, 비칠 조照자를 썼으니 '항상 비친다'라는 뜻으로 항조입니다. 바깥조가 아닌 '박항조'입니다.

직업은 토목 사업의 하도급을 맡고 있습니다. 지하철이나 전기, 가스 매설 공사 등 언제나 여러분이 지나다니시는 땅속에 묻혀서 늘 전기로 조명을 비추며, 두더지처럼 굴을 파는 힘든 일입니다. 그러나 '항상 비친다' 는 박항조는 이름답게 잘 해내고 있습니다.

• 신체 특징 형

저는 이건산이라고 합니다. 흔한 성 이李가에다 건강하다는 건建자, 뫼 산山자입니다. 특히 산이라는 글자는 저한테 꼭 들어맞는다고 생각합니다. 우선 산 같은 덩치, 신장 180센티미터, 체중 102킬로그램의 씨름꾼 같은 체격, 보기만 해도 산을 연상케 하지 않습니까?

그리고 이 얼굴을 보십시오. 털보 얼굴에 큰 입, 맹수같이 큰 이빨, 부리부리한 눈, 바늘처럼 빳빳한 머리털, 그야말로 산사나이의 상입니다. 그러나 성격은 격에 맞지 않게 부드럽고 섬세하면서도 대쪽 같으며 산을 좋아합니다.

직업은 산을 상대로 하는 건재상을 하고 있습니다. 상호도 '산'이라고 지었습니다. 집을 신축하시거나 개축하실 때 저희 '산 상회'의 재목을 권합니다. 하나에서 열까지 산과 인연이 깊은 사나이, 이건산을 앞으로 잘 부탁드립니다.

• 명사 인용 형

한갑수가 제 이름입니다. 한글학자 한갑수 박사와 이름이 똑같습니다. 이름이 같아서 그런지 닮은 데가 몇 군데 있습니다.

우선 이마가 훤하며, 한갑수 박사처럼 앞머리가 약간 빠지기는 했지만 머리칼이 희지 않고 검은데다 안경까지 걸쳤지요. 그리고 노래도 잘 부릅니다. 저도 한글에 대해서는 약간 조예가 있습니다. 서예도 좀 하며, 회사 내에서이지만 강의도 합니다. 그래서 그런지 무슨 문제가 생기기만 하면 사람들이 저를 찾아와 '한갑수 씨, 이 말이 맞습니까?' 하고 곧잘 묻곤 합니다. 유명한 한갑수 박사만큼은 못 되어도 박학다식하게 살려고 노력하고 있습니다.

직업은 은행원인데 연수부에서 강의를 맡고 있습니다. 여러분과 오래 사귀고 싶습니다. 한갑수, 제 얼굴을 기억해 주세요.

• 별명 형

여러분! 점돌이 하면 무엇이 생각납니까? 바둑이가 생각난다고요? 제가 바로 점돌이올시다.

저의 이름은 박점도인데, 친구들 사이에서는 점돌이로 통하고 있습니다. 사연인즉 제 얼굴에는 보시다시피 큰 복점이 하나 있지요. 그래서 어렸을 때 할머니가 '점돌이'라고 부르신 데 연유했습니다.

또 저의 집에는 검정과 하얀색으로 얼룩진 강아지 세 마리를 기르고 있는데, 이놈들이 여간 재롱을 부리는 게 아닙니다. 저를 무척 따르고 저 또한 대단한 애견가입니다. 그래서 집사람은 저더러 '점돌이 아빠'라고 놀리기까지 한답니다.

직업은 보석과 시계, 기타 장식품 점을 경영하고 있습니다. 상호는 '점돌이 보석상'입니다. 박점도, 별명 '점돌이'를 잘 기억해 주시기 바랍니다.

• 이름 강조 형

반갑습니다. 제 이름은 김중도입니다. 가운데 중中에 섬 도島로 섬의 중간에서 태어났다고 해서 중도라고 지었답니다. 제

고향이 제주도이거든요. 보시다시피 살도 중간 정도로 찌고, 키도 중키에 학교 다닐 때 성적도 중간 정도였습니다.

저의 신조는 어떤 일에나 극단적으로 기울지 않고, 서둘지도 않거니와 늦추지도 않는 중용의 도를 지키는 것이랍니다.

희망도 건강한 보통 사람으로 사는 것입니다. 출세해서 정상을 달리는 것도 좋지만, 그렇게 되기까지는 얼마나 힘듭니까? 그렇다고 너무 가난하거나 처지는 생활은 구차스럽고요. 그래서 저는 중간 정도로 살기를 작정했습니다.

직업은 회사원으로서 무역 파트를 맡고 있습니다. 김중도를 잘 부탁드립니다.

37 부부의 대화법

아무리 가까운 부부 사이에도 해서 될 말이 있고, 해서는 안 될 말이 있다.
— 조동춘

무엇이 의사소통을 방해하는가?

어느 노부부가 결혼 50주년을 맞아 금혼식을 하게 되었다. 자식과 손자, 증손자 그리고 마을 사람들이 금혼식에 참석하여 그들 부부를 축하해 주었다.

시장이 와서 행운의 열쇠를 선물했고, 컨트리클럽에서는 점심을 제공했다. 오후에는 차 마시는 시간을 가졌고 저녁에는 만찬식이 있었다. 밤 열 시가 되어서야 공식적인 축하 파티가 모두 끝났다.

언제나 해 오던 대로 남편은 부엌으로 갔다. 빵에다 잼을 바르고 우유도 조금 준비했다. 잠자리에 들기 전 아내와 함께 늘 즐기던 음식이었다.

남편은 아내를 불러 부엌으로 오라고 했다. 그런데 아내는 부엌 식탁에 앉더니 이내 눈물을 흘리는 것이 아닌가. 남편은 자리에서 일어나 아내 옆으로 가서 아내를 포옹하며 도대체 어찌 된 영문이냐고 물었다.

아내는 눈물을 글썽거리면서 고백했다.

"오늘같이 특별한 날에, 왜 항상 그랬던 것처럼 맛없는 부분만 저한테 주는 거예요?"

남편은 언제나 빵의 끝쪽을 아내에게 잘라 주곤 했었다. 이 말을 들은 남편은 충격과 놀라움을 금치 못하였다.

"여보, 난 정말 그런 줄 몰랐소. 난 내가 가장 맛있다고 생각하는 부분을 당신에게 주었다오. 난 당신이 그걸 알고 있는 줄 알았어요."

웃어넘기기에는 너무도 심각한 이야기가 아닐 수 없다. 남편은 아내에게 '가장 좋은 것'을 주었다. 그런데도 아내는 그것이 '가장 나쁜 것'이라고 받아들였다.

이 이야기가 말해 주듯이 효과적인 의사소통을 방해하는 한 가지는, 확인하지 않고 단지 추측하는 것이다. 남편은 아내에게 가장 좋아하는 부분을 주고 있다고 추측했다.

이런 잘못된 의사소통의 사례가 우리들의 일상생활에서도 심심찮게 생겨난다. 잘못된 의사소통은 개인 간에는 불신을 빚어내고, 화목을 깨트린다. 따라서 효과적인 의사소통을 위해서는 함부로 추측하지 말고, 상대방이 진정으로 무엇을 바라는지를 확인해야 할 것이다.

살리는 말, 죽이는 말

중국에서는 부부 싸움이 시작되어 남편이 아내에게 완력을 행사할 단계가 되면, 아내가 길거리로 달려나가 고래고래 소리를 지른다고 한다.

"여러분! 제 말 좀 들어보세요. 제 남편은 저러했고, 저는 이러했어요. 어느 쪽이 나쁜지 결정해 주세요."

그러면 동네 사람들이 나와서 심판을 해준단다. 만일 남편이 손찌검을 했다면 두말할 것도 없이 나쁜 남편이 된다. 그런데 우리나라에는 이런 사회적 조정이 없기 때문에, 자칫하면 사태가 악화하여 이혼까지 하는 경우도 없지 않다.

부부간의 말 한마디가 얼마나 중요한가, 그 실례를 들어보자.

"뭐야? 이 찌개 맛이! 그만큼 말했는데도 아직도 알아듣지를 못해? 이 멍청한 여편네야!"

어린애 뒤치다꺼리부터 남편 시중까지 하느라고 눈코 뜰 새 없이 바쁜 아내도 짜증이 났다.

"그게 어떻단 말이에요! 내 입에는 잘 맞는데……."

"뭐라고? 당신 입에만 맞으면 다야?"

"짜면 짠 대로 그냥 먹으면 되지. 음식 갖고 웬 타박이에요, 타박이. 돈도 많이 못 버는 주제에……."

"뭐야? 이런……."

이렇게 되면 끝장이다. 성미 급한 남편이라면 밥상을 뒤집어엎든가, 뺨을 한 대 올려붙이기 십상이다. 이런 경우의 폭력은 이혼으로 발전할 수 있다. 대수롭잖은 찌개라고 가벼이 여겨서는 안 된다. 부부간의 이런 사소한 응어리가 자기도 모르는 사이에 암세포처럼 번져서 끝내는 파국으로까지 치달을 수도 있는 것이다.

물론 신혼 당시에는 그렇지 않았을 것이다.
"여보, 이 찌개 맛이 어때요?"
"응, 조금 짠 듯하지만 그런대로 먹을 만해."
응석 어린 아내의 말에 남편은 너그럽게 어루만지듯 말했을 것이다. 한 달쯤 지난 후에도 계속 짜면 남편의 말이 달라진다.
"아무래도 내 입맛에 맞는 찌개는 못 끓이는 모양이지?"
"어머! 이게 짜요? 당신 입은 이상하군요!"
못마땅해하던 남편은 큰 소리로 따진다.
"이게 짜지 않단 말이야? 이게!"
아내는 퉁명스러운 말로 대답한다.
"왜 큰소리를 쳐요? 내일부터 싱겁게 끓이면 되잖아요."
몇 달이 지난 후에 또 짜게 끓였다면 어떻게 말할까?
"몇 번씩이나 말해야 알아들을 거야? 이 찌개 맛이 도대체 뭐야? 이런 걸 먹으라고 밥상에 올려놔?"
남편의 고함이 터져 나오면 아내도 지지 않는다.
"무슨 남자가 찌개 맛을 가지고 일일이 따진담. 쩨쩨하게!"
남편도 참다못해 폭언을 하거나 완력을 쓰게 된다. 물론 신혼 당시의 분위기 있는 대화가 계속될 수는 없는 것이 결혼생활이다.

사소한 것에 목숨을 걸어서야

'아' 다르고, '어' 다르다고. 같은 내용의 말이라도 어떻게 말하느냐에 따라서 그 결과는 크게 달라진다. 앞서 소개한 찌개 사례에서 남편이 이렇게 말하면 어떨까?

"여보, 이 찌개 좀 짜지 않아? 난 혈압이 높은 편이니까 되도록 싱겁게 먹어야 해. 맛은 좋지만 당신을 과부 만들기는 싫으니까 말이야."

"어머, 그래요? 그렇다면 진작 말해 주지 않고요. 전 그런 줄도 몰랐지 뭐예요. 앞으로는 조심할게요."

소중한 남편이 고혈압으로 쓰러진다면 큰일이니까, 자신의 식성을 바꿔서라도 다음부터는 짜지 않게 하려고 노력할 것이다.

만일 너무 싱거워서 약간 짠 것이 먹고 싶을 때는 어떻게 말하는 것이 좋을까?

"당신 같은 요리의 대가가 오늘은 너무 싱겁게 끓였잖아? 당신답지 않은데……."

"어머, 그래요? 오늘 아침에는 제가 좀 어떻게 됐나 봐요. 미안해요, 여보!"

치켜세우는 남편의 말에 아내도 기분 좋게 받아넘길 것이다.

만일 밥이 좀 질어졌을 때는 어떻게 말하는 것이 좋을까?

"무슨 밥이 이렇게 질어? 이게 죽이지 어디 밥이야! 날 환자 취급하는 거야 뭐야?"

핏대를 올려 봤자 효과는 없다. 좀 더 지혜롭게 말해 보자.

"당신 요즘 위가 좀 나쁜 것 아냐?"

"아뇨. 왜 그런 말을 해요?"

"요새 며칠 동안 계속 밥이 질어서 말이야. 난 당신이 위가 나빠져서 죽 대신 먹는가 하고 걱정을 했지."

시치미 뚝 떼고 하는 남편의 말에 아내는 감격해서 말한다.
"아녜요. 위가 나쁘진 않아요. 이 정도가 좋은 것 같아서 그랬는데, 밥이 질다면 내일부터는 좀 되게 할게요."

이렇게 되면 아내의 사랑과 맛있는 밥을 동시에 얻게 되니 일거양득이 아닌가?

개성이 다른 남남이 만나서 가정을 이루고 함께 살다 보면, 의견이 엇갈릴 수도 있고 성격상의 차이로 해서 마찰이 생길 수도 있다. 이 마찰을 지혜롭게 없애 나가는 것이 현명한 부부관계이다. 부부싸움은 칼로 물 베기란 말도 있지만, 말 한마디 잘못함으로 해서 가정의 행복이 깨지지 않도록 조심해야 한다.

설전舌戰의 규칙

1. 우호적인 표현으로 시작한다.

2. 정감이 있는 표현을 사용한다.

3. 자기 자신을 반성한다. 부질없는 싸움은 마음에 상처만을 남긴다.

4. 문제해결을 위해 노력한다. 결코 체면이 구겨지는 일은 없을 것이다.

5. 밀접거리에서 대화를 나눈다. 45센티미터 정도의 간격을 두고 마주앉아 시선을 맞춘다.

6. 싸움의 원인에 초점을 맞춘다. 잘잘못을 따지지 말고, 화해를 시도한다.

7. 직접적으로 문제를 토의한다. 화가 나고 흥분이 되면 '더 천천히, 더 침착하게' 말한다.

8. 인격이 아닌 문젯거리를 다룬다. 인신공격은 백해무익, 싸움거리가 되는 사실만을 말한다.

9. 해결책을 찾아 방안을 마련한다. 해결책을 찾을 수 없다면 '내일 다시 이야기해 봅시다'라는 합의라도 해야 한다.

10. 즐겁게 잠자리에 들어간다. 상대가 잠자리에 들기 전에 혼자 잠들어서는 안 된다. 그러나 잠자리에 들기 전에 반드시 화해를 해야 한다.

38

자녀와의 대화, 어떻게 하는가

자식은 부모의 행위를 비추는 거울이다.
— H. 스펜서

칭찬은 힘을 주고 기적을 일으킨다

어느 초등학교 4학년 교실, 담임선생님이 결근을 해서 다른 선생님이 대신 수업을 맡았다. 선생님은 자습 대신에 음악 시간을 진행시키겠다는 말을 한 후, "노래 잘하는 학생이 누구냐?"라고 물었다.

그러자 아이들은 일제히 '김병철'이라고 외쳤다. 김병철의 노래를 끝까지 들은 선생님의 표정은 밝지가 않았다.

"또 다른 학생은 없니?"

"조순학이요."

조순학은 김병철 다음으로 노래를 잘하는 학생으로 알려졌기 때문이다.

조순학이 나가서 노래를 불렀지만, 선생님은 여전히 불만스러운 표정이었다. 출석부를 뒤적이던 선생님이 갑자기 소리쳤다.
"이 반의 반장이 나와 봐."
반장은 차웅달이었는데, 체격도 좋고 공부도 잘하는 학생이었지만, 노래는 '아니올시다'였다. 차웅달은 노래가 다 끝나기도 전에 중도에서 포기하고 말았다.
그러자 선생님은 "부반장 일어서!" 하고 말했다.
부반장은 청천벽력 같은 그 소리에, 가슴이 고동치기 시작했다. '드디어 기회가 왔구나' 라는 생각보다 너무나 갑작스러운 일이라서 어쩔 줄을 몰라 했다.
그렇지만 선생님이 시키는 대로 일어나 노래를 불렀다. 이 노래가 그 학생의 인생을 바꾼 계기가 될 줄은 아무도 몰랐다.
노래가 끝나자 아이들은 물론 선생님까지 모두 우레와 같은 손뼉을 쳤다. 성량도 컸고 음질도 좋았으며, 음정이나 박자도 완벽했기 때문에 모두가 감탄한 것이다.
그 후 이 학생은 자기 반의 대표뿐만 아니라, 학교를 대표하는 '노래 꾼'이 되었으며, 지금은 한국을 대표하는 음악인이 되었다. 그의 이름은 이강숙, 초등학교 때 우연히 노래로 칭찬을 받고 음악인이 된 사례이다.
사람은 누구나 칭찬을 받고 싶어한다. 칭찬은 우리에게 새로운 에너지와 생명력을 부여해 주며, 기적을 일으키는 힘까지 지니고 있다. 따라서 자녀와의 대화에서 가장 중요한 것은 비평이 아니라 칭찬이다.

문제를 지닌 부모가 문제아를 만든다

두 어린이가 한 개의 장난감을 서로 가지려고 싸우는 장면은 어느 가정에서나 흔히 볼 수 있다. 또 한 여자의 사랑을 얻기 위해 두 남자가 팽팽한 경쟁을 하거나 격투까지 벌이는 일도 있다.

그런가 하면 형제자매가 부모의 사랑이나 유산을 조금이라도 더 많이 받으려고 갈등을 일으키고 싸워서 패가망신을 하는 경우도 많다.

에덴동산에서 쫓겨난 아담과 하와는 카인과 아벨, 두 아들을 낳았다. 형인 카인은 농부가 되었고, 동생 아벨은 목동이 되었다.

그 후 두 아들은 하느님에게 제물을 바쳤다. 그러나 하느님은 교만한 카인을 싫어하고, 겸허한 아벨을 사랑했다. 이에 화가 난 카인은 질투심으로 아벨을 죽여 버린다. 이것이 인류 최초의 살인 사건이다.

심리학에서는 형제의 갈등, 동생에 대한 부모의 편애를 일컬어 '카인 콤플렉스'라고 한다. 일반적으로 형은 부모의 사랑을 독차지하다가 동생의 탄생으로 부모의 사랑을 빼앗겨 버리는 것은 아닐까 하고 불안해한다. 또 형은 일찍 태어났다는 이유만으로 동생보다 불리한 처지를 강요당하는 일이 종종 있다. 어머니는 싸움을 한 형제에 대해서 공평하지 않은 경우가 많다.

"형이니깐 네가 참아라!"
"형이 동생을 울려선 안 돼요!"
"형이 되어서 그러면 못써!"
"그래그래! 형이 나쁘다. 엄마가 나중에 형아 혼내 줄게."

이런 부모의 편파적인 언동이 장남을 문제아로 만들기 십상이다. 왜냐하면 유아기에 부모의 애정을 충분히 받지 못한 형은 '참는다'라고 하는 사회성을 획득할 기회도 얻지만, 참을 수밖에 없었던 욕구불만이 비뚤어진 성격으로 빗나갈 가능성도 있기 때문이다.

따라서 부모들은 형의 처지를 고려할 필요가 있다.

예를 들어 형제가 싸웠을 때 함께 있는 자리에서는 형을 탓하지만, 따로 형을 불러내 다독거리는 방법으로 부모의 애정을 충분히 느끼게끔 표현하는 일이 중요하다.

무심코 한 행동이 뜻밖의 나쁜 결과를 가져오듯이, 무심코 던진 부모의 말 한마디가 자녀의 무한한 가능성을 짓밟을지도 모른다. 문제의 자녀 위에는 문제의 부모가 있다는 사실을 명심하자.

39

다섯 가지 은혜에 감사하자

인간의 본성 중에 가장 지배적인 것은 감사받고 싶어하는 욕구이다.
— 윌리엄 제임스

천지 만물에 다 감사하지 않을 수 없다

세상에는 감사해야 할 일들이 참으로 많다. 너무 많아서 느끼지 못하고 당연한 것처럼 살아간다. 그렇다면 어떤 것에 감사해야 할 것인가?

일찍이 철학자 플라톤은 네 가지에 대해서 감사했다고 한다.

첫째는 인간으로 태어난 것, 둘째는 문명국 그리스에서 태어난 것, 셋째는 남자로 태어난 것, 넷째는 소크라테스를 만난 것이다.

일본화법센터 소장 에가와 히로시는 '다섯 가지 은혜에 대해서 감사해야 한다'라고 역설하고 있다. 다섯 가지 은혜란 천지의 은혜, 회사의 은혜, 고객의 은혜, 중생의 은혜, 부모의 은혜를 일컫는다. 이 다섯 가지를 좀 더 구체적으로 알아보자.

첫째, 천지의 은혜 또는 자연의 은혜이다.

당신은 인간으로서 생명을 부여받은 사실에 얼마만큼 감사하고 있는가? 지구상에는 인간을 비롯한 여러 동물에서 식물에 이르기까지 수많은 생명이 살고 있다. 그중 만물의 영장인 인간으로 태어났다는 것은 얼마나 축복받은 일인가?

자기가 원하지 않아도 부여받은 것을 은혜라고 생각한다면 인간으로서 태어난 사실을 기쁘게 받아들이고 감사하면서 인간답게 살아야 한다. 그러나 인간으로서 생명을 부여받은 고귀함을 자각하여, 매일 감사하며 사는 사람이 얼마나 될까?

천지天地, 즉 자연계는 인간을 포함하여 온갖 생물이 이 세상에서 성장하고 발전해 가도록 무한한 은혜를 베풀고 있다. 산소를 호흡하지 못하면 인간은 단 몇 분도 살아갈 수 없다. 빛과 열이 없으면 생물은 일절 자라지 않는다. 물도 역시 그렇다. 물이 없다면 그 어떤 생물도 살아갈 수 없다.

그런데 인간은 이 천지의 은혜에 감사하기는커녕 끊임없이 불평하고 훼손하기까지 한다. 비가 오지 않으면 안 온다고, 비가 오면 온다고 투덜댄다. 더우면 덥다고, 추우면 춥다고 푸념이다. 정녕 자연의 은혜에 고마워하는 마음가짐이 필요하다.

사장과 사원은 파트너, 서로 감사해야 한다

둘째, 회사의 은혜 또는 직장의 은혜이다.

매일 직장에 나가 일을 할 수 있고, 나아가 그에 따른 대가를 받는다는 것은 참으로 감사한 일이다. 그런데 많은 사람이 그렇지 않다고 생각하기도 한다. 그러나 회사가 존속하기 때문에 급료를 받을 수 있는 것이 아닌가?

"그때, 그 시절이 좋았어요. 막상 퇴직을 하고 집에서 놀다 보니, 매일 아침 출근하는 사람들이 부러워요. 일자리가 없다는 것이 이렇게 힘든 줄은 몰랐어요."

퇴직 후 달리 할 일이 없는 사람들은 한결같이 말한다.

당신이 아무리 뛰어난 두뇌와 기술을 가졌다고 하더라도, 회사가 없다면 어디에서 그 실력을 발휘할 수 있겠는가? 마음 놓고 일할 회사가 있다는 것에 대해서 마음으로부터 감사해야 한다.

한편, 사장을 포함하여 임원들도 사원들에 대해서 고맙다는 마음을 가져야 한다. 사장이 아무리 유능하고 열심히 노력할지라도 많은 사원의 협력이 있기 때문에 회사를 경영할 수 있는 것이다. 사장 혼자서 얼마만큼 일을 할 수 있겠는가?

사장과 사원의 위치는 다르지만 같은 직장에서 일하는 파트너이다. 그렇다면 상경하애上敬下愛의 파트너십이 절대적으로 필요할 때이다.

고객이 있고서야 자신의 생활이 있다

셋째, 고객의 은혜 또는 소비자의 은혜이다.

사원 연수교육에서 "당신의 급료는 누가 줍니까?" 하고 물으면 대답은 가지각색이다. "회사가 줍니다" "사장이 줍니다" "경리가 줍니다"에서부터 "내가 일한 만큼 가져가니까 내가 주는 셈이지요"까지 다양하다. 그러나 조금만 깊이 생각하면 '고객이 준다' 라는 사실을 깨달을 수 있다. 아무리 사장이 훌륭하더라도 고객이 상품을 사지 않아 이익이 나지 않는다면 사원의 급료를 줄 수가 없다.

그런데 이렇게 고마운 고객을 어떻게 대하고 있는가? 장사가 잘되는 가게나 히트 상품을 개발한 회사일수록 감사하기는커녕 무뚝뚝하고 거친 응대를 하기 일쑤이다.

지금 손님이 구름처럼 밀어닥친다고 해서 건방진 태도를 보이거나 손님을 바보 취급하면 곧 큰 낭패를 보게 된다. 손님의 입과 입을 통해 불친절이 소문나고, 마침내 발길이 뚝 끊긴다. 그렇게 되면 경영에 차질이 생기고, 급기야 회사가 망하기도 한다.

요즈음처럼 불경기에도 호황을 누리는 음식점이 있다. 그런 곳에 가보면 음식 맛도 좋지만, 고객을 대하는 태도가 남다르다. 주인을 비롯한 종업원 모두가 성심으로 고객을 대한다. 마음으로부터 우러나오는 감사 표현이 몸에 배어 있다. 맛과 서비스가 좋은 음식점에 손님이 몰리는 것은 당연하지 않은가? 손님이 있고서야 자기 생활이 있다. 손님의 은혜에 감사해야 한다.

중생의 은혜에 보답하려고 일한다

넷째, 중생의 은혜 또는 타인의 은혜이다.

인간은 결코 혼자의 힘으로는 살 수 없다. 더불어 살아간다. 그래서 인간을 사회적 동물이라고 하는 것이다.

지금 당신의 몸에 지니고 있는 것, 집 안에 있는 것들을 하나씩 살펴보자. 양복, 속옷, 양말, 시계 등에서부터 컴퓨터, 텔레비전, 책상, 의자, 장롱, 찻잔 등 어느 하나 자기가 만든 것이 있는가? 머리끝에서 발끝까지, 하나에서 열까지 전부 남의 힘을 빌려 생활하고 있다.

그런데도 어떤 사람은 "나는 누구의 신세도 지고 있지 않다. 나는 내 힘으로 살고 있다"고 하지만 이것은 터무니없이 잘못된 사고이다. 잘못된 생각이라는 지적을 받으면 "전부 내가 번 돈을 주고 산 것이다. 그러니까 내 힘으로 살고 있는 것 아니냐?"라며 항변하는 사람도 있다.

사람들이 돈, 돈 하면서 살아가지만 세상에는 돈을 갖고서도 안 되는 일이 많다. 우리나라 어느 재벌이 병이 들어 죽게 되었다. 임종하기 전에 그는 젊은 의사를 붙들고 흥정을 하였다.

"여보게, 나 좀 살려주게. 그러면 내 재산의 반을 주겠네."

그는 그날 죽고 말았다. 수천억의 돈이 있었지만 생명 연장에는 아무 소용이 없었다.

사원교육에서 "당신은 무엇을 위해 일을 합니까?" 하고 물으면 "먹고살기 위해" "돈을 벌기 위해서"라는 대답이 제일 많이 나온다. 단순히 먹고살기만을 위해 일한다면 너무 비참하지 않은가? 먹고살기 위해서라면 개나 고양이, 돼지도 먹고는 산다.

많은 사람의 은혜로 자신이 생활해 나간다고 생각한다면, 이번에는 일을 통해서 자신이 다른 사람에게 은혜를 갚는다고 생각하면 좋지 않을까? 중생의 은혜에 감사하며 보답한다는 것, 이것이 인간으로서 삶의 기본이다.

당신은 가족을 어떻게 대하고 있는가?

다섯째, 부모의 은혜 또는 가족의 은혜이다.

당신이란 존재는 어떻게 태어났을까? 부모가 있기 때문에 오늘의 당신이 있다. 사지가 멀쩡한 몸과 보통 사람 이상의 두뇌를 부여받았기 때문에 매일 즐겁게 생활할 수가 있다.

국문학자 양주동 박사는 '어머님의 은혜는 하늘보다 높고 바다보다 깊다' 라고 노래하였다. 어디 어머니뿐인가. 아버지 역시 마찬가지다.

그런데도 부모의 은혜에 감사하다는 생각을 하지 않고, 부모가 자녀를 기르는 것은 당연하다고 여기는 젊은이들이 많다. 개구리가 올챙이 시절을 생각 못 한다고, 이제 커서 어른이 되었다고 늙은 부모를 학대하는 자녀도 있다. 배은망덕도 이만저만이 아니다.

부모에게 감사하지 못하는 사람은 회사나 고객에게도 감사할 줄 모른다. 부모가 살아 계실 때 감사한 마음을 갖고 잘 모셔야 돌아가신 다음에 후회를 하지 않는다.

부모뿐만 아니라 배우자에게도 감사해야 한다. 요즈음 아내들 가운데 자기도 돈벌이를 한다고 남편을 우습게 여기는 집안도 있다고 한다. 심지어 나이가 든 남편을 '비에 젖은 낙엽'이라고 귀찮게 여기는 아내도 있다고 한다. 그러나 그 남편이 없어졌을 때 자기의 처지를 생각해 보라.

어느 부인의 이야기를 들어보자.

"내 남편은 아무런 취미도 없이 일에만 몰두하다 정년을 맞고 나서 뇌출혈로 반신불수가 되었습니다. 누워 있는 상태로 몇 년을 지내 왔어요. 만일 낫더라도 이제 바깥을 걷는 것은 무리이겠지요. 나는 매주 일요일에 물건을 사러 시장에 갑니다만, 백발의 노부부가 금실 좋게 걷고 있는 모습을 보면 '아, 우리는 이제 저렇게 둘이서 걸을 수가 없겠구나' 하는 생각이 들어 눈물이 절로 납니다. 세상의 아내들은 남편을 소중히 대하십시오. 남편도 아내를 소중히 대하십시오. 잃어 보지 않으면 알 수 없는 행복을 당신은 지금 갖고 있으니까요."

반대로 부인을 잃고 나서, 비로소 그 존재 가치를 깨닫게 된 남편의 이야기도 있다.

남편을 잃고, 아내를 잃고 나서야 알게 되는 그 고마움, 둘도 없는 소중한 반려자를 우리는 더욱더 아끼고 소중히 대해야 한다.

40 위기를 수습하는 임기응변

위기를 모면하는 가장 좋은 수단은 기지이다.
— 괴테

하늘이 무너져도 솟아날 구멍이 있다

옛날 어느 산골에 모란이라는 예쁜 여인이 있었다. 어느 날, 모란의 낭군이 길을 떠났다. 그런데 떠난 지 얼마 안 되어 처음 보는 사람이 집으로 와 낭군이 갑자기 병이 나 몸져누워 있다는 것이다. 그곳은 집에서 백 리나 떨어져 있고, 높은 산을 넘고 깊은 강을 건너야 했지만 낭군을 보러 가기 위해 길을 떠났다. 하루는 강을 건너기 위해 배를 탔는데 못된 사내들이 예쁜 모란을 보자 서로 자기가 모란을 차지하겠다고 아귀다툼을 벌였다. 달아나긴 틀렸다고 생각한 모란은 꾀를 내었다.

모란은 웃으면서 사내들에게 다음과 같이 말을 걸었다.

"여러분 다투지 마세요. 옛말에 주량이 많은 사람이 영웅호

걸이라고 하지 않았어요. 가장 주량이 센 분을 저는 따르겠어요."

그러자 사내들은 좋은 생각이라면서 기를 쓰고 술을 마시더니 모두 고주망태가 되었다. 모란은 재빨리 배를 저어 뭍으로 가 뛰어내렸다. 그러고는 강 가운데를 향해 삿대로 배를 밀어 버렸다.

모란이 어느 산골짜기에 이르렀을 때, 이번에는 험상궂게 생긴 산적 셋이 앞을 가로막았다. 산적들은 서로 모란을 자기의 아내로 삼겠다고 야단이었다.

이때 모란은 침착하게 말했다.

"세 분은 서로 의리를 상하게 할 것까지 없잖아요. 무예를 겨뤄 보세요. 어느 분의 무예가 출중한지, 가장 뛰어난 분을 저는 따르겠어요."

"무엇으로 겨룬단 말인가?"

산적들이 묻자 모란은 다음과 같이 말했다.

"제가 화살 세 개를 쏘겠어요. 달려가서 먼저 주어 온 분이 이긴 것으로 하지요."

산적 셋은 모란의 말대로 하자고 하였다. 모란은 화살을 각기 다른 방향으로 쏘았다. 산적들은 세 곳으로 흩어져 달려갔다. 그 기회를 틈타서 모란은 북쪽으로 도망을 쳐 무사히 낭군을 만났다고 한다.

옛말에 '호랑이에게 물려 가도 정신만 차리면 살 수 있다'라고 하였고, '하늘이 무너져도 솟아날 구멍이 있다'라고 하였다. 뜻하지 않은 위기의 순간에 부딪혔을 때는 좌절하지 말고, 임기응변의 지혜를 발휘해야 한다. 재치와 순발력은 임기응변에서 빼놓을 수 없는 필수조건이다.

번득이는 말의 재치

고려 말 송도에 설중매雪中梅라고 하는 유명한 기생이 있었다. 이성계가 역성혁명으로 조선을 세우고 난 후, 여러 신하와 함께 연회를 열었다. 이 자리에 모인 사람들은 대부분 고려에서 벼슬을 시작한 구신舊臣들이었다.

설중매도 이 연회에 불려 나가게 되었다. 그런데 한 정승이 술에 취해서, 설중매에게 희롱을 하였다.

"듣자 하니, 너는 아침에는 동쪽 집에서 밥을 먹고, 저녁에는 서쪽 집에서 잠을 잔다고 하더라. 오늘 밤은 나와 하룻밤을 지내보자꾸나!"

설중매는 서슴지 않고 대답했다.

"지당하신 말씀입니다. 동쪽에서 밥 먹고 서쪽에서 잠자는 기생일진대, 왕 씨도 섬기고 이 씨도 섬기는 정승과는 좋은 짝이 아닙니까?"

정승은 취중이었지만 얼굴이 화끈하여 말을 못했고, 연회에 참석했던 여러 사람 모두 입을 가렸다고 한다.

이 얼마나 멋진 임기응변인가? 언중유골言中有骨이라고, 예사로운 말 속에 번득이는 말의 재치가 바로 임기응변이다.

프랑스의 영화배우이자 샹송 가수인 슈발리에가 런던에 있을 때 조지 버나드 쇼를 소개받았다. 유명한 극작가인 버나드 쇼는 그가 누구인지를 기억해 낼 수가 없었다.

"슈발리에? 슈발리에?"

혼잣말로 되뇌다가 슈발리에에게 물었다.

"무엇을 하는 사람인가, 젊은이? 나는 당신의 작품을 잘 알지 못하겠군."

배우한테는 실로 모욕적인 질문이었다. 그러나 슈발리에는 대수롭잖다는 듯이 대답했다.

"그렇게 말씀을 하시니 기쁘군요. 저도 당신의 작품을 잘 알지 못합니다. 이제 우리는 대등한 관계에서 시작할 수 있게 되었습니다."

인생살이는 변화무쌍한 것이다. 때로 예기치 못한 난처한 상황에 부딪혔을 때, 그 상황 속에서 탈출구를 찾는 재치 있는 화술이 바로 임기응변이다. 임기응변의 지혜를 연구하고 터득하여 멋진 화술가가 되도록 노력해야 한다.

위기는 예고 없이 찾아온다

"채무변제를 현금으로 할까요? 아니면 스탠더드 오일의 주식으로 할까요?"

타협 불가를 전제로 쳐들어온 채권자들과 당당하게 맞서 위기를 극복했던 록펠러의 일화는 이제는 성공의 메시지처럼 전설로 남았다. 록펠러의 일화처럼 지금까지의 성공한 이야기를 잘 살펴보면 위기를 잘 극복한 사람만이 성공하며, 그들이 위기를 극복하는 비결은 강한 신념과 재치 있는 말에 있었음을 알 수 있다.

제2차 세계대전이 끝나고 만주에서 있었던 일이다.

전쟁이 끝나자 중국에서는 장제스蔣介石의 국민당과 마오쩌둥毛澤東의 공산당이 대립을 벌이고 있었다. 공산당의 팔로군은 제2차 국공합작 후 홍군이 '국민혁명군 팔로군'으로 개칭하고 항일전의 최전선을 담당했던 부대였다. 이 팔로군과 그들을 지지하는 노동자들에 의해 당시 만주에서 비누공장을 경영하던 조선인 기업주가 붙잡혀 인민재판을 받게 되었다.

바로 어제까지만 해도 함께 일했던 노동자들은 '악덕 기업주를 처단하라'라고 기세등등하게 소리치고 있었다. 어느 한 사람도 기업주를 변호해 주지 않고 또 변호해 줄 수도 없는 절체절명의 위기였다. 포승줄로 결박당한 채 수백 명의 사람 앞에서 무릎을 꿇려 앉혀 있던 기업주는 최후의 진술을 허락받고 자리에서 일어섰다.

"여러분! 저는 이 공장을 이끌어 온 10년 동안 오직 우리 모두의 배부름을 위해서 노력해 왔습니다. 여러분 중에서 어느 누구라도 '나 혼자 잘살기 위해 여러분을 착취했다'라고 믿는 분은 서슴지 말고 돌을 던지십시오."

말을 마치고는 조용히 눈을 감았다. 이제 삶과 죽음의 마지막 갈림길에 서게 되었던 것이다.

조금 전까지만 해도 온갖 욕설과 구호로 떠들썩했던 장내가 찬물을 끼얹은 듯 조용해졌다. 살려 달라고 빌기보다 당당하게 죽음을 받아들이겠다는 태도에 사람들은 큰 감명을 받았다. 결국, 기업주는 아무런 손해도 입지 않고 풀려났다. 오히려 그들에 의해서 팔로군의 감시망을 뚫고 고국으로 무사히 돌아올 수 있었다. 이 이야기 속의 주인공은 1957년 한국유리공업회사(현 한글라스)를 설립한 최태섭 회장이다.

위기는 계획도 없고, 예고도 없이 찾아오는 불청객이다. 대부분의 사람은 인생살이에서 몇 번씩 위기를 맞게 되며, 그 위기에 어떻게 대처하느냐에 따라서 성공하는 사람이 되기도 하고, 실패하는 사람이 되기도 한다. 성공은 위기 극복의 결과임을 명심할 일이다.

처지를 바꿔서 설득하라

소 꼴을 먹이러 들에 나갔던 농부가 나무 밑에서 잠을 자다 깨어 보니, 풀을 뜯던 소가 이웃집 콩밭에 들어가 콩을 먹고 있었다. 깜짝 놀라 소를 잡으려 하자, 소가 벌에 쏘인 듯이 마구 날뛰면서 콩밭을 난장판으로 만드는 것이 아닌가?

"이거 큰일 났군."

말이 이웃사촌이지, 그 콩밭 주인은 인색하기 짝이 없는 수전노인데다가 심보가 사나운 사람인지라, 농부는 참으로 난감했다. 고심에 고심을 거듭하던 농부는 그냥 넘어갈 상황이 아니라는 것을 깨닫고 재빨리 그 집으로 가서 자초지종을 이야기하기로 작정했다.

"이 사람아, 자네 소가 우리 콩밭에 들어갔다네."

뭐라고 하나 들어볼 양으로 이렇게 말하자, 콩밭 주인은 미안해하기는커녕 씩 웃으면서 다음과 같이 말하는 것이었다.

"그것 참 잘 됐네! 이 사람아. 우리 소가 자네 밭에서 침을 흘리면 땅이 걸어져서 다음엔 곡식이 더 잘될 게 아닌가?"

"침만 흘린 게 아니라 콩밭을 마구 짓밟아 놓았단 말일세."

농부가 시침을 떼고 심각하게 말하자, 콩밭 주인은 더욱 신난다는 표정으로 말했다.

"말 못하는 짐승이 한 일을 가지고 뭘 그러나. 우린 이웃사촌이 아닌가?"

그제야 농부는 안심 된다는 듯이 빙그레 웃으면서 말했다.

"아니야, 내가 말을 잘못했네. 사실은 자네 소가 아니라, 내 집 소가 자네 밭에 들어간 거라고."

"뭐? 어쩌고 어쨌다고?"

눈을 왕방울만 하게 뜨고 금방 일을 낼 듯이 노려보는 찰나, 농부는 얼른 그 집에서 뛰쳐나오면서 소리쳤다.

"말 못하는 짐승이 한 일을 가지고 뭘 그러나."

세상을 살다 보면 난처한 일을 당하는 경우가 한두 번이 아닙니다. 그 위기에 어떻게 대처하느냐에 따라서 일의 성패가 좌우된다.

상대의 말을 무시하거나 되받아쳐라

19세기의 훌륭한 목회자 중에서 설교가로 명성을 남긴 찰스 스펄전이 젊었을 때, 싸움을 좋아하는 어떤 여성으로부터 도전을 받았다.

한 측근이 와서 귀띔하기를, 이 여성이 욕설을 퍼부을 것이니

조심하라고 했다.
"걱정하지 마십시오. 그것은 둘만이 할 수 있는 게임이니까요."

그 후 얼마 되지 않아서 여성은 스펄전을 찾아와 심한 욕을 무수히 퍼붓기 시작했다. 스펄전은 예상했다는 듯이 웃으면서 말했다.

"네, 고맙습니다. 저는 아주 건강합니다. 부인도 건강하시기를 바랍니다."

그 말에 화가 치밀었던지 더욱 기승을 부리며, 더 심한 욕설을 마구 퍼부었다. 그러나 스펄전은 여전히 웃으면서 능청스럽게 응수했다.

"네, 꼭 비가 올 것만 같군요. 비옷을 입는 게 좋겠어요."
"제기랄!"

이렇게 소리치며, 이 여성은 다음과 같이 말했다.
"우체통만큼이나 귀머거리로군. 폭풍우가 몰아쳐 와도 아무 소용이 없을 거야."

영국의 정치가 글래드스톤이 정적인 디즈레일리를 유세장에서 헐뜯고 있었다.

그때 청중석에 앉아 있던 디즈레일리의 부인이, 너무 심하게 욕을 하는데 화가 나서 소리쳤다.
"할 수만 있다면 당신을 독살시키고 싶소."

순간 연설은 중단되고 장내는 찬물을 끼얹은 듯이 조용해졌다. 그러자 글래드스톤은 여유 있게 웃으면서 다음과 같이 말했다.
"부인 같은 미인이 주는 거라면 독약도 영광이로소이다."

그러자 장내는 폭소가 터져 나왔으며, 디즈레일리의 부인은 홍당무가 되고 말았다.

이것이 임기응변의 기술이다. 상식이 통하지 않는 상대나 뜻밖의 복병에는 마이동풍 격으로 대하거나 재치 있게 되받아치는 임기응변이 필요하다.

41

언쟁에서 승리하는 화술

논쟁의 가장 큰 매력은 상대방이 아니라 자기의 의견을 발견하는 데 있다.
— M. 데이비

언쟁을 유리하게 이끄는 네 가지 방법

우리 사회는 언제부터인가 언쟁言爭이 심해졌다. 도로 한가운데에다 차를 세워 놓고 서로 핏대를 올리는가 하면, 법원에서 원수처럼 말싸움을 하고, 시장 바닥에서도 언쟁은 끊이질 않는다.

언쟁은 논쟁論爭과는 다르다. 논쟁은 빈틈없는 논리나 증거를 제출함으로써 어느 쪽이 옳은가가 결정나지만, 언쟁은 옳고 그름을 가리는 것이 아니라, 어느 쪽이 말로써 상대를 꺾느냐로 승부가 결정난다.

그렇다면 어떻게 해야 언쟁을 유리하게 이끌 수 있으며, 언쟁에 이기기 위한 조건은 무엇일까? 이 장에서는 언쟁의 수단과

조건에 대해서 알아본다.

언쟁은 말로써 하는 전쟁이다. 총칼을 들고 싸우는 전쟁과 마찬가지로, 어느 쪽이 유효한 수단을 마련하느냐에 따라 그 승패가 결정된다. '이기면 충신이고 지면 역적'이라는 말이 있듯이, 사실의 진위야 어떻든 언쟁에서는 승자가 옳다고 인정받는다.

잘못을 저지르고 상대에게 덮어씌우자는 것은 아니지만, 잘못한 것이 없는데도 언쟁에 지고 억울해하지 않기 위해서는 언쟁을 유리하게 이끄는 방법을 잘 알아둘 필요가 있다.

• 장황하게 이야기를 한다

누가 들어도 당연하다고 생각하는 이치나 상대가 분명하게 알 수 있는 상황은 간단하고 짧게 이야기하고, 상대가 모르게 하고 싶은 이야기는 복잡하고 장황하게 늘어놓을 필요가 있다. 장황한 이야기로 상대의 주의력을 약화시키는 것이 언쟁을 유리하게 이끄는 지름길이다.

이 방법은 정치인들이 흔히 쓰는 수법이다. 국회에서 의원들이 발언을 하거나 청문회에서 증인에게 질문을 하는 경우를 보면 자기네 당에 불리한 사실은 간단하게 넘어가고, 상대 당에 불리하고 자기네 당에 유리한 것은 장황하게 이야기한다. 장황하게 계속 떠벌림으로써 상대의 두뇌를 교란하고 판단력을 둔화시키려는 속셈이다.

아무리 신경을 곤두세우더라도 장황한 이야기를 듣다 보면 앞에 들은 이야기는 잊어버리게 마련이다. 따라서 상대의 말에 잘못이 있는지 어떤지를 체크할 주의력이 약해져 불리한 것에 동의하게 되거나, 반론할 기회와 기력을 잃게 되어 상대의 페이스에 말려들게 된다.

이런 점을 고려할 때 이치상으로 자신이 불리한 조건에 있을 경우에는, 상대가 어떻게 생각하든 상관없이 장황한 이야기로 상대를 어지럽힐 필요가 있다.

• 큰 소리로 빠르게 이야기한다

장황하게 이야기할 뿐만 아니라 큰 소리로 빠르게 이야기하면 상대는 더욱 혼란에 빠진다.

어린이들의 싸움에서도 목소리가 크고 빠른 말로 거침없이 떠들어대는 아이가 언쟁에서 이긴다. 이유야 어떻든 상관없다. 갱 영화에서도 기관총을 마구 쏘아대면 아무리 유능한 경찰이라도 몸을 피할 수밖에 없지 않던가. 따라서 기관총을 난사하듯이, 끊임없이 말을 퍼부으면 상대는 공격할 의욕을 잃고 방어하기에 급급하게 된다.

• 약점을 이용해 화를 내게 한다.

팽팽하게 맞서 싸울 때 이죽거리며 상대의 화를 돋우는 사람이 있다. 화가 나면 틈이 생기고 그 틈을 이용해 공격하면 상대를 이길 수 있기 때문이다. 언쟁도 마찬가지로 화를 내게 하여 상대가 허점을 보일 때 공격하면 상대는 더는 싸울 기력을 잃게 된다.

이 방법은 일찍이 아리스토텔레스가 〈궤변 논박론詭辯論駁論〉에서 제시한 것이기도 하다. 그는 다음과 같이 말하였다.

"화를 내게 하는 기본적인 규칙은 자신이 의론을 하는데 불공정을 범하고자 한다는 것을 분명하게 선언하는 것이며, 그런

짓을 하는데 조금도 개의치 않겠다는 의사표시다."
아리스토텔레스가 말한 '불공정'은 '반칙', 즉 비겁할지는 몰라도 지독한 욕이나 상대의 말꼬리를 물고 늘어져 본질적인 문제와는 다른 것으로 상대에게 시비를 거는 행위일 것이다. 하여튼 어떤 수법을 쓰더라도 상대를 화나게 하는 것이 언쟁을 유리하게 이끌어 가는 한 방법이다.

- 예상 밖의 질문을 퍼붓는다

축구에서 공격하는 쪽과 수비하는 쪽 중 어느 쪽이 유리할까? 당연히 공격하는 쪽이 유리하다. 언쟁을 축구에 비유하면 질문하는 처지는 공격 측이고, 응답하는 쪽은 수비 측이다.
따라서 말싸움은 되도록 질문을 많이 하는 쪽이 유리하다. 질문이라도 순서를 정해서 차근차근 묻는 것은 그다지 효과가 없다. 럭비공처럼 어디로 튈지 모르는 예상 밖의 질문을 하는 것이 효과적이다. 응답자는 여러 방면으로 경계심을 갖지 않으면 안 되기 때문에 방어 능력이 약해진다.

언쟁에서 이기는 세 가지 조건

언쟁에서 이기기 위해서는 상대를 침묵시키든지, 구석으로 몰아넣든지 해야 한다. 구석으로 몰아넣는다는 것은 상대에게 절대적으로 불리한 곳으로 몰아붙인다는 뜻이다. 이와 달리 상대가 침묵할 경우는 두 가지를 생각해 볼 수 있다. 상대가 언쟁에 싫증이 나서거나 자신의 불리함을 깨닫고 언쟁의 중단을 바라고 있는 경우이다.

중단을 바라고 있는 경우에는 아직 완전히 포기한 것이 아니라 무언가 반격할 수단을 찾고 있는 것이므로 방심해서는 안 된다. 그러면 언쟁에 이기기 위한 조건에는 어떤 것이 있을까?

• 실수를 범하게 한다

상대에게 무언가 실수를 범하게 하여 그것을 지적함으로써 언쟁은 유리한 국면을 맞는다. 그때도 역시 질문자의 처지에 서서 상대에게 대답하게 하는 작전이 필요하다. 상대가 실수를 하게 하기 위해서는 자신에게 유리한 문제로 상대를 끌어들여야 한다.

• 역설로 함몰시킨다

인간의 마음속에는 본심과 원칙이 함께 존재하고 있다. 어느 쪽이든 그 사람의 생각이다. 따라서 원칙을 주장하는 사람에게는 본심을, 본심을 주장하는 사람에게는 원칙을 말하도록 유도한다. 이와 같이 되면 결국 상대는 역설을 말하지 않을 수 없는 처지에 처해서 자멸하게 된다.

아리스토텔레스는 어떻게 대답해도 역설이 되는 질문을 다음과 같이 열거하고 있다.

'인간은 현자賢者를 따라야 할 것인가? 아니면 부친을 따라야 할 것인가?'

'인간은 이익이 되는 일을 해야 하는가? 아니면 올바른 일을 해야 하는가?'

'타인으로부터 부정을 받는 것과 자기가 타인에게 부정을 가하는 것 중 어느 것이 나은가?'

- **반복적으로 말하게 하여 설복시킨다**

동의어 반복同義語反復이란 똑같은 것을 되풀이해서 말하는 것이다. 똑같은 것을 반복해서 말하게 되면 두뇌가 노화되었다는 증거이며 언쟁도 거기서 끝이 나고 만다.

"자네는 아까부터 똑같은 말만 되풀이하고 있잖아."

이렇게 결정타를 먹이면 상대는 더는 할 말을 잃게 된다.

'욕망은 쾌락의 욕망은 아닐 것이다. 그러나 욕망은 쾌락의 욕구이다. 따라서 욕망은 쾌락의 욕구이다.'

"내가 말하는 것은 옳다. 옳다고 하면 옳은 거야. 옳기 때문에 옳은 것이다."

상대가 위와 같은 억지 주장을 하게 되면 이미 설복당한 것을 스스로 고백하고 있는 것이다.

42

상대에 따라 달라지는 화제

물고기를 잡으려면 낚시에 치즈를 달지 말고, 물고기가 좋아하는 지렁이를 달아야 한다.
— 데일 카네기

소문난 식당, 맛있는 비결은 무엇일까?

양 곱창으로 소문난 식당이 있다. 점심시간은 물론 밤늦게까지 앉을 자리가 없을 정도로 문전성시를 이룬다. 맛 또한 일미 중의 일미라 '곱창 맛'을 찾는 식도락가들에게 대인기다.

"맛이 상당히 독특한데 그 비결이 무엇입니까?"

일전에 친구 몇몇과 함께 들렀을 때 물어보았다.

"솜씨도 솜씨지만, 원재료 구입부터가 다르지요."

주인은 너털웃음을 지으며 다음과 같이 비결을 털어놓았다.

"소 한 마리에서 나오는 곱창 가운데 가장 맛있는 부분은 10퍼센트 정도밖에 안 되죠. 저희는 소 한 마리에서 나오는 곱창 전부를 사서 10퍼센트 정도의 맛있는 부분만 잘라 내고, 나머지 90퍼센트는 조금 싼 값으로 되팔아 버립니다. 그러니 맛있는 고기가 맛을 내는 셈이죠. 게다가 양 곱창 덕택에 다른 요리도 잘 팔립니다."

원재료가 좋아야 솜씨도 있다는 주인의 경영 비결은 전혀 새삼스럽지 않은 새삼스러움이랄까?

말도 이처럼 화젯거리가 좋아야 한다. 반짝이면서도 독특한 화제를 바탕으로 해야 화법이 번뜩일 수 있다. 그러면 어떠한 화제를 선택해야 할 것인가?

상대에 따른 화제 선택법을 알아보자.

남성과 대화를 할 때

남성은 여성에 비해 사태를 이론적으로 생각하고, 너그러운 사람이 많다. 또한, 감정적이지 않고 구체적이다. 따라서 남성과 말할 때는 너무 신경전을 벌이지 말고, 담백하게 이론상 이해가 가도록 말해야 한다.

화제선택은 다음과 같은 것이 적절하다.

• 직업에 관해 얘기하자

남성의 삶은 일 중심의 생활이라고 해도 과언이 아니다. 직업 또는 직종에 대해 묻거나 일의 내용, 일과 관련 있는 문제에 대해 화제를 모으면 좋다.

상대의 직업을 알고 있을 경우에는 그 직종 업계의 정보 등을 미리 입수해 두면 더욱 효과적인 대화를 이끌어 갈 수 있다.

- **취미에 관해 얘기하자**

대부분 사람은 취미를 가지고 있다. 따라서 취미 일반에 대해 광범위한 지식을 익혀 두고, 상대의 취미를 화제로 삼으면 대화에 성공할 수 있다. 특히 자신도 체험한 취미라면 "한번 가르쳐 주시겠습니까?"하고 권유의 말을 던져 보는 것도 좋다.

- **기호품에 관해 얘기하자**

기호품이라면 술이나 커피, 담배 등이 주된 것이지만 고급 라이터나 지갑 등의 소지품도 여기에 포함된다.

이렇게 물어보면 어떨까?

"술은 소주를 즐기십니까? 아니면 맥주나 양주를?"

"담배는 하루에 몇 개비 정도나 피우시는지요?"

대화가 무척 자연스러워질 것이다.

- **상품에 관해 얘기하자**

세일즈맨이 고객을 대할 때는 특히 자기 상품이 왜, 얼마나 경제적이고 합리적이며, 살 만한 가치가 있는가를 상세하게 얘기하는 자세가 중요하다

- **섹스에 관한 얘기도 하자**

노골적이지 않고 가볍게 웃을 수 있는 유쾌한 성담性談을 통해 스스럼없는 사이를 만든다.

여성과 대화를 할 때

여성은 모든 일에 세심하고, 예쁘거나 귀여운 것을 좋아한다. 또한, 감정적이고, 타인을 보살펴 주고 싶어하며, 색채 감각

이 뛰어난 특징을 갖고 있다.
다음과 같은 화제를 선택해 보자.

- **모성본능을 자극하는 얘기를 하자**

당신이 머리가 아플 때 이렇게 말해 보면 어떨까?
"미안합니다만, 머리가 아파서 그러는데 약 좀 사다 주시겠어요?"
쾌히 승낙할 것이다.

- **아름다운 옷이나 귀여운 액세서리 등을 대담하게 칭찬하자**

'아름다워지고 싶다' '멋있게 보이고 싶다' '가련한 것에 애정을 주고 싶다' 라는 여성 심리에 호소하는 방법이다. 칭찬할 만한 것을 찾아서 화제로 삼으면 여성의 공감을 얻기 쉽다.

- **사랑받는 법이나 육아에 대해 얘기하자**

기혼 여성은 육아와 일상의 가정생활이 최대 관심사이고, 미혼 여성은 사랑이나 여행, 음악, 독서 등에 관심이 많다.
이러한 관심사에 대해 얘기하면 즐거움이 무르익을 것이다.

- **계절에 맞는 꽃이나 음식에 관해 얘기하자**

겨울에는 수선화, 매화, 동백꽃 등이 무난하며, 여름에는 나팔꽃, 백합꽃, 장미꽃 등의 화초와 참외, 복숭아 등 과일에 관한 얘깃거리도 좋다.
"이 아름다운 꽃의 이름은 무엇이죠?"
"이 음식 참 맛있는데 직접 만드신 건가요?"
이러한 질문은 여성의 호감을 사게 한다.

리더와 대화를 할 때

사장이나 어떤 단체의 책임자들은 사람을 보는 눈이나 판단력이 대단히 날카로우며, 설득력도 무척 강하다. 또한, 상거래에도 익숙해져 있으며 계산도 빠르고 최종 결정권을 갖는 게 대부분이다.

이런 계층의 사람에게는 다음과 같은 화제를 선택해 보자.

- **진지한 화제를 선택하여 얘기하자**

'눈 가리고 아웅' 하는 '임기응변식 화제'는 피해야 한다. 또한, 술책을 써 봤자 넘어가지도 않을뿐더러, 오히려 배척을 당하는 경우마저 생긴다. 그렇다고 상투적인 '입발림 화제'도 통하지 않는다. 진지한 태도로 성실하게 말하는 자세가 바람직하다.

- **좋은 경청자의 역할로서 화제를 선택하자**

경영자와 같은 리더는 고독한 사람들이다. 회사에서도 가정에서도 터놓고 얘기할 수 없는 고민거리가 많다. 따라서 이런 얘기를 격의 없이 말할 수 있는 대화 상대를 만나면 그렇게 좋아할 수가 없다. 상담 상대는 못 되더라도 훌륭한 경청자 역할은 얼마든지 할 수 있지 않을까?

- **취미에 관해 얘기하자**

취미 생활은 모든 사람이 공통으로 지닌 화젯거리다. 특히 바쁜 리더들에게 취미 생활은 무척 흥미로운 일이다. 골프나 낚시, 테니스, 골동품 수집 등의 취미 활동에 대해 얘기해 보자. 대화가 흥미롭게 진행될 것이다.

• 경영 컨설턴트의 역할을 할 수 있는 화제를 얘기하자

물론 전문 경영인에게 본격적인 컨설팅을 할 수는 없다. 그러나 다른 회사의 상황이나 업계의 뉴스 등을 제공해 보자.

"K 회사는 신제품의 매출을 이러한 방법으로 성공하고 있더군요."

"놀고 있는 땅을 이런 식으로 이용하여 돈을 벌어들이는 회사가 있습니다."

물론 이런 정도의 이야기를 하려면 제법 상당한 식견이 있어야 한다. 그러나 훌륭한 대화를 이끌어 내고 싶다면 새로운 정보를 찾고 발견하는 자세가 무엇보다 중요하다.

이 밖에도 구체적으로 다양한 상대들이 있다. 그러나 어떠한 상대이건, 화제 선택은 풍부한 자료 수집의 바탕 위에서만 가능한 일이다.

주위에 산재해 있는 화젯거리를 스스로 발견하고 찾아서 자기 것으로 소화시키자. 아무리 좋은 옷이라도 몸에 맞고 어울려야 제멋이 나듯, 상대와 어울리는 화제가 빛을 발한다.

43

당신의 몸은 어떻게 말하는가?

사람의 눈은 총과 같은 위협을 줄 수 있다. 또 조롱하거나 한 방 먹일 수도 있다.
— 에머슨

몸은 입보다 더 많은 말을 한다

한 연사가 환영하는 청중의 박수를 받으며 연단을 향해서 발을 질질 끌듯이 걸어 나왔다. 그의 얼굴은 죽으러 가는 사람의 표정처럼 사색에 가까웠다. 연단 앞에 선 그는 원고를 꺼내 놓고 깊은 한숨을 쉬었다.

그러고는 원고를 응시하면서 넥타이를 잡아당기고 양복 단추를 채우며 안경을 만지작거렸다. 연단을 너무 꽉 쥔 나머지 손가락 마디가 불쑥 튀어나왔다. 목청을 가다듬고 시선을 뒤쪽 벽에 고정한 그는 눈살을 찌푸리며 연설을 시작하였다.

"여러분! 오늘, 이 자리에 서게 된 것을 대단히 기쁘게 생각합니다. 저는 여러분에게 대단히 중요한 메시지를 가지고 나왔습니다……."

많은 사람이 불안해하며, 안절부절못했다. 극소수의 사람들만이 관심을 두고 '무슨 말이 나올까?' 하고 경청했다.

연설이 시작된 지 10분도 채 안 되어 장내는 술렁거렸고, 연사 혼자서 떠드는 풍경이 빚어지고 말았다.

왜 그랬을까? 그 연사는 청중들에게 이중의 메시지, 즉 그들이 '보는 것'과 '듣는 것'이 서로 상반되는 메시지를 전달했기 때문이다. 사람들은 본 것과 들은 것이 다를 때는 본 것을 신뢰하고 듣는 것은 신뢰하지 않는다.

그 연사는 입으로는 '기쁘게 생각한다'라는 언어적 메시지를 전달했지만, 몸은 '나는 지금 대단한 곤경에 처해 있습니다'라는 메시지를 보내고 있었다. 자신의 연설이 청중들에게 대단히 중요한 것이라고 입으로는 말했지만, 몸은 실상 그 연설이 자기 자신에게는 별로 중요하지 않다고 나타내고 있었다.

이러한 시각적인 메시지의 어느 것도 의식적으로 행해진 것은 아니다. 다만 신경과민과 무경험에서 생겨난 것이다. 어쨌든 이 불행한 연사는 좋은 내용을 전해 주겠다는 사명감과는 달리, 청중들에게 불성실하고 무관심하며 무능력한 연사로 인식될 수밖에 없었다.

몸짓은 숨어 있는 의사전달자

마셜 맥루한이 '매체medium는 바로 메시지이다'라고 말한 것처럼 당신의 몸은 프레젠테이션 메시지의 한 부분이다.

몸은 입보다 더 많은 것을 나타낸다.

연사의 몸짓body language과 말이 일치하지 않으면 사람들은 말보다 몸짓을 믿는다고 한다. 만약 "난 이 일을 할 수가 있습니다"라고 말하면서 손은 안절부절못하고, 머리는 푹 떨어뜨린 채, 시선을 마주치지 못하고, 움츠린 자세에 발을 질질 끌며, 목소리는 떨리고 겁에 질려 있다면 누가 그 사람의 말을 믿어 주겠는가?

그러나 고개를 바르게 들고, 시선을 마주치면서, 허리를 꼿꼿이 세우고, 열정적으로 생생하게 말을 한다면 누구든 그 사람을 믿을 것이다. 당신의 자세와 생활 습관 그리고 동작을 약간만 바꾸면 훨씬 믿음직스럽고 호감이 가는 사람으로 강력한 커뮤니케이션을 할 수가 있다.

사람들은 유명 인사나 배우들 또는 자신감과 진지함, 친근감과 열정이 있는 연사를 존경한다. 그들을 모델 삼아 그들이 취하고 있는 자세나 동작 그리고 표정을 연습하면 당신도 그렇게 될 수 있다. '무슨 일이든지 마음먹기에 달렸다'라는 말과 '개성은 모방에서 나온다'라는 말은 스피치에서 중요한 교훈이다.

그렇다면 몸짓은 어떻게 사용해야 할까? 많은 사람이 야단스럽고 과장되게 표현한다. 그러나 몸 전체에서 자연스럽게 나오는 표현이 최상임을 잊어서는 안 된다. 더불어 첫인상이 무엇보다도 중요하다는 사실을 인식하기 바란다.

미국의 심리학자 즈니 박사는 '인간의 첫인상은 최초 4분간에 결정된다'라고 말하고 있다. 다시 말해 사람을 처음 만났을 때 불과 4분 사이에 '이 사람은 이러한 타입의 인간이다'라는 이미지를 형성하게 된다는 것이다.

이 첫인상은 나중까지 그 사람을 판단하는 기초가 되기 때문에 첫인상을 좋게 주어야 할 필요성이 있다. 특히 비즈니스에서는 첫인상이 좋고 나쁘냐에 따라서 그 성패가 좌우된다는 사실을 명심해야 한다.

그렇다면 첫인상은 무엇으로 결정되는 것일까? 스타일이나 인물이 좋으면 되는 것일까? 그것만도 아니다. 첫인상은 직감적으로 느끼는 것으로서 이야기의 내용보다는 모습, 태도, 복장 그리고 목소리의 느낌 등 눈에 비치고 귀에 들리는 이미지로 받아들이는 경우가 많다.

시선 처리의 핵심은 LST이다

시선視線 커뮤니케이션은 스피치에서 가장 중요한 기술이다. 아무리 성실하고 실력이 있더라도 눈에 설득력이 없으면 강력한 연사가 될 수 없다.

눈을 똑바로 바라보지 않고 말을 하면 듣는 사람들은 연사가 자신감이 없고 수줍음을 타며, 당황하고 산만하여 변덕스럽다고 생각한다. 또한, 뭔가를 숨기고 있으며 거짓말을 하기에 믿지 못하겠다고 느낀다.

시선 접촉을 잘 하지 않는 사람에 대해서 대부분의 사람은 호의적이지 못한 느낌을 받게 마련이다. 시선 접촉은 정직하며 진지하고 자신감이 있는 사람으로 인식될 수 있는 아주 중요한 부분이다.

그래서 훌륭한 연사는 청중들과의 시선 접촉을 적절하게 한다.

프레젠테이션을 할 때 연사는 말하기 전에 시선으로 주의를 이끌어 내야 한다. 청중을 죽 둘러보면서 그들이 조용해질 때까지 몇 분 동안 기다린다. 이 침묵의 시선 접촉은 청중으로부터 집중해 주기를 바란다는 전달이다. 청중의 주의가 집중되면 말을 시작하게 되는데, 시선 접촉은 스피치가 끝날 때까지 지속적으로 해야만 한다.

연사는 항상 청중의 누군가를 보아야 하며, 가능한 한 모든 사람들을 골고루 바라보아야 한다. 청중이란 개개인이 모인 집단이다. 따라서 한 사람 한 사람마다 시선 접촉을 하여 설득해야 한다.

시선 접촉에도 기술이 필요한데, 많은 청중을 상대로 말할 때는 '지그재그 법'을 사용하는 것이 효과적이다.

연사가 연단에 서면 우선 제일 뒤에 있는 사람을 본다. 이때 중요한 것이 LST$^{Look,\ Smile,\ Talk}$이다. 즉 제일 뒷자리에 앉은 사람을 보면서 시선 접촉을 하고^{Look}, 가벼운 미소를 지으며^{Smile}, 부드럽게 말^{Talk}을 시작하면 된다. 이것이 스피치를 시작할 때의 핵심이다.

말을 하다가 보면 청중 가운데 싱글벙글 웃으면서 고개를 끄덕거리고 열심히 들어주는 사람이 있게 마련이다. 그 사람에게 시선을 옮기는 것이 중요하다. 차가운 시선으로 노려보는 사람과 시선이 마주치면 연사가 침착성을 잃게 되기 쉽지만, 호의적으로 들어주는 사람을 보면 자신감이 솟아나기 때문이다.

다시 정리하면 먼저 가장 뒤에 있는 사람을 보고 말을 시작한다. 그런 다음에 호의적인 태도를 보여주는 사람을 보며 말한다. 그리고 왼쪽을 보고 오른쪽으로, 다시 왼쪽 또 오른쪽, 이렇게 뒤에서 앞으로 차례로 시선 접촉을 하게 되면 전원에게 골고루 말을 거는 셈이 된다.

시선 커뮤니케이션의 기술

여기서 또 하나 알고 넘어가야 할 것은 시선을 바꾸는 순간이다. 시선을 바꾸는 기준은 '한 문장에 한 사람의 법칙'을 사용하면 된다. 즉 말의 단락으로 시선을 바꿔 가라는 것이다. 주의해야 할 점은 문장 도중에는 결코 시선을 움직여서는 안 된다는 것이다.

- 상대의 어디를 쳐다보는가?

자신이 사람들과 대화를 나눌 때 일반적으로 어디를 쳐다보는지 결정한다. 두 눈을 동시에 쳐다볼 수 없다는 것을 명심하라. 상대방의 왼쪽 눈이나 오른쪽 눈을 쳐다볼 수는 있지만, 두 눈을 동시에 쳐다본다는 것은 불가능하다.

일대일 대화에서 눈은 얼굴 여기저기를 쳐다보게 되지만, 대부분의 사람이 주로 쳐다보는 곳이 있게 마련이다.

당신이 주로 쳐다보는 곳은 어디인가? 오른쪽 눈? 콧대? 왼쪽 눈? 아니면 두 눈 사이를 똑바로 바라보는가? 눈 근처라면 어디든 괜찮다. 하지만, 눈 근처가 아닌 곳, 예를 들어 바닥이나 상대방의 어깨너머 등은 쳐다보면 안 된다.

일단 패턴을 찾고 나면 복잡한 시선 커뮤니케이션에 대한 자기 자신의 지각과 인식력을 발전시킨다. 그리고 나서 다른 곳을 쳐다보았을 때 불일치한 감정을 느껴 보도록 한다. 그렇게 하면 상대방을 똑바로 바라보고 싶지는 않지만, 효과적인 연설을 위해 어쩔 수 없이 그렇게 해야 할 때 느껴지는 어색한 감정을 완화할 수 있을 것이다.

• 상대를 5초 동안 쳐다보는 습관을 익힌다

회의를 하거나 연설을 할 때, 친구에게 자신이 특정한 사람을 얼마나 오랫동안 쳐다보고 있는지 시간을 재 달라고 부탁한다. 커뮤니케이션의 대상인 상대방을 의식적으로 5초 동안 쳐다볼 수 있도록 한다.

• 시선 접촉의 감각을 향상한다

파트너와 1분 동안 얘기를 한다. 그리고 자신이 얘기를 시작하고 나서 15초 후 다른 곳을 쳐다보라고 부탁한다. 그러고 나서 계속 얘기를 듣고 있되, 자신이 아닌 다른 곳을 쳐다보도록 한다. 어떤 기분이 되는가? 이 과정을 반대로 해보고, 대화를 할 때 시선 커뮤니케이션의 상관관계를 토론한다.

파티와 같은 특별한 사회생활에서 시선 접촉이 얼마나 부족한가를 생각해 본다. 이렇게 비공식적인 자리에서 더욱 나은 시선 접촉을 연습해 보고, 일상 대화와 얼마나 다른지 알아본다.

• 시선 교류의 두려움을 완화한다

입사 면접이나 상사와 대화를 할 때, 상대방에게 불편한 감정을 느낀다면 상대방의 이마를 쳐다보도록 한다.

이런 실험을 하기 위해서 파트너와 2, 3미터 떨어져 앉는다. 이때 상대방의 눈 바로 위 이마 중간을 쳐다본다. 상대방은 당신이 훌륭한 시선 커뮤니케이션을 하고 있다고 생각할 것이다. 하지만, 당신은 감정적으로 접촉하고 있다는 느낌이 별로 안 들고, 마치 벽과 얘기하고 있다는 느낌이 들 것이다. 이 과정을 파트너와 바꾸어서 해본다면 파트너도 똑같은 현상을 경험할 수 있을 것이다.

- 비디오로 녹화하여 자신의 시선 교류를 분석한다

다른 사람들을 관찰하고 그들의 다양한 시선 커뮤니케이션 패턴이 어떤 느낌이 들게 하는지 알아본다. 비디오로 녹화하면 자신의 시선 패턴도 알 수 있을 것이다.

친구에게 자신의 시선 커뮤니케이션을 어떻게 생각하는지 물어본다. 또한, 다양한 커뮤니케이션 상황에서 자신의 시선 커뮤니케이션을 분석해 달라고 부탁한다.

44

호감 받는 사람과 말

인간은 누구나 기분 좋은 것을 추구하려는 본능이 있다.
— 프로이드

첫인상을 좋게 하려는 사람들

우리나라도 성형수술이 붐을 이루고 있다. 첫인상을 좋게 하려는 심리의 발로일 것이다.

첫인상은 사회의 출발인 직장에 취직을 할 때도, 일생의 배필을 구하는 맞선에서도 매우 중요하다.

그래서 너도나도 첫인상을 좋게 하려고 돈과 시간과 노력을 투자하고 있다. 첫인상을 중요시하는 생각이 어느 때보다도 팽배해 가고 있는 현실이다. 사람은 누구나 자기가 좋아하는 것에 관심을 두고, 좋아하는 사람의 말에 귀를 기울이며, 좋아하는 사람을 따르려고 하기 때문이리라.

정신분석의 창시자 프로이트는 '인간은 기분 좋은 것을 추구하려는 본능이 있다'라고 〈쾌감원칙快感原則〉을 발표했는데, 이 쾌감은 호감과도 일맥상통한다. 호감도가 대인관계나 비즈니스에서 얼마나 중요한가를 살펴보자.

값비싼 화장품을 방문 판매하는 신수정申水晶 씨는 이름 그대로 수정같이 맑고 고운 피부에 날씬한 몸매 그리고 건강미가 넘쳤다. 그녀는 자신의 판매 방법을 다음과 같이 말한다.

"미용조사를 하고 있다고 방문하여, '좋은 피부인데 나쁜 화장품을 쓰는 것 같다'거나 '장래에 흑반점이 생기면 어쩔 거냐?'라고 이야기합니다. 그리고 이 화장품을 사용하면 나처럼 된다고 설득을 합니다. 얘기를 5분 정도 들어준 상대는 대부분이 다 삽니다."

'상품을 팔기 전에 자기 자신을 팔아라' 하는 교훈은 자신의 매력을 통해 상대에게 호감을 느끼게 하고 신뢰감을 준 다음에 상품을 팔아야 잘 팔린다는 말이다.

자주 만나면 친근감을 느낀다

호감을 받는 또 하나의 방법은 자주 만나는 것이다. 심리학에 '숙지성熟知性의 원칙'이 있다. 되풀이해서 보이면 보일수록 그것을 좋아하게 된다는 것이다. 따라서 자신을 좋아했으면 하는 상대에게는 무슨 이유를 붙여서라도 자주 만나는 것이 좋다. 자주 만나되 인사를 하거나 이야기를 하거나 시선을 마주치는 등 직접적인 접촉을 해야 한다.

그러나 자주 만나면 그 사람이 좋아지게 된다는 원칙이 적용

되지 않는 경우도 있다. 그것은 처음 만났을 때의 인상이 나빴을 경우이다. 첫인상이 나빴을 경우에는 여간해서 좋아지지 않는다. 오히려 증오심이 증폭되어 원망으로까지 발전하는 수가 있다. 그래서 '첫인상이 중요하다' 라는 것이다.

인생은 인간관계의 연속이며, 인간관계의 첫 번째는 상대에게 호감 받는 사람이 되는 것임을 명심해야 한다.

그렇다면 첫인상이 좋지 못한 사람은 인간관계나 비즈니스에서 성공할 수가 없는가? 미남미녀가 아닌 사람은 호감 받을 수 없는가? 아니다. 대신 행동거지에서 깨끗하고 세련되며 품위 있는 모습을 보이면 호감을 받을 수 있다.

사람이나 상품을 소개할 때 또는 상대를 설득하거나 물건을 팔려고 할 때, 좋은 인상을 주는 핵심적인 단어가 있다. 그것은 '따뜻함' 이다.

"우리 직장은 가족적이며 따뜻해요"라든가 "나의 동료는 따뜻한 사람들뿐입니다"라고 말하면 자신도 따뜻한 인물로 상대가 생각하게 된다.

독일의 심리학자 에빙하우스는 인간이 처음에 강렬한 인상을 받아도 시간이 지남에 따라서 급속히 잊어버리게 되며, 마침내 무관심해져 버리는 것에 주목하였다. 그리고 이것을 '망각곡선 忘却曲線' 이라고 하였다.

누가 봐도 호감 받을 것 같은데, 관심의 대상이 되지 못하는 사람이 있다.

자신이 괜찮다고 생각하는 사람 중에는 평소 다른 사람을 대할 때 자신에 대한 강한 자부심이 나타나게 되는 경우가 많다.

주위 사람들이 '멋있다'라고 치켜세우는가 하면, 어딜 가도 누군가가 금방 부드러운 목소리로 말을 걸어오기 일쑤이다. 따라서 자기 쪽에서는 상대에게 아무것도 줄 필요가 없고, 억지로 웃음 띤 얼굴을 할 필요도 없으며 상대를 위해 마음을 쓸 필요도 없다고 생각한다.

하지만, 외모가 아름답다거나 멋지거나 하는 등의 외적인 조건에 대해서 사람들은 금방 익숙해지기 때문에 곧 무덤덤해지거나 싫증을 내게 된다.

사람이 사람을 좋아하게 되는 원인

한편, 이와는 반대로 처음과는 다르게 조금씩 인상이 깊어져 관심의 대상이 되는 경우가 있다.

결코 아름답지도 잘 생기지도 않았는데, 이야기를 나누거나 대단치 않은 행동에도 호감을 느끼게 하는 사람이 있다. 이런 현상을 심리학에서는 '친근 효과親近效果'라고 한다.

인간의 학습 효과를 조사한 결과, 처음에는 성적이 오르지 않았는데 어느 날을 계기로 급격히 성적이 올라가는 경우가 있다. 인간의 호감도 역시 마찬가지로 '친근 효과'를 내는 일이 첫인상에만 신경 쓰는 것보다 중요하다.

처음부터 외적인 이미지에 의해 호감을 느끼는 것은 제2 인상印象의 형성에는 결코 도움이 되지 못한다. 사람이 사람을 진실로 좋아하게 되는 원인은 외모에 의한 첫인상이 아니라, 상대와의 커뮤니케이션을 통하여 마음속에 싹트는 인상, 즉 제2의 인상인 '언행言行'에서 비롯된다는 사실을 기억해야 한다.

첫인상보다 더 중요한 것은 제2인상

요즈음 기업에서는 매너교육이 한창인데, 그 내용을 보면 너무 형식적인 응대 위주로 되어 있다. 그러나 형식적인 응대로 첫인상을 좋게 할 수 있을지는 몰라도, 깊은 인간관계를 만드는 제2인상을 좋게 할 수는 없다.

비즈니스나 연애에서 표면만을 그럴듯하게 꾸며 첫인상을 좋게 해도, 언젠가 제2인상에서 정체가 드러나게 되면 첫인상을 좋게 하기 위한 교본의 내용을 그대로 흉내내봤자, 진실로 상대에게 호감을 받거나 신용을 얻을 수는 없다.

그렇다면 어떻게 해야 좀 더 마음에 남는 인상을 상대에게 줄 수 있을까? 좀 더 그 사람에게 신뢰를 받고 호감을 주기 위해서는 화술 능력을 개발해야 한다.

'남들보다 잘 생기지 못하였고, 내성적이고 겁쟁이라서 남에게 선뜻 다가서지도 못하고, 인기도 없다'라고 생각하는 사람일수록 체념하지 말고, 제2인상을 좌우하는 커뮤니케이션 능력을 개발하는 일을 우선해야 한다. 첫인상보다 더 중요한 것은 제2인상이기 때문이다.

45

강한 이미지를 만드는 몸가짐

꼿꼿이 서 있어라. 꼿꼿하게 서 있는 것과 위축되어 있는 것의 차이는 정신자세이다.
— 말콤 포브스

자신의 신체 영역을 만들어라

옛 소련의 미하일 고르바초프 서기장이 《타임》 지와 인터뷰를 했다. 그 내용을 묘사하고 있는 기자의 글을 보면 언어와 소리, 시각적인 요소가 일치될 때, 최고위층에 있는 사람의 영향력이 어느 정도인지를 알 수 있게 된다.

> 그는 적당히 햇볕에 그을린 얼굴에, 건강한 모습과 자연스럽게 힘을 조절하고 있는 이미지를 갖고 있었다. 건장했지만 뚱뚱하지 않았으며 자주 웃는 모습을 보였다.
> 그는 세 가지 탁월한 도구들 — 눈과 손, 목소리를 이용하여 회담을 주도했다. 먼저 가장 인상적인 것은 눈이었

다. 그는 강렬하고 짙은 밤색 눈을 가지고 있었다. 인터뷰를 하는 동안 그의 눈은 상대방이 동의나 인정 또는 외면할 때까지 상대에게 고정되어 있었다. 그의 눈은 차갑지도 그렇다고 따뜻하지도 않았다. 크고 강할 뿐이었다. 손은 다양한 기능을 가지고 있었다. 오른손은 가끔 금속 안경테를 만지거나 뭔가 다른 말을 찾기 위해 포즈를 둘 때 움직이곤 했다. 왼손은 마치 말을 하고 있는 것 같았다. 연설을 하듯이 손가락으로 뭔가를 가리키거나 손바닥을 위로 쳐든 채 열변을 토하기도 하고, 탁자 가장자리를 절도 있는 동작으로……. 하지만 언제나 부드럽게 내려치곤 했다. 손을 가만히 두는 경우는 거의 없었다.
목소리는 언제나 깊고 또한 부드러웠다. 때때로 고르바초프는 몇 분 동안이나 마치 속삭이는 것처럼 나지막한 목소리로 리듬감 있게 얘기했다. 그러고 나서 아무 예고도 없이 방 전체를 쩌렁쩌렁하게 울릴 만큼 크게 말하기도 했다. 화가 난 목소리가 아니라 그곳에 있는 사람들 가운데 가장 목소리가 컸다는 것이다. 가끔 눈과 손 그리고 목소리가 동시에 강하게 표현될 때가 있었는데, 자신이 바로 서기장이라는 것을 명백히 나타내는 듯했다.

—《타임》

고르바초프의 자신감이 눈앞에 선히 잡히는 듯한 묘사이다. 《권력에의 길》을 쓴 나타샤 호세바이츠는 "강한 힘을 가진 사람은 많은 공간을 차지한다"라고 했다. 실제로 사장이나 장관,

대통령의 자동차나 집무실은 굉장히 넓다. 그가 가지고 있는 힘에 비례해서 큰 공간을 차지하고 있기 때문이다. 몸가짐도 마찬가지다. 허리를 꼿꼿이 세우고, 고개를 위로 쳐들며, 양손을 허리에 올려놓으면 많은 공간을 차지하고 있는 것처럼 보인다.

많은 사람이 불행하게도 '남에게 폐를 끼치지 않기 위해서'라는 이유로 아주 작은 공간을 차지해야 한다고 배워 왔다. 이제는 자신의 공간을 넓히는 연습이 필요하다. 배우나 모델들이 어떻게 공간을 차지하고 있는지 잘 관찰하자. 그리고 그들처럼 팔꿈치와 몸통 사이에 간격을 넓힘으로써 자기의 '신체 영역body zone'을 만들자.

예를 들어 차렷 자세로 양손을 맞잡고 서 있었다면, 이제는 다리를 약간 벌리고 양손을 허리에 올려놓아 보라. 팔꿈치가 자연스럽게 밖으로 벌어지고, 보다 강력하고 여유 있는 자세가 만들어질 것이다.

강한 개성이 대통령의 당락을 좌우

유명한 여론 조사 기관인 갤럽에서 로널드 레이건과 월터 먼데일의 대통령 선거가 있기 두 달 전에 여론 조사를 했다. 이 조사는 세 가지 부문에서 유권자들의 성향을 조사한 것으로 공약과 당파 관계, 선호도 또는 개성적인 요소였다. 선거 두 달 전의 여론 조사 결과는 다음과 같았다.

공약은 레이건 42퍼센트, 먼데일 42퍼센트였고, 당파 관계는 레이건 28퍼센트, 먼데일 42퍼센트였으며, 개성적인 요소는 레이건 42퍼센트, 먼데일 26퍼센트였다.

만약 위의 세 가지 요소들이 모두 똑같은 비중을 차지하고 있는 것으로 나왔다면 선거는 정말 '막상막하'의 결과가 나왔을 것이다. 하지만, 여론 조사 결과는 그렇지 않았다. 결국 '개성적인 요소'의 선호도 차이는 두 달 후 투표 결과의 차이와 거의 비슷한 수치인 18퍼센트를 보여주었다.

이런 개성적인 요소는 스페플 스칼로미터에 의해 과학적으로 평가되는 것으로, 존 F. 케네디와 닉슨 선거부터 최근까지 여덟 번의 대통령 선거에서 미리 결과를 예상할 수 있는 방법으로 유일하게 사용되고 있다.

정치와 마찬가지로 '개성'은 사람들의 대인 관계에서도 중요한 역할을 하고 있다. 또한, 우리의 개성은 바뀌기도 하고 적응하기도 해서 대인 관계의 기술을 향상시키는데 도움을 줄 수도 있다.

신체 언어를 강하게 만드는 다섯 가지 테크닉

• 자세를 꼿꼿이 하고 턱을 올려라

당신의 자세는 당신이 스스로에 대해 어떻게 느끼고 있는가를 그대로 나타낸다. 자세를 꼿꼿이 하고, 턱을 위로 약간 올린 모습은 정력과 자신감을 나타낸다.

얼굴을 너무 많이 쳐들지 않아야 한다. 자칫 잘못하면 건방져 보일 수가 있다. 어깨를 펴고 허리를 똑바로 세우되, 굳은 얼굴을 하지는 마라. 바르면서도 자연스러운 자세가 좋다.

- 양발에 힘을 주고 서 있어라

서 있을 때나 많은 사람 앞에서 스피치를 할 때 발은 어깨너비만큼 벌리고, 양발에 힘을 준다. 균형이 잡히고 늠름하게 보인다.

만약 스피치를 하면서 청중들에게 호소력 있는 행동을 취하고 싶다면, 한 발을 앞으로 내밀고 그 발에 체중을 실어라. 당신이 그들에게 다가가려는 모습으로 보인다. 그러고 나서 원래의 자세로 되돌아온다.

- 신중하게 적당히 움직여라

움직임은 스피치를 시각적으로 전달해 주고, 뒷받침해 주는 효과적인 방법이다.

연사가 제자리에 꿋꿋이 서서 말하면 답답하게 느껴지고, 너무 자주 움직이면 산만한 느낌이 든다. 따라서 신중하게 적당히 움직이는 것이 좋다.

가장 좋은 방법은 연단 중앙에서 출발하여 첫 번째 요지를 말하면서 오른쪽으로 움직였다가 다시 중앙으로 돌아오고, 두 번째 요지를 말하면서 왼쪽으로 움직여 나가는 것이다. 마지막에 결말을 지을 때는 다시 연단 중앙으로 돌아와 있어야 한다.

- 손은 자연스럽게 양옆에 붙여라

많은 연사가 사람들 앞에 서면 손 처리에 곤란을 느낀다. 그래서 뒷짐을 지든가 앞으로 깍지를 끼든가, 두 손을 앞으로 모아 잡든가 한다. 심지어 호주머니에 손을 집어넣는 사람까지 있다.

이런 자세는 보기에도 좋지 않을뿐더러 몸짓을 할 때 불편하다. 따라서 손은 계란을 쥔 모양으로 자연스럽게 하의 양옆에 붙이는 것이 좋다.

• 표정은 메시지와 일치하라

표정은 전달하려는 내용을 보완하거나 강조하기 위한 의식적인 동작이다. 따라서 메시지와 표정은 일치해야만 한다.

생동적인 표정은 특히 다음 세 가지가 일치해야 한다.

(1) 내용의 일치

전하려는 메시지는 큰 데 비해 표정을 작게 취한다면 청중은 혼란을 겪을 것이다.

(2) 시간의 일치

말의 내용과 표정은 동시에 이루어져야 한다. 내용보다 늦게 나가는 표정은 우스꽝스럽게 된다.

(3) 시선의 일치

연사는 자신의 표정을 보아야 한다. 바람직한 표정은 자연스러우면서도 절도가 있어야 하고, 메시지의 내용과 분명히 일치해야 한다.

46

회의를 성공하는 방법

회의를 제대로 주관하는 사람은 드물며, 제대로 마칠 줄 아는 사람은 더욱 드물다.
— R. 휴오스

회의! 회의! 회의는 춤을 춘다

1814년 프랑스 황제 나폴레옹이 몰락하자, 유럽의 여러 군주나 대신들은 전쟁을 마무리하기 위해서 오스트리아의 수도 빈에 모였다.

러시아와 오스트리아를 비롯한 각국의 대표들이 모였는데, 그들은 조금이라도 더 영토를 넓히고 배상금을 많이 받아 내고자 했기 때문에 회의는 좀처럼 진전되지 않았다.

이러한 틈을 타서 패전국 프랑스의 대표 탈레랑은 각국 대표의 사이를 갈라놓는다. 그는 프랑스에 유리한 결과를 가져오게 하려고 획책하고 있었다.

이 때문에 막후의 거래와 흥정만이 판을 치고, 요긴한 의제는 아랑곳없이 무도회다, 사냥이다, 노는 데만 정신이 팔려 정치상의 협의는 좀처럼 본론에 들어가지 못했다.

　마침내 해가 바뀌어 1815년이 되자, '회의는 신나게 춤을 춘다. 그러나 진전은 없다'라는 말이 나올 정도로 각국의 대표자들은 지칠 대로 지쳐 있었다. 그런 가운데 유럽을 프랑스 혁명 이전의 상태로 되돌리고 유럽의 황폐한 정신을 복구해서 자유주의의 도발에 대항하기 위해 신성동맹을 결성한다는 것이 결정되었다.

회의에 참석하는 사람들의 이익

　옛날이나 오늘날이나 인간사회에는 반드시 회의가 있고, 그 진행은 쉽지 않다. 특히 현대의 직장인은 회의가 없는 날이 하루도 없을 정도로 빈번한 회의 때문에 바쁘다.

　급한 용무가 있어서 선배에게 전화를 걸었다.

　"사장님은 지금 회의 중이신데요."

　또 오랜만에 친구를 만나 근황을 물어보면 대답은 뻔하다.

　"말도 말아. 요즈음은 눈코 뜰 새 없이 바빠. 연일 회의거든. 어제도 밤샘회의가 있었다네."

　현대생활은 회의의 연속이다. 이렇듯 범람하고 있는 회의란 무엇이며, 어떤 이익이 있을까?

　회의란 여럿이 모여서 의논해 중론을 모아서 더욱 나은 결론에 도달하는 것이 그 목적으로 회의를 통해서 참석자들에게는 다음과 같은 이익이 발생한다.

- 발언하지 않으면 안 되기 때문에 표현력이 길러진다
- 어떻게 하든지 상대를 이해시켜야 하기 때문에 설득력이 길러진다
- 다양한 인간성이 표출되기 때문에 인간관계에 관한 연구가 된다
- 여러 사람이 가장 자신 있는 것을 발표하기 때문에 지식이 해박해진다
- 윗사람들의 사고방식이나 습관을 보고 관리 능력을 익힐 수가 있다

이렇듯 회의는 중요한 중론衆論을 이끌어 내고 자기계발의 훌륭한 학습장學習帳이 되기도 한다. 따라서 가능한 한 회의에는 적극적으로 참석하는 것이 좋다.

회의를 소집하기 전에 체크할 사항

회의가 잦은 이유는 크게 두 가지로 나누어 생각할 수 있다. 하나는 급변하는 상황에 대처하기 위한 수단을 마련하자는 것이고 또 하나는 이전 회의의 결과가 바람직한 대책을 끌어내지 못했기 때문이다.

그렇다면 회의를 했는데도, 왜 바람직한 결과를 끌어내지 못했을까? 그 이유는 회의소집을 제멋대로 했기 때문이다.

사 장 젠장! 왜 이렇게 일이 꼬이는 거야. 이봐, 김 부장! 15분 후에 회의를 소집하게.

부 장 어디서 합니까?

사 장 아무 데나, 알아서 해.

부 장 협의 사항은 무엇입니까?

사 장 늘 하는 대로지 뭐. 생산성, 책임감, 영업전략 그리고 경쟁력 등 모든 거야.

부 장 누구누구가 참석해야 하나요?

사 장 모두 다.

부 장 갑자기 다 모이라면 별로 좋아하지 않을 텐데요.

사 장 좋아하고 안 하고가 어디 있어. 각자 맡은 일을 제대로 했다면 회의를 열 필요도 없겠지.

이러한 회의가 과연 성과를 거둘 수 있을까? 결과는 시간만 낭비할 뿐이다. 사장은 너무 급하게 회의를 소집했고, 미리 공고도 하지 않았다. 게다가 협의사항은 즉석에서 만들어졌다. 회의를 벌주는 수단으로 이용하는 것 같다. 이런 회의가 의외로 많이 소집되고 있다.

회의소집에는 꼭 지켜야 할 몇 가지 사항이 있다.

- 미리 공고를 한다
- 필요한 사람들만을 부른다
- 협의 사항을 미리 알린다
- 적절한 장소를 선택한다

- 적절한 시간을 선택한다
- 결과를 정해 둔다

특히 회의 책임자는 다음 사항을 결정해야 한다.

미팅 플러스 체크리스트meeting PLUS checklist라고 하는 것으로서, 자료materials, 절차procedure, 진행자leader, 도구tool, 자리seating이다.

자료는 인쇄물, 협의 사항의 사본, 발췌문, 보고서, 도표, 그래프 또는 회의를 원활하게 하기 위한 것으로 망라할 필요가 있다. 그다음 절차가 중요하다. 분명한 절차가 없으면 중구난방식이 되고 만다. 진행자 역시 중요한데 반드시 최고 책임자여야 할 이유는 없다. 회의에 필요한 도구는 골고루 준비하고, 제대로 작동되는지 미리 점검해야 한다. 그리고 자리 배치 또한 소홀히 해서는 안 된다. 서열이나 친분관계도 고려해야 하며, 특히 서로 열중할 수 있게끔 자리를 배치해야 한다.

효율적인 회의 운용을 위한 지침

회의결과가 바람직하지 못한 둘째 이유는 회의진행을 잘못했기 때문이다. 회의진행의 문제점 가운데 하나는 제시간에 시작하지 않는 것이다. 개인적인 이야기로 시작하는 회의가 많은데, 이것은 참석자 모두에게 시간낭비가 된다.

진행자는 최고 책임자가 아닌 다른 사람이 맡는 것도 좋다. 누가 맡든 능숙한 진행자는 참석자들을 곁길로 빠지지 않게 만들어 바로 본론으로 이끌며 일사불란하게 회의를 진행한다. 그러나 서투른 진행자는 토론을 통제하지 못해서 중구난방이 되어 시간만 끌 뿐 기대한 성과를 거두지 못한다.

진행자는 회의 순서에 따라서 진행하되, 모든 참가자들이 의견을 말하도록 유도해야 한다. 골고루 발언 기회가 주어지면 참석자들은 회의가 유용하다고 생각하며 또 중론을 모아 알찬 성과를 거두게 된다.

아래는 효율적인 회의 운용을 위한 열 가지 방법이다.

- 당신이 꼭 참석해야 할 경우가 아니라면 회의에 참석하지 마라! 그리고 필요하지 않은 사람을 참여시키지도 말라
- 회의내용을 사전에 주지시켜라! 메모나 전화 등을 사용할 수도 있다
- 사람들이 피로하지 않게끔 가벼운 다과를 마련하라! 신선한 과일은 좋지만 케이크나 사탕은 피해야 한다
- 당신이 참석할 수 없을 때는 다른 사람에게 회의내용을 녹음하거나 대리인을 보내라! 그러면 계속해서 정보를 얻을 수가 있다
- 시간제한을 지켜 신뢰를 얻어라!
- 무엇을 다룰 것인가? 또는 지난번 회의에서 결정된 것이 무엇인지 개괄하는 것으로 회의를 시작하라!
- 회의를 시작할 때 논의할 주제에 대해 동의를 구하라!
- 합의된 사항을 요약하는 것으로 회의를 끝내라!

- 한 시간가량 회의를 계속하라!
- 때때로 회의운용에 대해 회의를 해라!

47

프레젠테이션은 필수조건

효과적인 프레젠테이션은 생각의 전달보다 더 많은 것을 요구하고 있다.
— 렉스 P. 가로

이색적인 상황을 연출한 두 발표자

스물일곱 살가량의 한 젊은이가 소집단의 청중들 앞에 서 있다. 키가 크고 비쩍 말라 보였지만 열정 어린 눈빛은 반짝인다.

"저는 어렸을 때부터 당뇨병으로 고생해 왔습니다. 갑자기 일주일에 9킬로그램이나 몸무게가 줄었고, 도무지 아무 일도 할 수가 없었습니다. 의사는 잃어버린 몸무게를 다시 회복할 수는 없을 것이라고 하며 저에게 이것을 주었습니다."

그는 청중들이 잘 볼 수 있도록 주사기를 들고 중앙으로 나갔다. 그리고 오한이 나는지 몸서리를 치며 다음과 같이 말을 계속해 나갔다.

"지금 제가 심하게 떨고 있는 이유는 인슐린 주사를 아직 맞지 않고 있기 때문입니다. 저는 보통 아침 일곱 시경에 한 번 그리고 열 시경에 다시 한 번 더 맞습니다. 그런데 오늘은 좀 늦었습니다. 저는 제가 무엇을 하려는지 여러분에게 정확히 보여주기 위해서, 아직 주사를 맞지 않은 것입니다."

그는 오른팔을 구부리더니, 정맥에다 주사기 바늘을 꽂았다. 그의 몸은 약간 떨리는 것 같았고, 주사를 다 놓고 바늘을 빼면서 말했다.

"제가 약간 긴장되어 있는 것 같습니다."

그러고 나서 그는 당뇨병 탓에 자기가 얼마나 많은 고생을 했는지에 관한 체험담을 들려주며 다음과 같이 말을 마쳤다.

"이제 저는 하루하루가 얼마나 귀중한지 모르겠어요. 이 간단한 주사를 맞음으로써, 저는 참으로 많은 일을 할 수가 있습니다. 만약 여러분 가운데 당뇨병으로 고생하는 분이 계신다면 제가 체험했던 것을 그분에게 알려주고 싶습니다. 이젠 더는 당뇨병을 두려워할 필요가 없습니다."

그 젊은이는 자리에 가 앉았다. 청중들 사이에는 침묵만이 흐르고 있었다. 그들 사이에는 동의와 이해가 침묵 속에서 공유되고 있었기 때문이다.

이 프레젠테이션의 시간은 불과 5분 정도. 그러나 그 젊은이의 생생한 증언은 완벽했다.

이와는 다른 사건이 있었다. 어느 특급호텔의 대연회장에서 천여 명이 모인 비즈니스 그룹을 대상으로 고위 경영자 한 사람이 아주 중요한 마케팅 전략을 프레젠테이션하게 되었다.

회사 측은 프레젠테이션의 중요성을 인식하고 사전준비를 빈틈없이 했다. 선전을 위한 인쇄물과 슬라이드, OHP, 비디오, 빔프로젝터 등의 첨단 시청각 장비를 준비하고, 최신정보를 그래픽 화하고 통계수치로 정리하는 등 완전무장을 하고 나왔다.

처음에는 호의적이던 청중이 무려 한 시간이나 딱딱한 내용으로 일관하고 서툴게 말하는데 싫증을 느껴 점점 무관심해지더니 더 이상은 못 참겠다는 듯이 노골적으로 반발심까지 드러냈다. 그 회사는 훌륭한 계획을 세우고, 돈과 인력을 투자했지만 프리젠터presenter의 화술이 서툴러 무참히도 실패하고 말았던 것이다.

프레젠테이션이란 무엇인가?

프랑스의 파리에 가면 '맥심'이라는 고급 레스토랑이 있다. 이 레스토랑은 깨끗하게 담은 요리를 먼저 손님에게 보여주고 나서 원하는 손님에게 나누어주는 방법이 특징이다.

또 샌프란시스코의 한 일본 식당에서는 신라시대의 임금이 물 위에 술잔을 띄우고 흥취를 돋우며 마셨다는 포석정을 본떠서, 빙빙 도는 물 위에 배를 띄우고 그 위에 음식 접시를 올려놓아 손님이 마음에 드는 음식을 골라서 먹게 하는 서비스로 인기를 끌고 있다.

글자만 적힌 메뉴판을 보여주고 파는 재래식 식당에 비해서 견물생심을 활용한 이런 판매술은 얼마나 효과적인가?

이와 같이 먼저 보여주고 파는 것을 '프레젠테이션'이라고 한다. 웹스터 사전에 의하면 프레젠테이션presentation이란 '마음을 전달하기 위한 제시'이며, '기술적·설득적인 설명'이다.

그 뜻은 매우 광범위하여 인간이 말하거나 쓰는 표현방법의 대부분이 프레젠테이션이 된다. 우리나라에서는 아직도 인식이 부족한 편이지만, 선진국에서는 프레젠테이션 기법이 비즈니스맨의 필수조건이 되었다.

사실 따지고 보면 우리도 항상 프레젠테이션을 하고 있다. 일상적인 업무에서 무언가를 설명하고 보고하며 선전하고 있다. 이것은 비공식적인 프레젠테이션이다. 그러나 좀 더 본격적인 프레젠테이션은 사전준비를 통해서 제한된 시간에 효과적으로 발표하는 것이다.

프레젠테이션에 능숙하지 않으면 비즈니스에서 큰 손해를 보는 경우가 많다.

프레젠테이션이 필요한 경우

그렇다면 어떤 경우에 프레젠테이션이 필요한가? 대표적인 프레젠테이션의 몇 가지 경우를 살펴보자.

먼저 비즈니스에서 가장 중요한 상담이 있다.

상품설명은 예로부터 일반적으로 시행되어 온 프레젠테이션이다. 요즈음 상담에서 프레젠테이션이 중요시되고 있는 이유는 상품의 품질이나 성능이 고도화되고 있고, 그 조작방법이 복잡하기 때문에 설명하는 방법이 서툴면 고객을 설득할 수가 없다는데 있다.

더구나 몇십억 원짜리 기계에서 몇천억 원짜리 석유관계의 플랜트 상담에는 계획서를 말로만 설명할 수가 없다. OHP나 비디오, 빔프로젝터는 물론 때로는 웬만한 규모의 모형 따위를 준비하여 프레젠테이션을 할 경우도 있다.

다음으로 연구한 성과를 발표하는 경우가 있다.

학자나 연구자가 스스로 연구한 성과를 발표하는 경우가 가장 전형적인 프레젠테이션이라고 할 수 있다. 장기간에 걸쳐서 연구해 온 내용을 능숙하게 설명할 수 없다면 연구 성과의 평가가 낮아져 버린다. 즉 프레젠테이션이 서툴면 '자기의 지적인 재산을 스스로 줄게 하는 결과'가 되고 만다. 연구발표는 학자들뿐만이 아니라, 기업에서 시행되고 있는 종합적 품질 관리 TQC나 제안제도 등의 성과발표에도 마찬가지로 통용된다.

또 사내社內 회의가 있다.

'회의 망국론'이란 말이 있을 정도로 기업에서 하는 갖가지 회의는 횟수도 많지만 요령부득으로 시간을 너무 많이 소비한다.

그 시간을 돈으로 환산해 보자. 인건비만 하더라도 중간 관리자 20명이 모여서 반나절씩 회의를 한다면 한 달에 자동차 한 대를 살 정도의 비용이 든다는 계산이 나온다. 인건비와 같이 형태가 보이지 않는 비용에 대해서는 무관심하기 쉬우나 회의에서 원가의식을 갖는 것도 중요하다.

아울러 회의의 근본적 문제인 효과적인 의사결정을 하기 위해서도 프레젠테이션의 기법을 익힌다는 것은 무엇보다도 중요한 일이다.

왜냐하면 좋은 아이디어를 승인받기 위한 가장 유효한 수단이 프레젠테이션이기 때문이다.

프레젠테이션 연수교육의 현황

우리 사회에도 프레젠테이션이란 말이 이제는 보편화하였다.

한때는 도표를 넘기면서 개괄적인 상황을 설명하는 군대식 브리핑briefing이란 말이 성행했지만, 세계화가 되면서 첨단장비까지 동원하여 보다 효과적으로 설득하는 프레젠테이션의 시대가 다가온 것이다.

그래서 기업마다 경영자나 간부들에게 '프레젠테이션 능력개발'을 위한 연수교육에 열을 올리고 있다. 그러나 교육효과는 그리 좋지 못한 것 같다. 그도 그럴 것이 프레젠테이션 스킬skill은 한두 시간에 습득할 수 있는 것도 아니며, 게다가 관련 서적을 한두 권쯤 읽고 가르칠 수 있는 것도 아닌 전문적인 지식과 기술이 필요하기 때문이다.

우리나라 기업의 연수 프로그램을 보면 대개가 교양과목처럼 두세 시간 정도의 시간을 배정하고 있으며, 군대시절 브리핑 기법을 조금 익힌 경험으로 프레젠테이션을 가르치겠다는 비전문 강사도 등장하고 있다.

어느 분야이든 마찬가지겠지만 특히 프레젠테이션은 그 본질과 기법에 관한 올바른 지식과 기술을 가진 전문 강사가 충분한 시간을 갖고, 이론과 실기를 병행하여 지도할 때만이 실효를 거둘 수가 있다.

프레젠테이션의 능력은 스피치 파워

그렇다면 프레젠테이션의 기본능력은 어디서 나오는 것일까?

한마디로 말의 힘, 스피치 파워 speech power이다.

앞에서 예를 든 기업의 고위경영자가 그 좋은 시청각 장비와 관련 자료를 철저히 준비해 놓고서도 프레젠테이션에 실패한 이유는 프리젠터의 스피치 파워가 약하기 때문이었다. 한편, 주사기 하나만 달랑 갖고서도 청중을 사로잡은 젊은이의 프레젠테이션은 훌륭한 내용구성과 온몸으로 말하는 강력한 스피치 파워가 있었기 때문이다.

아무리 훌륭한 무대장치와 시나리오로 공연한다고 하더라도, 배우의 말투가 서툴고 연기력이 부족하다면 흥행에 성공할 수는 없다.

뛰어난 화술과 연기력은 공연하기 이전에 배우가 갖추어야 할 기본 능력인 것처럼, 프리젠터에게 있어서도 음성표현인 화술과 신체표현인 태도, 자세, 표정, 행동 등은 프레젠테이션을 하기 이전에 반드시 갖추어야 할 기본능력이다.

기본능력을 갖추지 못한 프리젠터가 제아무리 좋은 시청각 자료와 장비를 준비한다고 해도 이는 사상누각과 같다.

그렇다면 스피치 파워, 즉 화력話力은 어떻게 나오는 것일까?

'화법＋화술＝화력' 이것이 공식이다. 먼저 말을 잘하는 요령話法을 배우고, 그 요령에 따라서 기술話術을 익혔을 때, 비로소 말의 힘話力이 나오게 되는 것이다.

성공하는 프레젠테이션의 준비과정

프레젠테이션을 성공적으로 하기 위해서는 실전에 들어가기에 앞서 몇 가지 준비과정을 알아볼 필요가 있다.

• 제1단계, 목적과 목표를 분명하게 설정한다
'이번 프레젠테이션은 무엇 때문에 하는가?' 하는 목적과 '이 프레젠테이션에는 어느 정도의 성과를 올려야 하는가?' 하는 목표를 분명하게 설정해야 한다.

• 제2단계, 참석 대상을 분석한다
'어떤 사람들이 참석하는가? 또 그들이 바라는 사항은 무엇인가?'를 알아야 한다.
프레젠테이션의 주역은 결정권을 가진 청중이다. 따라서 청중에게 필요한 것은 무엇이며, 지식수준은 어느 정도인가? 설득하려는 상대가 최고 경영자인가, 그 부문의 관리자인가, 사업을 추진하는 담당자인가 하는 성격의 파악이 중요하다.

• 제3단계, 입안立案과 구성을 잘한다
제목을 정하고 참석대상들을 파악했다면, 알기 쉽고 일목요연하게 그리고 흥미 있게 내용을 만들어야 한다. 이 단계가 아주 중요하다.

내용은 항상 전체상을 파악하고 있을 것, 잊어버리지 않도록 무엇이고 다 써 볼 것, 우선순위를 매겨서 확정할 것이다.

내용구성은 입안된 테마를 가지고 '도입 ➔ 본론 ➔ 결론'의 순서로 정리한다. 이때 도입부분에서는 집중적으로 호소하고자 하는 내용을 열거하는 형태로 소개하고, 본론에서는 내용을 보충할 실례 및 증거 자료 등을 첨가하여 각각의 핵심을 자세하게 이야기해 나간다. 그리고 결론에서는 다시 한 번 무엇을 이야기했는가 하는 주 내용을 되풀이하는 형태로 매듭을 짓는다.

- 제4단계, 시청각 자료를 만든다

가장 기본적인 시각자료는 연사의 외모, 시선 교류, 표정, 행동 등이지만, 과학의 발달로 플립차트, OHP, 영사기, 비디오 등 다양한 첨단장비가 있다.

그러나 어떤 기재를 사용하든 시청각 자료는 3B — 크고^{big}, 굵고^{bold}, 빛나는^{brilliant} 것이어야 한다. 좋은 시각물의 표본은 한 시각물에 한 가지 아이디어, 한 줄에 여섯 단어, 한 시각물에 여섯 줄이라야 한다. 시각물은 어디까지나 단순해야 한다.

- 제5단계, 연습하고 또 연습한다

아무리 좋은 내용을 만들었다고 해도, 연습 없이는 프레젠테이션에 성공할 수가 없다.

가수가 신곡을 발표하기 위해서, 얼마나 많은 연습을 하고 나온다고 생각하는가? 상상하기 어려울 정도로 수백 번, 때로는 수천 번을 부른다.

그렇다면 노래보다 길고 복잡한 프레젠테이션은 얼마나 많은 연습이 필요할까? 연습 없이는 발전도 성공도 없다는 사실을 알아두자.

- 제6단계, 자신 있게 프레젠테이션을 한다

자신감은 모든 행동의 원동력이다. 훌륭한 내용과 충분한 연습을 했다면 자신감은 저절로 생긴다.

사실 많은 사람이 무대 공포증에 시달린다. 무대 공포증은 대부분 경험부족과 긴장에서 발생하는데, 긴장은 겁낼 필요가 없다. 사람은 누구나 대중 앞에 서면 정도의 차이만 있을 뿐 긴장하게 되어 있다. 다만 그 긴장을 어떻게 받아들이느냐가 문제이다.

학창시절 100미터 달리기를 해본 경험이 있을 것이다. 출발선에서 체육선생님이 딱총을 들고 '준비!' 할 때 얼마나 가슴이 두근거리고 긴장되던가? 잘 뛰려고 심리적·육체적으로 준비태세를 갖추기 때문이다. 그러나 뛰다 보면 긴장감은 어느새 없어진다. 프레젠테이션을 할 때 긴장되는 것도 마찬가지이다. 따라서 긴장은 프레젠테이션의 장애가 아니라 촉진제라고 생각하고, 용기를 내어 도전할 일이다.

48 당신이 TV에 출연하게 된다면

회사를 기사회생시키고, 내가 유명하게 된 데는 텔레비전의 출연이 크게 작용을 했다.
— 리 아이어코카

현대 매스컴의 주역은 텔레비전 방송이다

현대는 매스컴의 시대이며, '매스컴을 잡는 사람이 세계를 잡는다'라고 한다. 매스컴이란 신문·잡지·라디오·텔레비전 등 대중매체를 통해서 불특정한 대중에게 대량의 정보를 전달하는 것인데, 매스컴의 주역은 역시 텔레비전 방송이다.

오늘날 텔레비전 방송의 위력은 가공할 만큼 파급 효과를 지니고 있다. 개인의 영욕과 기업의 흥망성쇠는 물론 심지어는 대통령 선거의 당락까지도 좌우한다. 텔레비전 방송은 일시에 몇백만 명의 대중을 움직이는 굉장한 힘이 있기 때문이다.

이렇듯 막강한 위력을 가진 텔레비전 방송에 출연했을 때 당신은 자기 이미지의 창조 또는 개선을 통하여 일반 시청자에게 호소할 수 있어야 한다.

시청자들은 안방에서 클로즈업되는 연사의 일거수일투족을 다 관찰한다. 그러니 좋은 이미지를 심어 줄 수 있는 태도와 화법은 필수적이다.

시청자들은 한두 사람 또는 한 가족 단위로 서로 분리되어 있다. 그래서 군중 구성원들 사이에 일어나는 강렬한 군중심리 현상은 일어나지 않는다. 물론 텔레비전 출연자는 청중의 반응을 알 수도 없다. 그러기에 출연자는 개개인의 시청자에게 호감을 살 수 있어야만 한다. 이것이 성공한다면 분명 수백만의 시청자들을 동요시킬 수 있을 것이다.

시청자는 모든 계층의 모든 사람이라는 것을 텔레비전 출연자는 염두에 두어야 한다. 직업, 성별, 연령, 학력, 신앙 등이 서로 다르고 상반된 의견을 가진 모든 사람과 자신이 대화를 해야 한다는 점을 명심할 일이다.

텔레비전에서 시선을 끌기 위한 일곱 가지 전략

이러한 점을 고려할 때 텔레비전 출연자는 이 사회가 갖는 가장 중요한 화제에 초점을 둘 줄 알아야 하며, 그 구성원들이 갖는 심리적 상태를 어느 정도 파악하고 있어야 한다.

또한, 부차적이거나 세세하거나 쓸데없는 이슈를 피하고, 몇몇 중요한 포인트를 잘 지적할 수 있도록 치밀한 계획을 세워야 한다.

그러므로 자신의 논지는 명확하고 간략하게 간추리며, 모든 사람이 알아들을 수 있는 쉬운 말로 해야 한다. 또 모든 이의 흥미를 부추길 수 있는 영역의 주장을 해야 한다.

- 옷맵시에 주의를 기울인다

'옷이 날개'라든가, '복장은 무언의 소개장'이란 말도 있듯이, 출연자는 자신의 이미지를 전달함에 의복의 중요성을 잊어서는 안 된다. 일반적으로 정장을 하는 것이 가장 좋다.

무늬는 평범하고 고른 디자인이 좋으며, 중간 색조의 부드럽고 따뜻한 색깔의 옷을 입는다. 청색, 회색, 갈색, 녹색, 연한 자주색 등의 옷이나 넥타이, 스카프를 매치시키기에 적당하고 와이셔츠나 블라우스는 파스텔 톤이 좋다. .

자리에 앉았을 때, 남자는 윗옷의 단추를 모두 채우고 앞으로 약간 당겨서 팽팽하게 만든다.

넥타이는 보통보다 더 짧게 매서 앉았을 때 다리 사이로 흔들거리지 않도록 하며, 양말은 정강이뼈를 덮을 정도의 길이가 좋다. 여성은 반드시 치마가 무릎을 덮도록 한다.

겨울이라고 해도 가벼운 느낌을 주는 색상의 옷을 선택하라. 밝은 조명 아래서 당신을 산뜻하게 보이도록 할 것이다.

그러나 흰색, 노란색, 빨간색, 칙칙한 회색 옷이나 격자무늬, 줄무늬, 바둑판 무늬, 물방울무늬, 오뉘 무늬, 새발 격자무늬와 같이 대담한 디자인의 옷은 피해야 한다. 또 조끼나 몸에 꼭 끼는 옷과 격식 없거나 유행에 민감한 옷도 피해야 한다.

- 메이크업을 해야 한다

카메라는 조명이 비추는 정도에 따라 명암이나 얼굴 색깔이

다르게 나타난다. 즉 이 말은 당신이 창백해 보이거나 너무 윤곽이 뚜렷해 눈 밑의 점만 두드러져 보일 수 있다는 뜻이다. 분장실에 있는 사람들을 너무 믿지 마라. 모두 당신이 괜찮아 보인다고 말할 것이다. 자신의 메이크업을 직접 하라.

• 표정과 움직임을 조절한다

카메라에는 주로 당신의 얼굴이 잡히기 때문에 표정 관리는 그만큼 중요하다. 찌푸린 표정은 당신의 얼굴을 우거지상으로 만들 것이다. 심각한 주제로 논의하고 있다고 할지라도 언제나 즐거운 표정을 짓도록 한다. 얼굴에 성실함과 정열이 보이게 하라. 항상 웃는 표정이 되도록 노력하고, 이마를 찌푸리는 것은 반드시 피한다. 눈썹을 모아서 이마에 주름이 지는 표정은 절대로 하지 마라.

카메라가 너무 가깝게 오면 말을 하기 어렵기 때문에 언제나 움직임을 조절해야 한다. 턱을 약간 올리고 얼굴의 움직임은 최소화한다. 녹화를 하는 도중에 옷을 만지작거린다거나, 손으로 얼굴을 만지는 행동 따위는 하지 마라. 만약 땀이 난다면 쉬는 시간에 닦도록 한다.

• 표정과 몸짓을 통해 좋은 효과를 얻는다

표정은 텔레비전에 비친 당신의 모습을 더욱 생생하게 해줄 것이다. 아주 사소한 것이라고 할지라도 긴 여운을 남겨 준다. 적절한 표정과 몸짓을 통해 당신이 하고 있는 이야기와 조화를 이루도록 하라. 어떤 특별한 표현을 하고 싶다면 손이 허리 윗부분에서만 보이도록 한다. 어깨를 추켜올리는 것도 괜찮다. 하지만, 손이 얼굴과 카메라 사이에 놓여서 화면을 가리면 안 된다.

- 힘과 열정을 보여준다

모든 여건이 좋지 않고 불가능해 보이는 것 같을지라도 당신이 에너지를 보여준다면 사람들은 당신의 말에 귀 기울일 것이다. 배우처럼 과장된 연기를 할 필요는 없다. 단지 당신이 말하는 것에 대한 확신과 열정만 보여주면 된다.

당신의 열정과 힘을 보여줄 수 있는 가장 좋은 부분은 바로 얼굴과 목소리이다. 눈썹을 약간 올리고 눈에 힘을 준다. 평소의 얼굴 표정보다 약간만 더 과장시키는 것이다. 목소리에는 온화함과 확신을 심어 준다. 또 강조해야 할 부분에서는 음량을 높여 다양함을 준다. 무엇보다도 목소리는 따뜻하고 친근감 있어야 하며 진지해야 한다. 그래서 당신이 진심으로 말하고 있다는 것을 시청자들에게 보여주는 것이다.

- 카메라 렌즈를 쳐다본다

카메라를 하나의 청중이라고 생각한다. 확실한 눈으로 카메라를 계속 쳐다보라. 카메라를 피하는 것만큼 당신의 신용을 떨어뜨리는 일도 없다.

만약 당신이 대답을 하고 있다면 처음에는 질문자의 얼굴을 쳐다보고 나서 대답할 때는 카메라를 보도록 한다. 당신은 스튜디오에 있는 사람들에게 이야기하는 것이 아니다. 텔레비전 화면 저쪽에 앉아 있는 사람들에게 말하고 있음을 명심하라.

누군가 '컷' 사인을 했다고 할지라도 카메라나 마이크가 꺼져 있을 것이라는 생각은 절대로 하지 마라. 스태프들이 움직이거나 사회자가 일어서기 전까지는 계속해서 카메라를 쳐다보라.
- 당신이 말하고 있는 모든 것을 함축시켜서 생생하게 표현하라

녹음을 하면 소리와 소음, 잡음이 들어가기도 한다. 사적인 대화에서 하는 가벼운 농담 같은 얘기라도 텔레비전에서는 우물거리고 머뭇거리는 소리로 들릴 수가 있다.

모든 말을 정확하고 명료하게 한다. 당신이 무슨 말을 어떻게 할 것인가에 대해 사전에 철저하게 준비해야 한다. 결코 쉬운 일은 아니지만, 당신은 어떤 질문에도 대답할 수 있도록 준비해야 한다. 오디오 테이프로 연습해 보는 것도 좋은 방법이다. 말은 간략하게, 요점은 신속하게 말하는 것을 연습하라. 너무 많은 단어를 사용하지 말고, 간결한 문장을 쓰도록 한다.

처음부터 말은 확실하게, 발음은 분명하게 한다. '에~' '어~'와 같은 군말은 사용하지 마라.

활력 있는 동사와 묘사적인 명사를 사용하여 이야기를 생동감 있게 한다. 질문을 받으면 되도록 완벽한 문장으로 답변해 주고, '네' '아니오'로 간단히 대답하거나 고개만 끄덕이는 행동은 하지 않는 것이 좋다.

가장 좋은 방법은 물 흐르듯이 계속 진행하는 것이다. 방송에서 특히 삼가야 할 행동은 10초 이상 침묵하는 것이다. 누군가 당신에게 질문을 한다거나 말을 걸 때는 신속하게 대답을 하고, 말하는 도중 5초 이상 침묵하는 일은 절대로 없도록 해야 한다.

49

프레젠테이션을 위한 전략

비디오는 다른 어떤 매체보다도 더 당신이 많은 사람에게 호감을 살 기회를 준다.
— 린다 R. 펄슨

프로에게는 일곱 가지 특별한 전략이 있다

　기업이 오늘날처럼 매스 미디어와 대중 앞에서 자질을 강조한 적은 없다. 회사의 실무진들이나 전문가들은 최근 들어 자신의 메시지를 전달할 때 유선 방송이나 비디오테이프, 디스크 등을 사용하고 있다.

　미국 3대 자동차 기업의 이사회에서는 회사의 이익 분배 사항을 고용인들에게 발표할 때 유선 방송을 이용했다. 다른 대기업의 간부들과 마찬가지로 그들은 종종 근로자들이나 주주들, 심지어 고객들에게까지 화면을 통해서 말을 전달한다. 이것은 바쁜 실무자들이 모든 사람들과 개인적인 접촉을 할 수 있는 가장 좋은 방법이다.

• 전략 1: 미리 준비된 원고를 사용한다

실제 청중이 있는 자리에서는 토씨 하나까지 다 적혀 있는 원고를 사용하는 것이 좋다. 그러나 녹화를 하는 것은 그와는 다른 특별한 상황이다. 그때는 미리 원고를 준비해 놓는 것이 좋다.

비디오 프레젠테이션이 실제 프레젠테이션의 반만큼이라도 훌륭하게 보이기 위해서는 두 배 정도 부드러워야 한다. 청중들은 잘 쓰인 원고를 가지고 전문가답게 말하는 연사를 기대한다.

원고는 빈틈없이 쓰여야 할 뿐만 아니라 부드러워야 한다. 전문가의 도움을 받는 것도 좋은 방법일 것이다. 자신이 만든 초안이 거칠고 조잡하다면, 전문가에게 의뢰해서 유연한 문장으로 고치도록 한다. 일단 원고가 만들어지면 그것을 큰 소리로 읽어보고 모든 낱말이나 어구를 편안하게 발음할 수 있는지, 말이 꼬이는 부분은 없는지 확인해 보도록 한다.

수동적인 말은 모두 적극적이고 능동적인 단어로 바꾸고, 약한 느낌을 주는 단어는 강력한 어휘로 대체시켜라.

• 전략 2: 화면 프롬프터prompter를 사용하라

화면 프롬프터는 카메라 뒤에서 당신이 준비한 원고를 화면으로 보여주는 것이다. 그걸 읽어 가면 진행자가 화면을 위로 올림으로써 당신이 읽을 글이 화면의 중앙에 오도록 한다.

이제 당신이 쉽게 읽을 수 있는 최종 원고를 준비한다. 한 가지 방법은 모든 원고를 워드 프로세서로 작성하는 것이다. 또 쉬어야 할 곳엔 부호를 집어넣는다든지 공백을 남김으로써,

자신이 어디서 쉬어야 할 것인가를 쉽게 알 수 있도록 한다.

• 전략 3: 연습하고 또 연습하라

원고를 읽을 때 감정과 힘을 잘 배합하여 읽는다. 읽는 소리가 자연스러울수록 청중의 이해도가 높아질 것이다. 가능하다면 화면 프롬프터를 가지고 연습해 보도록 한다.

목소리는 보통 책 읽는 어조가 아니라, 대화 정도의 어조로 말하도록 한다. 그리고 원고를 가끔씩만 쳐다보면서 연설할 수 있도록 충분한 연습을 한다. 연습을 하면서 중간에 쉬어야 할 부분이 어디인지 찾아보라. 그 시간은 3~4초 정도면 적당할 것이다. 당신에게는 그 시간이 너무 길게 느껴질 수도 있겠지만 청중들에게는 좋은 효과가 있을 수가 있다.

윈스턴 처칠은 라디오 연설을 할 때 이 방법을 주로 사용하곤 했다. 처칠의 연설을 들으면서 앉아 있던 영국 사람들은 다음에 무슨 말이 나올까 예상하면서 몸을 앞으로 숙여 라디오에 귀를 기울이곤 했다고 한다.

리허설을 할 때는 자신이 평소에 말하는 것보다 빠른 속도로 말을 한다. 화면 속에서 느리게 말하면 머뭇거리고 우물쭈물하는 것처럼 보이기 때문이다. 사실상 발음을 명확하게 하면서 말을 빠르게 하기란 매우 어렵기에, 훈련이 필요한 것이다.

• 전략 4: 자기만의 부호를 만든다

프레젠테이션을 생기 있게 하기 위해서, 자신이 알아볼 수 있는 특별한 부호들을 원고에 적거나 그려 놓는다. 웃는다거나 눈썹을 추켜세운다거나 목소리를 낮추는 것 등이 포함된다.

이렇게 함으로써 당신은 보다 생동감 있게 보일 것이며, 연설 자체에도 다양한 변화가 있게 될 것이다. 어떤 것이든 당신이 편하게 사용할 수 있는 표시라면 훨씬 더 다양한 이야기를 할 수가 있을 것이다.

- 전략 5: 한 사람에게 이야기한다

녹화가 시작되면 당신이 어떤 이방인에게 말을 하고 있다고 상상하라. 그 사람이 긍정적인 반응을 보일 것이라는 강한 확신을 가지고, 낯선 사람에게 이야기하는 자신을 상상한다.

이렇게 함으로써 당신은 비디오 촬영에서 매우 중요한 대화체의 어조를 유지할 수가 있다. 앞에 있는 사람을 이방인이라고 생각하는 것이 특히 중요하다. 왜냐하면 친구에게 말하는 것이라고 생각되면 그만큼 열의와 열정이 떨어지기 때문이다.

비디오는 매우 개인적이면서 친근감을 주는 매체이기는 하지만, 잘못하면 당신에게 생명이 없는 것처럼 보일 수도 있다. 그래서 많은 정열이 필요하다. 당신이 어느 한 사람에게 이야기하고 또 그 사람이 이방인이라고 생각한다면, 자신감과 힘을 갖게 될 것이다.

- 전략 6: 무대는 자연스럽게 꾸민다

만약 무대를 직접 선택할 수만 있다면, 연단 같은 것보다는 더 자연스러운 분위기를 만드는 것이 좋다. 연단 등은 당신과 청중 사이의 친근감을 깨뜨리는 장벽 같은 느낌을 들게 할 뿐이다.

여기서 무대 장치의 문제가 제기된다. 책상을 사용할 수도 있지만 그것은 약간 어색할 수 있다. 어떤 연사들은 책상에 앉아서 말을 하지만 자연스럽지 못한 행동이다. 왜냐하면 청중들은 책상에 앉아 있지 않기 때문이다.

한 가지 좋은 방법은 무대를 편안한 소파 따위로 꾸미는 것이다. 그렇게 하면 색감이 살아날 뿐만 아니라, 청중들은 당신과 한담閑談을 나누고 있는 듯한 느낌이 들 것이다. 여기서 한 가지 주의할 점은 커다랗고 너무 푹신한 소파는 좋지 않다는 것이다. 당신이 완전히 파묻혀 있다는 인상을 주기 때문이다. 또 다른 방법은 야외 촬영을 하는 것이다. 카메라를 어떤 시설이나 자연스러운 무대로 이동시킨다. 야외 촬영은 잡음이 많이 들어가고 음향의 질이 떨어진다는 약점이 있지만, 그만한 것들을 희생시켜도 좋을 장점들도 많다. 가장 큰 장점은 당신에 대한 신뢰도를 높여 주고, 청중들에게 흥미를 불러일으키며 편안하게 시청할 수 있도록 해준다는 것이다.

- 전략 7: 시각적인 흥밋거리를 제공한다

사람들은 비디오를 볼 때 출연하는 사람들이 정상적인 행동을 하기 바란다. 몇 분 동안이나 한자리에 서서 얘기만 하고 있다면, 시청자들의 흥미를 반감시키고 만다.

이런 문제를 해결할 수 있는 길은 많다. 첫 번째 방법은 일부분을 스튜디오에서 녹화하고, 나머지는 야외 촬영을 하는 것이다. 당신이 제대로만 한다면 이 방법은 좋은 효과를 보일 것이다. 만약 이 방법을 선택한다면 당신은 왜 화면이 바뀌고 장소가 바뀌는지에 대한 간단한 설명을 언급해야 할 것이다. 매 촬영 장소마다 그곳을 선택한 이유를 간단하게 언급한다.

다음 방법은 카메라맨들이 여러 장소에서 먼저 배경을 촬영한 다음, 편집을 하는 것이다. 그리고 나서 당신이 그 장소에 가 있는 것처럼 편집한 부분들을 집어넣는다. 이는 뉴스나 지방 방송에서 많이 쓰이는 방법이다.

그리고 경비는 많이 들지만 효과를 극대화할 만한 방법으로는 위의 아이디어들을 결합시킨 '크로마키chroma-key' 방식이 있다. 먼저 야외 촬영을 한 필름에다가 당신을 찍은 필름을 겹쳐 이중 인화를 하는 것이다. 여기에는 특수한 장비들이 필요하다.

자막을 넣는 것도 시각적인 흥미를 더할 수 있다. 슬라이드로 제작할 수도 있고 컴퓨터로 자막을 집어넣어도 좋은 효과를 볼 수 있다. 물론 후자 쪽이 더 좋은 효과를 볼 수 있으나, 비용이 많이 들고 제작 기간도 오래 걸린다.

50

기업의 커뮤니케이션

커뮤니케이션은 조직의 보조수단이 아니라 조직 활동의 정수이며, 모든 기능의 원천이다.
— 라벨라스

커뮤니케이션이란 무엇인가?

개인이든 조직이든 상호 간에 의사소통이 제대로 되지 않고서는 어떤 일도 성공할 수가 없다. 특히 남남이 모여, 공동의 목표실현을 위해 협력해야만 하는 기업에는 커뮤니케이션이 그 무엇보다도 중요한 것이다. 그럼에도 불구하고 커뮤니케이션의 70퍼센트 정도가 오해의 소지를 남기거나 왜곡되고, 싫증을 느끼게 한다고 한다.

야구에서 타율이 3할이라면 훌륭한 성적일 수 있으나 기업 활동에서는 수치다. 그렇다면 기업 발전의 원동력인 커뮤니케이션이란 무엇이고, 왜 어려우며, 어떻게 해야 잘할 수 있는가에 대해서 알아보도록 하자.

커뮤니케이션은 사람마다 다른 정의를 내릴 수 있을 것이다. 어떤 사람들은 '전화나 전자장치를 이용해서 의견을 교환하는 것'이라고 하며 또 어떤 사람들은 '사람들이 일상적으로 주고받는 대화'라고 말한다.

종합해보면, '생각이나 의견의 교환, 즉 언어기호, 몸짓 등과 같이 일반적으로 통용되는 상징들을 이용하여 사람들 사이에 생각이나 의견의 교환이 이루어지도록 하는 과정'이다. 다시 말하면, 어떤 효과적인 방법으로 각자의 생각이나 정보를 교환하는 것이다.

이 말은 효과적인 커뮤니케이션이 되기 위해서는 '의견의 교환이 상호이해를 전제로 해서 이루어져야 한다'라는 뜻이다. 일방적인 의사표현은 결코 커뮤니케이션이라고 볼 수가 없다.

한 예로 무인도나 사막의 복판에서 어떤 사람이 도와 달라고 아무리 외친다고 해도, 그것은 커뮤니케이션이 아니다. 그러나 우리의 주변에는 시간에 쫓기고 일에 얽매어서 실제로 이런 효과 없는 커뮤니케이션을 하고 있는 사람들을 흔히 볼 수 있다. 커뮤니케이션은 반드시 목적이 있어야 하고, 그 목적을 달성하기 위해서는 기본적으로 알아두어야 할 사항이 있다.

커뮤니케이션이 어렵다고 하는 이유

로키산맥을 지나는 기차 속에 군인 두 명과 여자 두 명이 마주보고 앉아 있었다. 한 사람은 사병이었고, 다른 한 사람은 그 사병의 부대장인 중령이었다. 맞은편에는 한 아름다운 여인이 자기 할머니와 같이 앉아 있었다.

기차가 긴 터널을 지날 때, 캄캄한 가운데 두 가지 소리가 들렸다. 하나는 키스하는 소리고 또 하나는 따귀를 때리는 소리였다. 기차가 터널을 벗어나자 네 사람은 각자 이런 생각을 하였다.

할머니 젊은 군인 녀석이 내 손녀에게 키스를 했구나. 저 녀석, 따귀 한 대쯤 맞아도 싸지. 그래도 그렇게 세게 때릴 것까지는 없는데……

손녀 보이지 않아서 누군지는 확실히 몰라도, 저 사병이 나한테 키스하려다가 할머니에게 잘못한 모양이군. 그럴더라도 할머니께서 그렇게 세게 때리시다니……

중령 이 녀석이 젊은 여자에게 키스를 하였군. 저 여자는 싫었던 모양인데, 어두워서 잘못 알고 엉뚱하게 내 뺨을 때린 모양이야. 아무리 그래도 저런 가냘픈 여자가 이렇게 아프게 때리다니……

사병 아! 얼마나 통쾌한 일인가? 내 손등에 키스를 하고 나서, 부대장의 따귀를 혼쭐나게 때려 주고도 욕 한마디 듣지 않을 수 있다니…….

같은 사물, 같은 사건을 보고도 느낌은 사람마다 제각기 다르다. 이 일화는 같은 사건이라도 개인별 지각知覺의 차이가 있다는 것을 보여준다. 이것은 커뮤니케이션의 가장 큰 저해요인이다. 어디 그뿐인가? 선입관으로 인한 오류와 자기 처지에서만 생각하는 편견은 또 얼마나 많은가? 기계와는 달리 인간은 십인십색十人十色, 천차만별이고 또 시시각각으로 변하기 때문에 커뮤니케이션을 어렵다고 하는 것이다.

기업 커뮤니케이션의 통로

회사의 모든 활동은 어느 방향으로든 커뮤니케이션이 반드시 뒤따르게 마련이다. 따라서 회사는 효과적인 커뮤니케이션이 이루어질 수 있도록 그 통로를 마련해 주어야 한다.

• 제1통로: 하향적 커뮤니케이션

하향적下向的 커뮤니케이션은 최고경영자로부터 조직의 하부단계에까지 전달시키는 것으로서, 지시·명령 등이 여기에 해당한다. 그러나 불행하게도 이것이 제대로 이루어지지 않는 경우가 많다. 최고 경영층의 지시사항이 얼마나 정확히 부하 직원들에게 전달되는가를 알아보기 위해, 100개의 기업을 대상으로 조사해 본 결과 다음 도표와 같은 결과가 나왔다.

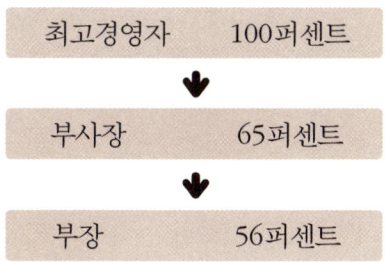

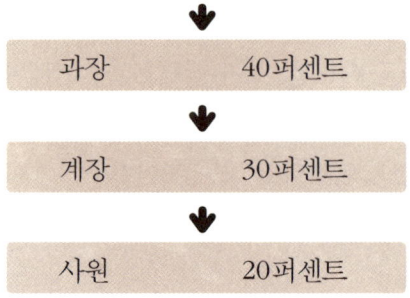

이 도표에서 보면 계층의 단계가 적을수록 커뮤니케이션의 효과가 크다는 것을 알 수가 있다. 계층이 많으면 많을수록 전달 내용의 일부가 잘못 전달되거나 빠지는 정도가 커진다. 상의하달이 제대로 안 되는 조직이 일사불란하게 움직일 수 없다는 것은 당연한 일이다. 그래서 정책이나 계획, 지시사항 등을 하부기관에 원활히 전달할 수 있도록 순차적인 통로를 마련해야 한다. 경영자 측에서 공식적인 커뮤니케이션의 통로를 마련해 주지 않으면, 바람직하지 못한 유언비어만이 떠돌 뿐이다.

• 제2통로: 상향적 커뮤니케이션

상향적上向的 커뮤니케이션은 말단 직원으로부터 상사에게로 올라가는 커뮤니케이션으로서, 아이디어·건의 등이 여기에 해당한다. 이 방법에 대해서 많은 회사가 관리 수단으로 보지 않고 무시해 버리는 경향이 많다. 앞서 하향적 커뮤니케이션의 도표를 거꾸로 보면 알 수 있듯이, 말단 직원의 건의가 최고 경영층에는 20퍼센트밖에 전달이 안 된다. 그렇게 되면 조직의 문제점이 극에 달했다고 하더라도, 경영층에서는 20

퍼센트밖에 안 되니까 조치를 취하지 않게 된다. 그 결과 발생하는 파업을 예로 들 수 있다.

그래서 직원들의 여러 가지 정보들이 경영층까지 전달될 수 있도록 통로를 공식적으로 열어 놓아야 하며, 의견을 수렴하여 반영함으로써 참여의식을 갖게 해야 한다.

• 제3통로: 수평적 커뮤니케이션

수평적水平的 커뮤니케이션은 조직에서 같은 수준의 계층 간에 정보를 주고받는 것으로 다른 어떤 방법보다 강력한 효과가 나타난다. 수평적 커뮤니케이션이 원활하게 이루어지면, 각 부서 내에서 서로 이해를 증진시키고 유대를 강화시키며, 협조적인 분위기가 이루어진다.

• 제4통로: 비공식非公式 커뮤니케이션

어느 조직체이든지 위에서 언급한 방법 외에 비공식非公式 커뮤니케이션의 통로가 생기게 마련이다.

이것은 개인과 개인의 관계에서 이루어지는데, 대부분의 경영자는 이 커뮤니케이션의 통로를 막으려고 한다. 그러나 이것도 적절히 이용한다면 조직의 운용에 효과적인 역할을 해주는 훌륭한 도구가 될 수 있다.

동기부여를 위한 커뮤니케이션의 방법

커뮤니케이션의 방법에는 여러 가지가 있으나 여기서는 동기부여를 위한 방법만을 살펴보기로 한다.

미국의 커뮤니케이션 학자 에드워드 스테넬 교수가 전국의 각 기업을 대상으로 조사한 결과가 있다.

'회사에서 직무수행을 하면서 무엇을 제일 원하는가?' 라는 설문조사로, 열 가지 문항을 제시하고 관리자와 일반 사원에게 우선순위를 정하라고 했다.

그 결과 관리자는 '높은 급료 〉 직무수행상의 안전도 〉 승진 〉 작업조건의 개선 〉 재미있는 일 〉 관리자의 인간적인 이해 〉 적절한 훈련 〉 업무수행에 대한 칭찬 〉 개인문제에 대한 도움 〉 소속감'의 순으로 나왔다.

그런가 하면 일반 사원은 '업무수행에 대한 칭찬 〉 소속감 〉 개인문제에 대한 도움 〉 직무수행상의 안전도 〉 높은 급료 〉 재미있는 업무 〉 승진 〉 관리자의 인간적인 이해 〉 작업조건의 개선 〉 적절한 훈련'의 순으로 아주 다른 결과가 나왔다.

이 설문조사의 결과는 직원들이 진정으로 바라는 것이 무엇인지를 관리자들은 정확하게 파악하지 못하고 있다는 것이다.

그렇다면 조직의 목표달성을 위한 동기부여의 커뮤니케이션은 어떻게 해야 할까?

• 칭찬과 격려

사람들은 일상생활이나 업무수행을 하면서 다른 사람들로부터 인정받기를 원한다. 그렇다고 사사건건 다 칭찬을 해주어야 한다는 것은 아니다.

어떤 일이 아주 훌륭하게 수행되었거나 기대 이상의 성과를 이루었을 때 관리자는 반드시 칭찬해 주어야 한다. 또 칭찬받을 정도로 훌륭한 성과는 못 올렸지만, 열심히 노력한 것에 대해서는 격려를 해 줄 필요가 있다. 격려는 앞으로 더 잘하려는 의욕을 북돋아 주기 때문이다. 칭찬과 격려야말로 관리자와 직원 간에 원활한 커뮤니케이션을 이루게 하는 힘이다.

- 소속감

직원은 자기가 일하고 있는 회사에서 어떤 일이 진행되고 있는가를 알고 싶어한다.

또 자신의 업무가 회사 전체의 활동 중에 어떤 부문에 속하는지, 어떤 역할을 하고 있는지도 알고 싶어한다.

사람의 가장 큰 욕망 중의 하나는 어딘가에 소속하고 싶어하는 것이고, 관리자는 이 소속감을 심어주어야 한다.

- 개인문제에 대한 배려

개인적인 문제도 업무수행에 영향을 미친다. 가령 집안에 좋지 않은 일이 있었다면, 그것으로 그치지 않고 직장에까지 연결될 수 있다. 이럴 경우 단지 직원을 질책하는 것만으로 문제를 해결할 수가 없다. 따라서 어떤 직원의 작업능력이 갑자기 떨어졌다던가, 업무에 몰두하지 않는다면 관리자는 그 사유를 알아봐야 하며, 배려하는 마음을 갖고 도와주어야 한다. 개인적인 문제에 배려할 줄 아는 관리자라면 직원들이 위압감을 느끼지 않고, 인간미를 느껴 커뮤니케이션은 보다 좁아진다. 원활한 커뮤니케이션은 경영 활동의 모든 면에서 핵심적 역할을 한다는 사실을 명심하고, 최고 경영자와 관리자는 기업 내에 커뮤니케이션이 원활하게 이루어지도록 제도적인 뒷받침과 노력을 해야 한다. 커뮤니케이션이 없이는 팀워크도 성과도 없다.

당신도 뛰어난 화술가가 될 수 있다

프랑스 리용대학교의 강의실에는 이색적인 벽화가 있다. 《칼리굴라 시대의 변론대회 광경》인데, 벽화의 왼쪽에는 연사가 차례로 심사위원 앞에 연설을 하러 나간다. 가운데는 한 사람이 명예의 상징인 월계관을 받으며, 군중의 열광적인 갈채를 받고 있다. 그러나 벽화의 오른쪽에는 로마 병사가 서투른 연사를 붙잡고 강물에 처넣는 장면이 보인다.

화술의 중요성은 아무리 강조를 해도 지나치지 않는다. 옛날이나 오늘이나 화술이 능한 사람은 대중의 갈채를 받고, 화술이 서툰 사람은 뭇 사람의 빈축을 사기 때문이다.

이 책을 통해 당신은 화술의 중요성은 물론 '어떻게 해야 말을 잘할 수 있을 것인가?' 하는 화법話法의 기본을 숙지하였다.

그러나 아는 것만 가지고는 안 된다. '아는 것이 힘'이라고 하지만 '지식은 잠재적인 힘'이다. 잠재된 지식을 표현했을 때 비로소 완성된 힘이다. 그렇다면 이제 행동할 차례이다. 머리로 익힌 화법을 활용하여 화술이 몸에 배도록 끊임없이 연습하고 훈련을 해야 한다. 화력話力은 훈련의 산물이다.

그 과정을 거치고 나면 당신도 유능한 화술가가 될 수 있다.